EL OFICIO DE
JEFE DE OBRA
Las bases de su correcto ejercicio

Agustí Portales i Pons

UPC Edicions UPC
UNIVERSITAT POLITÈCNICA DE CATALUNYA

Agradecimientos:
Este trabajo se debe a la iniciativa de Lara Trujillo.
Ella fue la promotora de la primera edición postgrado de jefes de obra del CAATB y me invitó a formar parte del consejo académico. A partir de aquí, una larga serie de acontecimientos han permitido darle la forma actual.
Durante la redacción del mismo he contado con la inestimable ayuda y consejo de:

- Felicià Ceres Hernández. Profesor titular de Construcción de la ETSAB
- José Luis González Moreno-Navarro. Catedrático de Construcción de la ETSAB
- Fructuós Mañà Reixach. Catedrático de Construcción de la ETSAB
- Teresa Pallás Torres. Directora de formación del CAATB
- Antoni Paricio Casademunt. Catedrático de Construcción de la EPSEB
- Fernando Ramos Galino. Catedrático de Construcción de la ETSAB
- Lluís Villanueva Bartrina. Catedrático de Geometría Descriptiva de la ETSAB

Y, muy especialmente, con la complicidad y la ayuda de mi esposa Lina.
A todos, muchas gracias.

Primera edición: enero de 2007
Reimpresión: noviembre de 2009

Diseño de la cubierta: Ernest Castelltort
Diseño de interior: Tono Cristòfol
Maquetación: Azahara Vera

©   Agustí Portales Pons, 2007

©   Edicions UPC, 2007
      Edicions de la Universitat Politècnica de Catalunya, SL
      Jordi Girona Salgado 31, 08034 Barcelona
      Tel.: 934 016 883   Fax: 934 015 885
      Edicions Virtuals: www.edicionsupc.es
      E-mail: edicions-upc@upc.edu

Producción: LIGHTNING SOURCE

Depósito legal: B-9222-2007
ISBN: 978-84-8301-891-0

Cualquier forma de reproducción, distribución, comunicación pública o transformación de esta obra solo puede ser realizada con la autorización de sus titulares, salvo excepción prevista por la ley. Diríjase a CEDRO (Centro Español de Derechos Reprográficos, www.cedro.org http://www.cedro.org) si necesita fotocopiar o escanear algún fragmento de esta obra.

índice

Presentación   7

1 Introducción
1.1 El marco legal del jefe de obra   11
1.2 Aspectos relativos al perfil humano y profesional del jefe de obra   12

2 Sobre el estudio de proyectos por parte del jefe de obra
2.1 El estudio del proyecto. Principios   23
2.2 El estudio del proyecto y de la obra para su ejecución   28
2.3 Preparación de la ejecución de la obra   29
2.4 Actuaciones antes de iniciar la obra   31
2.5 Guía-resumen para analizar el contenido de los proyectos que ha de desarrollar el jefe de obra   32

3 Control y comprobaciones de materiales y sistemas constructivos
3.1 El concepto de calidad   45
3.2 Los principios de la calidad. La calidad estructural   47
3.3 Características específicas del control de calidad   49
3.4 Mecanismos para el control de calidad en las obras de edificación   50
3.5 Control de la ejecución de las obras   52
3.6 El jefe de obra frente la calidad de las obras   53
3.7 Marco legal del control de calidad de la edificación en Cataluña   69

4 La gestión del tiempo y del coste durante la ejecución de la obra
4.1 Aspectos científicos y racionalización en la gestión del tiempo y del coste durante la ejecución de la obra   73
4.2 Calidad, tiempo y coste   75
4.3 Los marcos de referencia para la gestión del tiempo y del coste: marco legal y marco técnico   77
4.4 Actuaciones genéricas de un jefe de obra en la gestión del tiempo y del coste   82
4.5 Relación del jefe de obra con los agentes que participan en la misma   86

5 Esquema de manual del procedimiento del jefe de obra
5.1 Los prinpios de la gestión   93
5.2 La gestión humana y la gestión técnica. Su desarrollo   94
5.3 La gestión económica de la obra   111
5.4 La gestión documental de la obra   123

6 Sobre el día a día del jefe de obra. Aspectos prácticos

6.1 La actuación del jefe de obra frente la gestión de residuos — 143

6.2 Algunas preguntas y sus respuestas — 145

6.3 Bibliografía básica de un jefe de obra — 167

7 La formación permanente del jefe de obra

7.1 Líneas de desarrollo para un postgrado orientado a la producción y a la figura del jefe de obra — 170

7.2 Aspectos específicos sobre los conocimientos de construcción arquitectónica sobre los que incidir y profundizar en la formación permanente del jefe de obra — 171

7.3 Reflexiones finales — 171

8 Modelos de documentos

Modelo 1 Carta de solicitud de oferta — 177

Modelo 2 Invitación a participar en concurso — 178

Modelo 3 Adjudicación de concurso o aceptación de oferta — 179

Modelo 4 Notificación de resultado — 180

Modelo 5 Bases de concurso — 181

Modelo 6 Contrato tipo — 184

Modelo 7 Pedido — 199

Bibliografía — 205

presentación

El presente estudio nace como consecuencia de una iniciativa puesta en práctica a mediados del año 2003 por el Colegio de Aparejadores y Arquitectos Técnicos de Barcelona. Se pretendía desarrollar un curso de jefes de obra eminentemente práctico con carácter de postgrado.

En 2006, a punto de entrar en vigor el Código Técnico de la Edificación (CTE), dicho curso ha cumplido su tercera edición, consolidándose entre los de mayor demanda de los que desarrolla el CAATB.

El propósito del mismo fue ofrecer a los aspirantes a jefe de obra los recursos y los mecanismos necesarios para potenciar su perfil profesional, y sus conocimientos, de acuerdo con las exigencias reales derivadas del cargo.

En dichos cursos, afortunadamente, la participación femenina es muy amplia. La figura del jefe de obra ha dejado de asociarse al sexo, como tantas otras actividades profesionales. Muchas son las mujeres que cumplen eficazmente su función social y laboral como jefes de obra.

La gramática, sin embargo, impone sus leyes. Mientras no se resuelva de otro modo, es preciso referirse al "jefe de obra". Tras dicho concepto, a lo largo del presente trabajo se analizan, se detallan y se exponen, únicamente, actividades profesionales y la mejor forma de llevarlas a la práctica. En ningún momento se hace referencia al sexo de la persona que las ejerce y ello, sin una aclaración previa, podría dar lugar a interpretaciones erróneas. Sirvan estas líneas para dejar constancia de que tal hecho se produce por imperativo gramatical, no por falta de reconocimiento de la labor que ellas realizan.

Impartir el curso de jefe de obra imponía, como una necesidad académica básica, la redacción de un documento para definir, estructurar y normalizar las funciones de sus actividades profesionales. Esta necesidad acabó tomando consistencia al ser desarrollada como trabajo de investigación. El mismo fue presentado a concurso de habilitación para catedrático de Escuela Universitaria, dentro del programa nacional de habilitaciones.

Resultó, en su momento, una sorpresa (y un campo abierto de trabajo) observar la escasa, por no decir nula, bibliografía específica dedicada a exponer los ámbitos de formación y conocimiento que el jefe de obra precisa. La razón fundamental de este hecho se debe a que su perfil y sus funciones profesionales responden más a las exigencias del mercado laboral que a una reflexión científicamente estructurada, basada en un estudio comprensivo de su perfil humano, conocimientos, habilidades y competencias.

La transmisión de conocimientos, habilidades y recursos propios del perfil de un jefe de obra se ha venido realizando de forma oral. Se transfieren, así, de profesional a profesional los "estilos" y formas propios de cada empresa. De esta forma no se puede transmitir un corpus ordenado y racional. Evidentemente, esto no es deseable para un correcto desarrollo de la función de jefe de obra. Es necesario crear un campo específico de formación general para esta especialidad del proceso constructivo. Esta formación debe ofrecer una visión amplia de los aspectos de liderazgo, de gestión y de negociación de los procesos de obra.

El jefe de obra, para resolver con eficiencia los problemas de la misma, precisa conocimientos y experiencia. Se entiende como muy necesario para el aspirante a jefe de obra el paso de un período de tiempo, como mínimo de un año o de una obra completa, en el ejercicio de funciones de ayudante de un jefe de obra de amplia experiencia.

En la actualidad la titulación de Arquitectura Técnica ofrece a los aspirantes a jefe de obra una adecuada formación de base. El arquitecto técnico es el profesional más reclamado por las empresas para ejercer la función de jefe de obra. Sin embargo, el nivel de conocimientos de un primer ciclo, lógicamente generalista, no permite al arquitecto técnico recientemente titulado, asumir con la debida solvencia, las funciones propias de un jefe de obra.

Seria deseable incluir, en un futuro próximo, la formación específica de jefe de obra como postgrado de las diferentes Escuelas de Arquitectura Técnica.

El presente trabajo pretende, modestamente, constituir un punto de inicio para este propósito. En su redacción se ha partido, desde el conocimiento directo de las obras y su entorno, del análisis y la reflexión de las necesidades de formación presentes y futuras del jefe de obra.

Se ha considerado asimismo como una parte altamente significativa en el éxito profesional la definición del perfil humano y profesional de los aspirantes. El conjunto de estos factores han sido conjugados y elaborados, tanto en función de los requerimientos que las necesidades de la sociedad han ido confiriendo a la figura del jefe de obra como con la imprescindible aportación de la formación académica. Ello sobre premisas de reflexión, de análisis y crítica constructiva.

La sociedad debe evitar asumir el sobrecosto que suponen errores y no conformidades derivadas de una formación insuficiente o inadecuada de sus profesionales. En manos de los jefes de obra se encuentra una gran parte de la gestión de la construcción, actividad que mueve en nuestro país un volumen de negocio cercano al 8,7 % del P.I.B.

Mejorar la eficiencia de la gestión de los jefes de obra en un 5 %, objetivo fácilmente alcanzable con una mejor formación, supone, además de ahorro, un efecto multiplicador importantísimo en el camino de la construcción hacia formas de proceder más racionales y de mejor calidad en el producto final. Este valor añadido no puede ni debe perderse, en modo alguno, por falta de formación de los profesionales que se encuentran al frente de las obras.

A poco que se indague sobre la siniestralidad de todo tipo que arrastra la industria de la construcción, es fácil llegar a la conclusión de que hay mucho camino por andar. Es decir, es posible hacer más y mejor, si cada agente de la construcción asume con plenitud sus cometidos.

El estudio se ha estructurado para disponer de una base de conocimientos específica sobre la que cimentar posteriores trabajos en la misma línea, todo ello apoyado en los marcos académico, legislativo y técnico, sin perder contacto con la realidad cotidiana de las obras.

De forma consciente, en el título aparece la palabra "oficio".

presentación

Podría objetarse, al respecto, que el vocablo, por su tradición y amplia aplicación a trabajos manuales alejados de la ciencia y de la técnica, no responde a los perfiles de formación permanente propios de las profesiones modernas.

La palabra oficio sintetiza, sin embargo, perfectamente el equilibrio entre los conocimientos científicos, técnicos y pragmáticos que rigen la actividad de un jefe de obra.

Oficio responde, sobre la base del diccionario, a las acepciones de cargo, función y profesión.

- Cargo supone asignación de competencias y asunción de responsabilidades.
- La función se ejerce de forma cotidiana y es garante de la realización de acciones y actividades consecuentes, en este caso, con las necesidades de la obra.
- Profesión es el crisol en el que se funden el análisis del trabajo desarrollado por una colectividad de personas partícipes de objetivos laborales comunes, con voluntad de formación y renovación permanente.

Ayudar al correcto ejercicio del oficio de jefe de obra a todos aquellos que inician su andadura profesional o sienten inquietud de mejora es el propósito de este trabajo.

Barcelona, marzo de 2006

introducción

1.1 El marco legal del jefe de obra

El contenido del presente capítulo tiene por objeto situar al futuro jefe de obra en el entorno en el que debe desarrollar su trabajo. Su lectura puede ser ovbiada por aquellos que conozcan la Ley de Ordenación de la Edificación (L.O.E.), pero es recomendable si se está efectuando una primera aproximación curiosa al tema, puesto que a lo largo del trabajo aprecerán, reiteradamente, los conceptos que se detallan a continuación.

La L.O.E, aprobada el 5 de noviembre de 1999 define los siguientes agentes de la edificación:

- Promotor: Persona física o jurídica que impulsa, programa y financia la ejecución de las obras.
- Proyectista: Quien redacta el proyecto de acuerdo con la normativa urbanística y técnica.
- Constructor: Asume contractualmente, frente el promotor, el compromiso de ejecución de las obras. En la mayoría de las ocasiones, el jefe de obra es quien lo representa frente el promotor y frente la dirección facultativa.
- Director de obra: (Arquitecto director a efectos prácticos.) Forma parte de la dirección facultativa de la obra. Se encarga de los aspectos técnicos, estéticos, urbanísticos y medioambientales de acuerdo con el proyecto y las licencias. Debe estar colegiado y disponer del correspondiente seguro de responsabilidad civil.
- Director de ejecución de la obra: (Arquitecto técnico a efectos prácticos.) Junto con el arquitecto director, forma la dirección facultativa de la obra. Dirige la ejecución material y controla cualitativa y cuantitativamente la construcción y la calidad de lo edificado. Debe estar colegiado y disponer del correspondiente seguro de responsabilidad civil.
- Entidades de control de calidad: Tienen capacidad para prestar asistencia técnica en la verificación de la calidad del proyecto, de los materiales, de la ejecución de la obra y de sus instalaciones.
- Laboratorios de ensayos para el control de calidad: Están capacitados para prestar asistencia técnica, por medio de ensayos o pruebas de servicio de los materiales, sistemas o instalaciones de una obra de edificación.
- Los suministradores de productos: Se entienden como tales los fabricantes, almacenistas, importadores o vendedores de productos de construcción.
- Los propietarios y los usuarios: Son los receptores finales del producto y están obligados a conservar en buen estado la edificación por medio de un correcto uso y mantenimiento.

Como puede verse, la figura del jefe de obra no queda reflejada jurídicamente dentro de la L.O.E.. Esta reconoce, exclusivamente, la figura del constructor por su carácter contractual directo con el promotor y su relación con la dirección facultativa.

Ello no resta importancia al jefe de obra como profesional, ni a su función, socialmente reconocida y demandada. Pero afecta negativamente a su necesidad de formación académica específica.

Actualmente los jefes de obra lo son por "destilación y filtrado", mayoritariamente desde la titulación de arquitecto técnico, según la voluntad y confianza propias amparadas por un periodo de formación como ayudante de un jefe de obras experimentado.

El proceso descrito produce una excesiva disparidad de conocimientos, perfiles, planteamientos y objetivos frente a los problemas cotidianos de la construcción que precisan ser corregidos. Ello supone, en la actualidad, la asunción social de unos costes innecesarios por falta de formación específica de los profesionales encargados de tomar decisiones y resolver problemas a pie de obra.

La declaración de Bolonia de 1998 constituye el punto de partida de una reforma que ha de culminar con la equiparación de las titulaciones universitarias europeas y, en consecuencia, la libre circulación de profesionales. Los resultados a partir de ahí son, hasta cierto punto previsibles: una mayor movilidad y un mercado de trabajo más amplio y global.

Esta reforma supone que los títulos universitarios han de asegurar una preparación de base común y, al propio tiempo, garantizar una formación continua, especializada y de calidad.

Ello supondrá un significativo proceso de cambio positivo en la organización y en los criterios de selección de los recursos humanos y profesionales del sector de la construcción.

El contenido de este trabajo se orienta a establecer, desde una visión objetiva y práctica, los aspectos más relevantes para desarrollar de modo eficaz el oficio de jefe de obra. No se incide más que tangencialmente sobre aspectos de técnica constructiva, cuya extensión y alcance supera en mucho las posibilidades y objetivos de este estudio.

En un futuro los aspectos de liderazgo y producción, junto con una mayor preparación técnica de base, deberían formar parte de un postgrado de nivel universitario y constituir condición indispensable para el ejercicio profesional como jefe de obra.

1.2 Aspectos relativos al perfil humano y profesional del jefe de obra

1.2.1 Introducción

Los oficios medievales de construcción eran transmitidos oralmente de maestro a discípulo, mientras se efectuaban tareas en la obra. Desde la Edad Moderna las universidades se han encargado de la transmisión de conocimientos y también de algunas experiencias; estas últimas más por voluntarismo de los profesores que por imposición de los programas.

El caso del oficio de jefe de obra es, incluso en la actualidad, paradigmático de tal forma de proceder. Mantiene una situación parecida a la medieval; sigue en gran medida transmitiéndose oralmente de jefe de obra a su ayudante. Cuando éste merece la confianza de su empresa, o él mismo

introducción

se cree con capacidad suficiente para abordar el cometido en solitario, alcanza, sin más, tal condición y se postula en el mercado laboral como jefe de obra. El desarrollo de las actividades de jefe de obra, salvo algunas excepciones excepciones, se encuentra indisolublemente ligada a la figura del arquitecto técnico.

La formación académica de base del aspirante a jefe de obra debe suponerse de calidad. Habitualmente las carencias suelen provenir de los conocimientos de carácter práctico. Estos conocimientos constituyen una buena parte de la respuesta profesional y eficiente a los problemas y situaciones que cada día genera la ejecución de una obra. El contacto con otro profesional, como se ha indicado, ha sido el mecanismo habitual de iniciación en el oficio de multitud de jefes de obra.

Es preciso, para dar respuesta a la situación social evolutiva en la que nos encontramos y a las necesidades de formación de ella derivadas, ampliar la oferta de conocimientos mediante cauces académicos no exentos de carácter práctico.

Ni teoría sin práctica, ni práctica sin teoría. El conocido principio de Peter, viene a decir: "Todos llegamos a nuestro nivel de incompetencia". Esta es una verdad universal. Por ley de vida se asume un máximo, al que sucede un descenso, más o menos dulce, hasta el final de la actividad profesional. Es preciso, por tanto, tratar de asumir el nivel de incompetencia lo más tarde posible.

La diferencia de calidad entre las personas viene determinada tanto por la capacidad de reconocer las propias limitaciones como por la voluntad de superarlas.

Una buena receta para superar las limitaciones personales es la siguiente:
- Acumular información (leyendo, preguntando, buscando información allí donde se encuentre).
- Adquirir experiencia (del trabajo propio y de aquellos que la poseen).
- Obtener resultados por medio del análisis y de la crítica (reflexión).
- Aplicar las conclusiones obtenidas a nuevos retos.

Como puede observarse, se trata de un proceso evolutivo que se retroalimenta. Constantemente es preciso estar activo y alerta; parar equivale a empezar a caer. Cierto personaje pidió que se colocara como epitafio sobre su tumba "He llegado" como manifestación de su inquietud constante, durante su vida, por evolucionar y avanzar.

La actividad de los jefes de obra, dentro del trabajo coral que supone la ejecución de una obra, trasciende. Perdura durante mucho tiempo, ayuda a configurar físicamente los espacios sobre los que vivimos y sentimos como nuestros.

Un auténtico jefe de obra ha de ser consciente de esta situación y, en función de ella, debe tener como objetivo la calidad y, en la medida de lo posible, la perfección, la excelencia de la construcción según los aspectos siguientes:
- Capacidad de organización y negociación para controlar el proceso de producción de la obra.
- Competencia técnica como base de la transmisión de principios y criterios de buena construcción, todo ello basado en el conocimiento científico y técnico.

– Habilidades complementarias para llevar a cabo, de modo eficiente, los contenidos de los apartados precedentes. El campo es amplísimo; comprende, a título indicativo, desde el dominio de las T.I.C., el manejo de programas informáticos específicos o el conocimiento de oficios, hasta una formación humanística sólida.

Tomar conciencia sobre dicha situación y la responsabilidad que comporta debe ser uno de los primeros aspectos a asumir para todo aquel que desee ejercer el oficio de jefe de obra.

El epitafio de Sir Christopher Wren (1675-1710), enterrado modestamente en su obra más representativa, la catedral de Saint Paul en Londres, es una exaltación magnífica de la persona por medio del testimonio de su propia obra. En su mausoleo puede leerse "¿Buscáis su tumba? Mirad alrededor".

1.2.2 ¿Un jefe de obra, nace o se hace?

¿Cuántas veces habremos oído esta pregunta referida a un montón de actividades y profesiones? Se formula aquí como pretexto para reflexionar sobre el caso específico de los jefes de obra.

Como sucede en casi todas las actividades, es fácil llegar al acuerdo de que la respuesta más sensata es que un jefe de obra nace y se hace. Una característica destacada, y al propio tiempo exigible, que define en buena medida a un jefe de obra es su capacidad de mando.

Mandar supone, en términos generales, imposición de voluntad para conseguir un determinado fin u objetivo.

Para mandar correctamente, un jefe de obra precisa dotar sus acciones de contenido: Trato humano, conocimientos técnicos, capacidad de priorizar objetivos, logística, y disciplina propia y ajena. La lista podría ser más extensa; con todo, los conceptos básicos están expresados.

La capacidad de mando tiene algo de genético, con independencia de que, como todo, se puede adquirir y perfeccionar.

Resulta, con todo, difícil precisar hasta qué punto el carácter natural y la presencia física resultan determinantes para ser un buen jefe de obra. Sólo los resultados son elementos válidos de valoración. En cada persona las cualidades innatas tienen un peso específico.

Resulta evidente que, para un buen desarrollo de la actividad de un jefe de obra, este es uno de los factores que valoran los expertos en recursos humanos.

Dentro de esta línea de razonamiento, es fácil llegar a la conclusión de que estar en posesión del título de arquitecto técnico es condición necesaria, pero no suficiente, para ser un buen jefe de obra.

1.2.3 ¿Cómo se hace un jefe de obra?

La respuesta es simple en cuanto a concepto, pero compleja por lo que respecta a los pasos necesarios para alcanzar una satisfaccion plena en la realización de sus cometidos.

Un jefe de obra se forja a base a la experiencia, estando en las obras, viviéndolas día a día y tomando decisiones sobre una base de preparación técnica y humanística. Un buen jefe de obra debe conocer además, profusamente, aspectos periféricos de la profesión: mediciones, presupuestos, normativas, temas urbanísticos, legales, humanidades...; nunca es suficiente.

Nadie nace enseñado; por esta razón es conveniente, para sentar bases sólidas, disponer de una fase de formación y adquisición de experiencias de primera mano, durante un periodo comprendido entre uno y tres años como ayudante de jefe de obra.

Las empresas solicitan experiencia previa a pie de obra cuando se trata de contratar a un jefe de obra, porque de la eficiencia de su gestión depende, en buena medida, el éxito o el fracaso de las mismas.

Disponer de un recopilatorio general como el aquí desarrollado, realizar un curso de postgrado y manejar la documentación e información que lleva aparejada para su posterior estudio y reflexión es una ayuda inestimable para ganar tiempo, confianza y conocimientos.

Sin embargo, y siendo sinceros, se trata una vez más de unas condiciones necesarias pero no suficientes.

La formación plena de un jefe de obra precisa de la aplicación del precepto: "ni teoría sin práctica, ni práctica sin teoría".

1.2.4 El perfil humano del jefe de obra

De forma muy sintética, el apelativo de jefe de obra corresponde a aquellas personas técnicamente capacitadas para transformar un contrato y un proyecto ejecutivo en un proyecto ejecutable, realizando a partir de ellos una obra según las indicaciones y los acuerdos de la propiedad y la dirección facultativa, a través de la coordinación de personas, medios y equipos.

La obra así obtenida responderá a las premisas de calidad, tiempo y precio fijadas en el contrato, es decir, deberá reportar satisfacción al cliente. Al propio tiempo supondrá beneficio para la empresa constructora a la que el jefe de obra representa.

Por último, únicamente por cuestión de orden en el escrito, deberá realizarse de acuerdo con las prescripciones legales relativas a seguridad y sostenibilidad.

Los apartados precedentes ponen en evidencia el perfil humano y profesional propio de un jefe de obra.

Un buen jefe de obra precisa disponer en su perfil humano, de un código de conducta estricto basado en unos valores éticos sólidos. Los valores éticos se adquieren y forman desde la infancia.

No es preciso ser excesivamente extenso en su enunciado. Los aspectos realmente sustantivos suelen responder a pocos principios. En esencia, un jefe de obra ha de ser profundamente honesto.

El aspirante a jefe de obra podría utilizar el contenido de los puntos siguientes como test de autoevaluación.

a) Capacidad para afrontar responsabilidades
El jefe de obra es el máximo representante de la empresa a la que pertenece, dentro del ámbito físico de la obra, tanto ante los trabajadores como frente a terceros. A través de él se canalizan los flujos de información de toda índole hacia su empresa. Debe resolver, sin molestar

a sus superiores, aquellas cuestiones de su competencia. Consultará e informará a su superior jerárquico únicamente cuando sea necesario.

Encontrar el equilibrio puede comportar, al principio, dudas e inquietudes. Estas se disiparán y las relaciones serán fluidas si se sabe generar y cultivar un marco de confianza entre ambos.

Un jefe de obra no puede alegar desconocimiento de los hechos relacionados directamente con la obra, excepto en casos o situaciones muy puntuales. Ha de mandar y hacerse obedecer dentro de los preceptos establecidos por el marco laboral. De sus acciones, si se demuestra negligencia o mala práctica profesional, pueden llegar a exigirse responsabilidades por vía penal.

El conocimiento de los apartados precedentes ha de servir para que el jefe de obra tome conciencia de su responsabilidad y actúe de acuerdo con ella.

b) *Informar con corrección y veracidad*
Un jefe de obra no debe faltar nunca a la verdad. Entra dentro de lo tolerable no decir toda la verdad; sin embargo, todo aquello que comunique de manera formal, ha de ser contrastado y contrastable. La relación con el superior jerárquico ha de ser, en todo momento, directa y transparente. Si no ha de ser así, es mejor renunciar antes de que la situación se torne insostenible.

Todo el mundo comete errores; saber reconocer los errores propios es una forma de hacer frente a las responsabilidades y adquirir experiencia frente situaciones futuras.

c) *No levantar falsas expectativas*
Durante el curso de la ejecución de una obra, las presiones sobre el jefe de la misma son fuertes. Es fácil, en estas circunstancias, establecer previsiones sin fundamento para tratar de mejorar resultados económicos, de tiempo de ejecución, o la imagen personal. Luego si las previsiones aireadas no se pueden cumplir, el remedio resulta peor que la enfermedad. Lo correcto es, por tanto, no levantar falsas expectativas.

Es también un error frecuente de determinados jefes de obra realizar promesas de fechas de pago a industriales para obtener de ellos un trato de favor. Las fechas de pago no dependen únicamente de la gestión eficaz del jefe de obra, sino de los departamentos de contabilidad y de finanzas. El resultado final de esta forma de actuar suele traducirse en una serie de tensiones personales que en nada benefician al curso global de la obra.

Es preciso mantener la cabeza fría y hacer mención únicamente de aquellas situaciones o circunstancias de las que se tenga confianza plena de su cumplimiento y, por lo tanto, de las que se pueda sacar partido.

d) *Integridad moral*
La gestión de un jefe de obra se encuentra muy mediatizada: incremento de costos, tiempo, circunstancias y agentes de la obra parecen conjurarse para menguar su eficiencia y eficacia. Contra todos estos aspectos la palabra clave es independencia. Independencia para poner a cada uno en su lugar. Independencia para organizar.

Independencia y capacidad para sustituir. Independencia y respaldo para actuar con pocas limitaciones. Todos los agentes de la obra dependientes de la autoridad directa del jefe de obra han de tener claro que son necesarios, pero ninguno imprescindible.

Igualmente el jefe de obra debe mantener su propia independencia si desea ser realmente respetado y apreciado sobre la base de su estricta integridad moral. La connivencia con industriales puede mejorar su bolsillo, pero no su imagen a largo plazo ni en breve, a la obra.

1.2.5 El perfil profesional del jefe de obra

El perfil profesional de un jefe de obra, además de aspectos vocacionales, incluye apartados de formación técnica, cultivo de la personalidad y experiencia. Se detallan a continuación varios aspectos suficientemente amplios para englobar, en su conjunto, el perfil profesional del jefe de obra.

Al igual que se ha indicado al tratar del perfil humano, se recomienda utilizar los conceptos de este apartado como test de autoevaluación.

a) *Integración en un organigrama*
El jefe de obra debe mandar, pero también debe saber obedecer, puesto que es un elemento más del departamento de producción de la empresa a la que pertenece. Debe estudiar el organigrama, conocer su posición e integrarse plenamente en ella. Es difícil que la dinámica de una empresa consolidada cambie en función de un jefe de obra.

Un jefe de obra, si bien dispone de cierta autonomía en el ejercicio de sus funciones, debe tener claro que es un asalariado y como tal se debe, dentro de las prescripciones del marco laboral, a su empresa.

La necesidad de comunicar sus actuaciones, trabajar coordinadamente con otros departamentos y el respeto a los hábitos, las formas y los circuitos administrativos de la empresa son factores clave para garantizar el buen funcionamiento mutuo. Aun a costa de repetir conceptos, es el jefe de obra quien debe adaptarse a la empresa y no viceversa.

b) *Capacidad de gestión*
Es la facultad que tienen algunas personas para resolver problemas complejos sobre la base de la adquisición y administración de recursos propios y/o ajenos en un tiempo preestablecido, de forma razonable y razonada.

El jefe de obra suele adquirir la capacidad de gestión paralelamente a la experiencia, por las razones siguientes:
- Se ha encontrado con anterioridad ante situaciones similares.
- Ha analizado lo que hizo bien y lo que hizo mal en aquella situación.
- Dispone de conocimientos técnicos para abordar el problema y, en caso de no tenerlos, sabe buscar ayuda en profesionales competentes.
- Está en posesión de una agenda y tiene contactos para cubrir todo tipo de "huecos".
- Ha cultivado, con su buen hacer, industriales que le serán fieles en caso de dificultad.
- Tiene en reserva siempre una alternativa por si falla la primera opción.

c) *Dotes de mando, liderazgo*

Mando y liderazgo son características relevantes de un jefe de obra. Un jefe de obra, ejerciendo sus funciones, ha de emanar serenidad, seguridad y conocimientos, sin ningún tipo de afectación ni petulancia. Ha de ser el líder indiscutible e indiscutido de la realización ejecutiva de obra. El liderazgo es un mecanismo básico para desarrollarla con solvencia y eficacia.

Se exponen, a continuación, una serie de puntos significativos para profundizar en el perfil profesional relativo al mando.

Mandar supone influir sobre las personas por medio de la emisión ordenada y coherente de órdenes, de acuerdo con los principios de respeto debidos a cada individuo. No hay dos personas iguales. Es preciso saber quién está delante de uno, cuáles son sus aptitudes y sus carencias. Para conseguir el máximo rendimiento de una persona, es necesario buscar y encontrar el equilibrio entre respeto y cordialidad.

El concepto de adaptabilidad supone también la facultad de resolver situaciones cambiantes y la capacidad para reorganizar los medios disponibles, para hacer frente a una determinada situación de la mejor manera posible.

En las obras confluyen, entre otros muchos aspectos, un cúmulo de oficios tras los que se encuentran personas. Su coordinación (oficios y personas) precisa establecer una estructura jerarquizada. En esta estructura el jefe de obra debe ser el vértice de la pirámide. Ha de establecer una posición firme, con capacidad para liderar, delegar funciones y establecer los mecanismos de cambio que sean precisos para el buen funcionamiento global del conjunto.

Si no se tienen asumidos estos principios, es fácil que el jefe de obra se encuentre frente a un galimatías que desborde su capacidad para resolver problemas, únicamente, por simple acumulación. De lo expuesto en las líneas precedentes se derivan dos nuevos conceptos: necesidad de disponer de un buen equipo de obra y la conveniencia de controlar el proceso desde el origen. Siempre resulta más complejo enderezar una situación maleada que tratarla a partir de cero.

El orden jerárquico: La posición de un jefe de obra es, por su propia naturaleza, una situación de riesgo. Es la cúspide de una pirámide pero, al propio tiempo, el final de un amplio embudo. Sobre él confluyen una serie de agentes poderosos (la propia empresa, promotor, dirección facultativa, industriales, personal propio, proveedores...). Todos tienen un objetivo común: la ejecución de la obra en precio, tiempo y calidad previamente determinados. El conflicto deriva de que sus intereses económicos, en muchas ocasiones, son contrapuestos.

El equilibrio en el proceso de ejecución de una obra se consigue estableciendo acuerdos en los parámetros indicados de calidad, precio y tiempo, con industriales y proveedores. Los acuerdos tienen como marco general, las especificaciones de proyecto y el contrato establecido entre el promotor y la empresa constructora.

Los contratos deberán formalizarse por escrito, así como los acuerdos y pactos entre las partes, que tengan carácter sustantivo. Las simples palabras, muchas veces, se las lleva el viento. Es preciso encontrar un equilibrio entre la formalidad y la eficacia para no invertir tiempo en aspectos y cuestiones poco rentables.

En la medida en que el jefe de obra haya planificado adecuadamente las funciones y las actividades en el tiempo de los diferentes agentes, estará en situación de controlar el proceso de obra. No será necesario convertirse, en exceso, ni en policía ni en víctima. Es decir, habrá sabido transformar su posición potencial de riesgo en otra segura.

Éxito y fracaso: Si bien existe el fracaso absoluto, es prácticamente imposible conseguir un éxito sin paliativos, especialmente si se trata de un tema tan complejo como la ejecución de una obra. Es preciso, por tanto, saber negociar y asimilar ciertas dosis de paciencia y humildad.

El máximo fracaso de un jefe de obra se produce en el momento en que se convierte en policía y víctima a la vez. Policía para perseguir a industriales incumplidores, para poner orden, para vigilar la calidad. Víctima de errores propios y ajenos, de las presiones de los que no quieren pagar y de los que desean cobrar.

Fácilmente puede entenderse que un desdoblamiento tal de la personalidad conduce a situaciones anímicas insanas e insostenibles. El resultado: jefes de obra que cesan o son cesados de sus funciones durante el curso de la misma. Surge así una nueva cuestión a la que todo jefe de obra deberá enfrentarse tarde o temprano: ¿Cómo debo continuar una obra en la que previamente han fracasado uno o más compañeros?

Discreción: Un jefe de obra acumula información de procedencias muy diversas. Ni de sus actitudes ni de sus labios debe surgir nada que pueda comprometer el buen resultado de la obra.

Puede darse publicidad a un elogio, pero una represión ha de hacerse siempre en privado.

No es conveniente exteriorizar, frente a terceros, los problemas internos de la empresa, ni poner gratuitamente en evidencia a otros profesionales. La sabiduría popular indica: "de la forma en que trates serás tratado". Las situaciones profesionales son suficientemente complejas de por sí para que nos compliquemos la vida, sin necesidad, por complicarla previamente a los demás.

d) *Experiencia y conocimiento*
El perfil ideal de un jefe de obra se encuentra en el equilibrio entre experiencia y conocimiento. Este tipo de perfil cabría aplicarlo a todos los agentes que intervienen en las obras. Por desgracia se da, con más frecuencia de la deseable, la presencia de personas con desajustes notables respecto a uno de los valores indicados.

El hecho resulta sin embargo incuestionable y es preciso lidiar con él. Tales situaciones se deben, en gran medida, al sistema jerarquizado de cargos que caracteriza la ejecución de las obras. Hay determinados personajes, con notables carencias, que acaban tomando decisiones e imponiendo criterios, muchas veces erróneos o fuera de contexto, por el simple hecho de ostentar un cargo o una representación. La experiencia sin conocimiento da lugar al tipo humano conocido coloquialmente como "el enterado".

Dentro de esta categoría se encuentran algunos encargados e industriales, una buena parte de los operarios avispados y algún que otro personaje de la zona alta del escalafón. Se podría establecer un paralelismo con un axioma matemático mediante el siguiente enunciado:

"Las actitudes dogmáticas son directamente proporcionales a la falta de conocimiento". El axioma precedente es también conocido como el teorema del "Te lo digo yo". La experiencia sin conocimiento es difícil de combatir. Suele ser el resultado de hacer mal una cosa durante años con el convencimiento de "hacerlo bien".

Ejemplos pueden encontrarse muchos en la cotidianidad de una obra: no mojar la cerámica antes de colocarla; no utilizar el nivel, ni cordeles, ni plomada; dejar endurecer en exceso el mortero de las soleras antes de colocar las piezas; utilizar yeso pasado; conectar máquinas eléctricas sin el correspondiente enchufe ni toma de tierra; trabajar en una zona sucia; trabajar ensuciando o degradando el trabajo efectuado por otros operarios; escoger muestras y colores sin el más mínimo sentido estético. La lista sería interminable.

La no-utilización o la utilización incorrecta de las medidas de seguridad y salud es otro punto común del comportamiento de personas con experiencia y sin conocimiento. La respuesta tipo de los mismos frente a una observación suele ser: "Siempre lo he hecho así". "A partir de ahora tendrá la amabilidad de efectuarlo de la forma que le he indicado", ha de ser la primera respuesta del jefe de obra. Con las medidas de seguridad no se puede transigir. Si la mala actitud persiste, es preferible sancionar o prescindir del trabajador antes que lamentar.

El conocimiento sin experiencia es propio de técnicos con pocas horas de vuelo. Esta situación suele ir pareja a un estado de confusión respecto a conocimientos estudiados pero aún no asumidos o experimentados. Es el terreno abonado para que los "enterados" pontifiquen y aconsejen.

El técnico debe mantener y mejorar su posición frente estos personajes sobre la base de la consolidación de sus conocimientos técnicos: estudiando normativa, efectuando cursillos y obteniendo información de primera mano de cómo abordar determinados casos prácticos.

Es inestimable contar con la colaboración y complicidad de compañeros que, por su trayectoria profesional, merezcan confianza. Cuando un compañero solicita ayuda, suele prestarse gustosamente al recordar la cantidad de veces que uno mismo la ha solicitado y la ha obtenido.

introducción

estudio de proyectos

2.1 El estudio del proyecto. Principios

Cuando a un jefe de obra los responsables de su empresa le encargan la dirección ejecutiva de una obra, antes han pasado multitud de circunstancias y situaciones sobre las que no tiene, necesariamente, ni conocimiento ni control. Sin embargo, el conjunto de situaciones y circunstancias que han configurado el paquete de documentos que se pretenden transformar en una obra acabarán incidiendo sobre su gestión de forma significativa.

Cabe, dentro de lo probable, que el proyecto se haya adjudicado a la empresa a la que pertenece el jefe de obra por medio de un concurso de la Administración, a través de una baja sustantiva, sobre la base de un estudio superficial y a un precio "político" dictado por la situación de la cartera de obras de la empresa.

Si en lugar de la Administración, el cliente pertenece a la iniciativa privada, el concurso se habrá restringido a un número reducido de empresas invitadas. En este caso las negociaciones y las maniobras de todos los departamentos comerciales podrán calificarse de intensas, la incidencia de las mismas en los documentos de proyecto los volverán caóticos y el contrato resultará draconiano.

Aceptadas como inevitables las premisas expuestas, no merece la pena entrar a considerar si la dirección facultativa es más o menos receptiva a cambios y propuestas, o si el representante de la propiedad viene con la intención de fiscalizarlo todo. En todos los casos el resultado de la valoración será parejo e igualmente sombrío e incierto. Este es el ámbito de trabajo habitual del jefe de obra.

Una vez conocido el ambiente y las condiciones de trabajo, el futuro jefe de obra puede adoptar dos decisiones: abandonar el oficio y dedicarse a cualquier otra actividad profesional, o abordar el estudio del proyecto desde la óptica profesional de programación de la ejecución.

El primer documento que el jefe de obra debe asimilar es el contrato. Es el marco de referencia en el que desarrollará su trabajo. Una lectura atenta del contrato le permitirá conocer de antemano los pocos aspectos favorables y las muchas cláusulas desfavorables entre los que maniobrar.

Conocido el contrato, el jefe de obra profesional trata de ser positivo. Estudia, busca y encuentra soluciones técnicas y económicas antes que plantear problemas. Las premisas sobre las que debe plantear su trabajo son comunes a todas las obras. Se indican a continuación.

2.1.1 Calidad

La calidad es una premisa incuestionable en toda obra. Un precio bajo no justifica materiales defectuosos o colocaciones deficientes, puesto que tal actuación acabaría redundando negativamente en la imagen y la economía de la empresa. Es preciso buscar, en estas situaciones, sistemas, materiales y productos más económicos de prestaciones similares a los de marcas con mayores costos estructurales o de publicidad, excepto en el caso de que vengan impuestas por los documentos contractuales. Una mala calidad puede generar reservas técnicas por parte de la entidad de control. Ello supone pérdida de tiempo y dinero, en fase de construcción, si fuera preciso corregir errores. Si alguna partida con deficiencias escapa a los controles, tarde o temprano acabará pasando factura en concepto de corrección de patologías.

Puede concluirse que es preferible no iniciar un trabajo si éste ha de resolverse de forma no satisfactoria.

2.1.2 Tiempo

Uno de los objetivos fundamentales del jefe de obra es optimizar la producción. Reducir el tiempo de ejecución de una obra, si se sabe hacer bien, supone aminorar los costos indirectos. Se genera, por tanto, la posibilidad de invertir el diferencial en la obra.

La reducción del tiempo de ejecución debe ampararse en una planificación juiciosa de diversas las fases y actividades del trabajo. Debe asignarse a cada una de ellas los recursos pertinentes y tener la seguridad del cumplimiento de sus compromisos por parte de todos los intervinientes.

Planificar una obra precisa, disponer de amplia información de muy diversas índoles, constituyen una buena ayuda para la planificación y, posteriormente, para el seguimiento de la obra. Por ejemplo, con respecto a:
- Los rendimientos de las diversas actividades contenidas en las bases de datos de partidas de obra
- La experiencia propia y ajena
- El contacto directo y el conocimiento de las capacidades de los los distintos agentes que han de participar en la obra
- La utilización de bases de precios y programas informáticos para la elaboración de *plannings*
- La obtención de los informes a través del filtrado de información disponible

2.1.3 Precio-beneficio

No corresponde, habitualmente, al jefe de obra tomar la decisión sobre si una determinada obra se hace o no. Tampoco suele resolver si, una vez iniciada la obra, se continúa o se abandona. Este tipo de decisiones suele corresponder a la alta dirección de la empresa constructora en la que se encuentra encuadrado. La información facilitada por el jefe de obra respecto la viabilidad de la obra suele tener un importante peso específico en la decisión final.

En determinados casos se adoptan decisiones "políticas" para conseguir una mejor posición en el mercado, para mantener la máquina en funcionamiento en espera de tiempos mejores, o por cualquier otra razón en la que no priva, necesariamente, el beneficio inmediato.

De estas decisiones el jefe de obra debería estar al margen para centrarse en su cometido. Sí compete al jefe de obra prever el coste con la máxima precisión. Para ello establecerá un "presupuesto objetivo".

Como tal se entiende el más ajustado que puede obtenerse según las condiciones de mercado para cumplir las estipulaciones contractuales.

No es por tanto, necesariamente, el más económico, sino el más ponderado. Es también responsabilidad del jefe de obra efectuar el seguimiento del presupuesto durante el curso de las obras. Debe alertar a tiempo de posibles desvíos, de sus causas y, si es posible, establecer mecanismos de corrección.

Las herramientas informáticas de programación permiten obtener valiosos datos para el seguimiento de la obra, como el flujo de caja y la curva de progreso.

Para elaborar el "presupuesto objetivo", el jefe de obra debe preparar, durante la fase de estudio del proyecto, cuadros comparativos de las ofertas solicitadas a diferentes industriales solventes. Ello debe hacerse de modo que todos los industriales de cada ramo oferten sobre la misma base documental e idénticas premisas técnicas.

Igualmente el jefe de obra debe indicar el tiempo y forma para la presentación de ofertas con objeto de poder aconsejar el adjudicatario más idóneo. El jefe de obra tiene, entre sus obligaciones el deber de mejorar, en la medida de lo posible, el resultado económico previsto para la obra.

Algunos mecanismos y actuaciones que permiten incidir sobre el fin propuesto son: la depuración de procesos de producción mediante, por ejemplo, la incorporación de máquinas más eficientes y seguras; materiales mas fáciles de colocar por su formato; generación de precios contradictorios correspondientes a partidas no previstas y supresión o modificación de partidas superfluas.

Si se trata de una obra de larga duración, es preciso verificar en el contrato si hay prevista una cláusula de revisión de precios, mediante la aplicación de fórmulas polinómicas.

La prudencia es, una vez más, buena consejera. El jefe de obra no deberá ni levantar falsas expectativas de negocio, ni ser catastrofista con la intención de cubrirse las espaldas.

2.1.4 Sostenibilidad

Los principios de sostenibilidad han de encontrase incorporados en el diseño del proyecto. No es suficiente cumplir las condiciones de las normativas de aislamiento térmico y acústico y colocar unos colectores solares en cubierta para calentar el agua caliente sanitaria.

Un buen proyecto, redactado bajo principios de sostenibilidad, considera, entre otros aspectos de diseño: la orientación, los sistemas naturales de ventilación, el aprovechamiento o la protección frente los rayos solares, la incorporación de energías renovables y la utilización de procesos y materiales contrastados por su bajo impacto ambiental, así como por sus posibilidades de renovación y reciclabilidad.

En zonas con pluviosidad baja, la normativa urbanística, redactada con criterios de sostenibilidad, reclama la construcción de aljibes para recoger las aguas pluviales para riego. Las llamadas aguas grises (lavabos y bañeras) también se recogen para su uso, previo tratamiento, para las cisternas de los WC.

Además de poder proponer y justificar alternativas más ecológicas (por ejemplo sustituir un muro de contención de hormigón armado por otro de gaviones o por una escollera, o bien utilizar cerchas de madera laminada-encolada en lugar de otras metálicas), el jefe de obra ha de incidir de modo directo en la gestión racional de los residuos de la obra.

A tal fin, dispondrá en la obra de diversos contenedores separados, uno para escombros limpios y otro para escombros mezclados.

El jefe de obra también puede optar por verter los escombros limpios dentro de la propia obra, llenando el foso de la grúa o rebajando algo más la excavación del sótano, realizando la subbase de la solera con escombro seleccionado.

Otros detalles, como el control de la emisión de polvo y la disminución de la contaminación acústica, tampoco son ajenos a la actividad de un jefe de obra plenamente consciente de sus funciones.

2.1.5 Seguridad

Llevar a cabo la ejecución de un proyecto de una mínima entidad precisa, por ley, disponer de un estudio de seguridad y salud.

Este da lugar al correspondiente Plan de Seguridad y Salud, elaborado por el contratista principal, que debe ser aprobado por el coordinador de seguridad y salud laboral.

Es preciso que los subcontratistas conozcan y hagan suyo el Plan de Seguridad y Salud o, en su defecto, elaboren el suyo propio. Hasta aquí los aspectos formales.

El fondo de la cuestión es, lógicamente, hacer una obra más segura de principio a fin: prevenir riesgos, evitar accidentes y, en caso de que éstos, fatalmente, se produzcan, estar preparados para minimizar sus consecuencias.

La seguridad no es tan solo aquello que se ve: carteles, protecciones, redes, circulaciones... Un jefe de obra es responsable de la organización ejecutiva de la obra.

Como tal ha de valorar, priorizar y jugar sus cartas, siempre a favor de las personas y, después, de la obra.

A continuación se detallan algunos ejemplos de cómo un jefe de obra incide en la seguridad de su obra:

- Realizando apuntalamientos preventivos antes de que aparezcan situaciones de peligro. No efectuarlos puede provocar situaciones irreversibles o de muy costosa intervención. Es posible que una acción de este tipo pase como una actuación innecesaria. Puede hasta ser criticada por algunos "sabios" o, en el mejor de los casos, puede pasar desapercibida.
- No regar los escombros de un derribo posiblemente comportará molestias e incluso una multa, sin embargo puede evitar un colapso. No sería la primera ocasión en que el peso adicional del agua utilizada para evitar el polvo causa problemas, incluso con resultado de muerte.

estudio de proyectos

- Realizar determinadas operaciones por fases quizá, aparentemente, reste eficacia al ritmo de la obra porque, de nuevo, como no sucederá "nada", este tipo de acciones pasará desapercibida. Una serie de actuaciones de signo contrario a las descritas se podrían tipificar en la retirada masiva, y por medio de golpes, de los marcos de puertas y ventanas de un edificio de fábrica de ladrillo o de mampostería. A ello puede añadirse, en la suma de despropósitos, dejar sin arriostrar tramos importantes de muro, por derribo indiscriminado de techos y elementos de arriostramiento. Por último, dentro de la misma lista podría incluirse, sin propósito de agotar el tema, hacer recalces con frentes muy amplios confiando la estabilidad a bermas de tierra de dimensiones ridículas.
- Proponer alternativas constructivas para evitar la realización de operaciones potencialmente peligrosas. Por ejemplo, realizar un muro pantalla, en lugar de un sistema de recalce tradicional mediante bermas; o utilizar encofrados tecnológicamente avanzados y en buen estado en lugar de otros más primarios y en estado de conservación inadecuado.

Los ejemplos podrían ser muchos más; sin embargo, los citados son suficientemente significativos como para formarse una composición de lugar. Del debate de experiencias entre profesionales y de la reflexión necesaria para afrontar problemas, surgen soluciones que acaban transformándose en conocimientos de uso común.

En determinadas ocasiones el promotor, contando con una dirección facultativa "cómoda", ordena al jefe de obra forzar situaciones más allá de lo que es razonable.

Se pretende primar tiempos y costes afectando la seguridad. Ejemplos típicos de esta forma de proceder son: efectuar cortes verticales de terreno de gran altura en los frentes a calle; forzar la legalidad urbanística construyendo más de lo debido o efectuar trabajos de forma precipitada sin las correspondientes medidas de seguridad.

Frente estas situaciones, el jefe de obra ha de solicitar, con el mayor respeto, los cálculos técnicos sobre los que se basan las nuevas directrices y las instrucciones por escrito de la dirección facultativa, para desarrollarlos.

Como difícilmente los responsables directos escribirán nada que pueda comprometerlos, el jefe de obra estará en condiciones de adoptar la decisión que crea más oportuna:

- Seguir con el plan de trabajo inicialmente previsto.
- Modificarlo ligeramente, para "quedar bien", sin comprometer la seguridad.
- Pedir información y consejo a otros profesionales sobre la viabilidad de las pretensiones del promotor.
- En último caso, cambiar de trabajo.

Las alternativas indicadas tienen un objetivo común: no comprometer la seguridad. Un accidente lo puede sufrir todo el mundo; en cambio, la negligencia y la inconsciencia suponen hacer méritos para el fracaso y para la responsabilidad penal.

2.2 El estudio del proyecto y de la obra para su ejecución

A continuación se detalla un esquema práctico a desarrollar por un jefe de obra, con objeto de completar el estudio del proyecto y preparar el emplazamiento para iniciar los trabajos de ejecución de la obra propiamente dichos. No se trata de un manual de procedimiento, sino de una guía de actuación que deberá adaptarse a las necesidades específicas de cada proyecto y de cada obra. Está estructurado en cuatro apartados: asimilación, análisis, preparación de la ejecución de la obra y actuaciones antes de iniciar la obra.

2.2.1 Asimilación

Para hacer un estudio correcto del proyecto, el jefe de obra debe disponer de la totalidad de su documentación, tanto gráfica como escrita, empezando por el contrato del que ya se ha hecho mención. Habitualmente suelen facilitarse en soporte informático.

Es conveniente disponer de copias en papel, puesto que facilitan la comparación y la visión de conjunto que difícilmente se da desde la limitación de una pantalla.

El jefe de obra debe conocer también físicamente el emplazamiento y su entorno. Un reportaje fotográfico nunca está de más, puesto que es una ayuda en la toma de decisiones.

Es conveniente analizar el contenido del estudio geotécnico y la correspondencia de los suelos descritos en el mismo, en relación a los métodos previstos en el proyecto para la ejecución de excavaciones, contenciones y cimientos. También es preciso cotejarlo con el contenido del presupuesto, para verificar si existe coherencia entre los documentos.

En las obras es posible distinguir dos fases bien diferenciadas: "de cota cero hacia abajo" y de "cota cero hacia arriba". La mayor parte de los problemas y atrasos graves de una obra corresponden a la primera fase, donde los desconocimientos y los imponderables tienen más cabida.

Es muy importante que el estudio geotécnico disponga de secciones estratigráficas y de los parámetros geotécnicos básicos: densidad, cohesión, ángulo de rozamiento interno, tensión admisible, expansividad, agresividad química, nivel freático, ripabilidad... Sobre la base de estos datos no está de más efectuar una ojeada a los cálculos para confirmar su corrección.

2.2.2 Análisis

Es preciso estudiar el proyecto por fases o por capítulos de obra, desde las operaciones previas a los acabados. Una buena práctica es agrupar la documentación común a cada una de las fases o capítulos de obra. Es conveniente seleccionar y eliminar del uso cotidiano aquella documentación que no sea sustancial para el estudio; por ejemplo, listados de normativa, o pliegos de condiciones generalistas. El jefe de obra prestará especial atención a la coherencia entre la documentación gráfica y escrita del proyecto; de modo particular, entre planos de cimientos y de estructura en relación con los planos de arquitectura.

Otro punto a contrastar es la correspondencia entre la descripción de la partida y el precio unitario de referencia.

En ocasiones se describen operaciones que no tienen su contraprestación económica en el precio unitario.

Es preciso repasar las mediciones, por lo menos, de las partidas más significativas, para controlar que no existan desviaciones sustanciales ni a favor ni en contra.

Se prepararán, también, los conjuntos de documentación parcial del proyecto para solicitar ofertas a los diferentes ramos. Lógicamente se dará preferencia a los que hayan de intervenir en las fases iniciales.

En un primer contacto con la documentación, el jefe de obra se centrará en cómo hacer la obra, qué medios materiales y humanos serán necesarios, dónde los colocará y cuáles son las dificultades de la obra en función de su emplazamiento y entorno. Es decir, tratará de asimilar el máximo de conocimientos sobre la obra y sus circunstancias.

La lectura de la memoria del proyecto no puede desaprovecharse a lo largo del estudio. En ella el autor o autores del mismo, además de datos meramente técnicos, exponen (o habrían de exponer) el sentido y el espíritu de la obra. En las obras de restauración y rehabilitación, la memoria suele recoger, entre otros aspectos, las conclusiones obtenidas por los autores de la lectura de las patologías, así como sus propuestas para su tratamiento y corrección, orden de ejecución de los trabajos y otros detalles estimados como significativos.

En una segunda lectura del proyecto, el objetivo del jefe de obra se centrará en mejorar, si es posible, la ejecución sobre la base de plantear alternativas. Por último, tratará de detectar errores, olvidos o carencias que permitan mejorar la gestión económica.

El resultado de su análisis debe quedar reflejado por escrito y gráficamente en un informe. Del mismo, deberá hacerse un extracto de los aspectos más significativos para gerencia. En el mismo pueden constar dudas o aclaraciones a solicitar, en su momento, a la dirección facultativa.

2.3 Preparación de la ejecución de la obra

En el apartado de planos el jefe de obra ha de disponer, antes del inicio físico de los trabajos, de un plano de replanteo. En dicho plano debe constar, de forma inequívoca, la cota cero y la referencia del punto origen de replanteo respecto a un punto del terreno fácilmente localizable.

Es muy posible que, para transformar en ejecutable un proyecto ejecutivo, el propio jefe de obra o los servicios técnicos de la empresa necesiten preparar uno específicamente adecuado a sus necesidades. El esfuerzo merece siempre la pena; un buen replanteo es la base para realizar una obra sin problemas.

También puede ser útil disponer de planos propios de replanteo para facilitar el trabajo del encargado, sobre la base de fijar unos ejes de los que partir, para acotar la posición de las "caras buenas", los límites de los forjados y la previsión de agujeros en los techos.

Es conveniente que el replanteo de base lo realice un topógrafo. Se marcarán sobre el terreno puntos de referencia sobre los que fijar cordeles para guiar los replanteos menores.

En la oficina de obra es preciso disponer de un juego completo del proyecto como "ejemplar de archivo", sólo consultable en casos de emergencia. Para los trabajos cotidianos se dispondrá de otros juegos de planos. El jefe de obra hará preparar los ejemplares de planos necesarios para ejecutar la obra y facilitar documentación a los industriales.

La utilización del correo electrónico y los soportes informáticos simplifican, en gran manera, este trabajo mecánico, puesto que posibilitan una rápida transmisión de información tanto gráfica como escrita.

Una vez asumida intelectivamente la obra, sus fases de desarrollo y los equipos necesarios para su ejecución, el jefe de obra está preparado para llevarla a cabo.

Antes, sin embargo, será preciso materializar en un planning todo el proceso de estudio y planificación.

Pueden utilizarse para ello programas existentes en el mercado informático como *Project o Shure Track*.

El contenido del *planning* debe ser conocido y asumido por los diversos agentes participantes en la obra, para garantizar su interactividad y el buen funcionamiento global de la obra. El proceso de asimilación y de gestación es diferente para cada obra.

El nomadismo y la individualidad son factores característicos del proceso constructivo.

Para reforzar los conocimientos necesarios para llevar a buen fin y con solvencia su gestión, el jefe de obra puede y debe contar, entre otros, con la colaboración de la dirección facultativa, el soporte técnico de la propia empresa, la participación de consultores externos (en muchas ocasiones los industriales facilitan gustosamente informaciones útiles fruto de su propia experiencia), la realización de visitas a obras de características similares o consultas bibliográficas e informáticas.

Del estudio de "cómo" ejecutar la obra pueden surgir propuestas alternativas de puesta en obra más ventajosas, especialmente en las fases iniciales de cimientos y contención de tierras. Por ejemplo:

- Evitar la colocación de acodalamientos en los muros pantalla, sustituyéndolos, por ejemplo, por bermas de tierra o anclajes.
- Reforzar y profundizar los muros pantalla para transformarlos en autoestables.
- Revestir las armaduras de los muros pantalla con poliestireno extruido para mejorar su calidad de superficie y reducir su sección.
- Utilizar el tipo de pilotaje más adecuado a las características del terreno y de la obra.
- Suprimir vigas centradoras sobre la base de realizar muros pantalla en lugar de los sistemas de recalce tradicionales.
- Cambiar los cimientos a base de un entramado complejo de zapatas y riostras, por la homogeneidad y la rapidez de ejecución que ofrece una losa de cimentación. Esta resuelve además la solera y el pavimento. En este caso debe ponderarse el sobrecosto en material según el ahorro de tiempo y costes indirectos. Debe considerarse también en la elección, el mayor asentamiento de las losas

de cimentación respecto las zapatas. Por esta razón las losas son sólo aconsejables en edificios aislados.

Tan importante como asumir intelectivamente la obra es saber transmitir al equipo de colaboradores, conocimientos, confianza y principios para que el proceso se desarrolle de forma continua y sin tropiezos. No es una cuestión de imposición que, si es preciso, debe aplicarse, sino la extroversión de la capacidad propia de todo buen jefe de obra de convertirse, de forma natural, en el marco de referencia técnica y humana del pequeño universo que se genera alrededor de la construcción de un edificio. Aunque no estén cerrados totalmente los contratos, antes de iniciar la obra se dispondrá de cuadros comparativos, con las ofertas de los oficios o de los paquetes de obra más significativos y las correspondientes propuestas de adjudicación.

Como mínimo, antes del inicio de la obra, deberán tenerse cerrados los contratos de movimientos de tierras, cimientos y estructura, además de los de implantación (vallas, casetas, grúa, acometidas, etc.). El paquete descrito supone, aproximadamente, entre el 25 y el 30 % del total de la obra y ofrece un lapso temporal suficiente para acabar de ajustar la contratación de los restantes industriales.

2.4 Actuaciones antes de iniciar la obra

Se detallan, a continuación, los pasos necesarios para transformar un solar en un centro de trabajo.

En función del tamaño de la empresa y del tipo de obra, el jefe de obra podrá disponer de personal auxiliar e incluso de departamentos de la propia empresa que realicen la tramitación y las operaciones necesarias para iniciar una obra y atender las necesidades de las fases iniciales de ésta. En una empresa pequeña deberá ocuparse de "todo".

Sea de forma directa o indirecta, el jefe de obra, antes de iniciar la ejecución, ha de prever, programar y supervisar los aspectos siguientes:

- Contratación de contadores y suministros provisionales de obra de agua y de electricidad.
- Alquiler, en su defecto, de grupos electrógenos, para producir electricidad y/o cubas para garantizar el suministro de agua. Estas situaciones precarias suponen un coste añadido que, en ocasiones, no hay otro remedio que afrontar si es preciso iniciar con celeridad los trabajos.
- Cercas de protección de la obra. Resultan un elemento de seguridad imprescindible para evitar accidentes y eludir responsabilidades, caso de que se produzca un accidente de alguien que haya forzado las protecciones.
- Licencia de ocupación de vía pública. Para disponer de espacio para la protección y seguridad de los trabajos, instalar máquinas, establecer accesos y acopios o zonas de maniobra.
- Carteles informativos de la obra y señalizaciones de seguridad.
- Reserva de vado. Obtención de licencia y placas de señalización.
- Contratación de casetas de oficinas, vestuarios y sanitarios, así como su conexión a los servicios.

- Elaboración del Plan de Seguridad y Salud, el cual debe someterse a la aprobación del coordinador de seguridad y salud. Es de la máxima importancia que se disponga en el mismo un listado de teléfonos de emergencia y la situación de centros de asistencia sanitaria próximos.
- Obertura del centro de trabajo, de acuerdo con la normativa vigente.
- Desvío o supresión de cables u otros obstáculos aéreos que afecten el solar.
- Solicitud de conexión de albañal, si el solar no dispone de tal servicio.
- Contrato, y formación de foso y placa de cimentación para la instalación de grúa o grúas.
- Limpieza, desbroce y nivelación del solar para replantear en buenas condiciones.
- Transporte y montaje de maquinaria especial; pantalladoras, grúas móviles, plataformas, pilotes...
- Licencias de publicidad. En el caso de fachadas céntricas, las lonas de protección proporcionan unos ingresos nada despreciables.
- Contactos con vecinos para advertirles de las posibles molestias de los trabajos y evitar tensiones.
- Topógrafo que facilite, al menos, el replanteo de base.

El listado es amplio, pero tiene sólo carácter enunciativo. Cada obra tiene sus peculiaridades que es preciso analizar y, a veces, descubrir.

Para dar respuesta a las cuestiones y requerimientos que plantea es preciso solicitar presupuestos, efectuar comparativos, propuestas de adjudicación, realizar trámites municipales, gestionar solicitudes a las compañías suministradoras, etc.

El conjunto de las actividades descritas comporta tiempo, dedicación y medios económicos para llevarlas a cabo.

Inicialmente inciden negativamente en la cuenta de explotación de la obra, puesto que "se supone" que la repercusión de estos costes está implícito en el precio de las partidas y se irá amortizando durante el transcurso de la obra.

El tiempo necesario para realizar estas actividades (muy dilatado para el departamento de facturación y muy limitado para el departamento de producción, tratándose, en ambos supuestos, del mismo tiempo físico) y los costos derivados de las mismas, deben quedar reflejados en el planning y, a través de éste, en el flujo de caja.

2.5 Guía-resumen para analizar el contenido de los proyectos que ha de desarrollar el jefe de obra

Para realizar correctamente su labor el jefe de obra necesita disponer, entre otras cosas, de materia prima de calidad (proyecto ejecutivo).

Si no dispone de esta materia debe tratar de conseguirla. Tener claro qué se precisa y cuándo se precisa permite detectar carencias y solicitar su corrección.

No es preciso insistir sobre los aspectos de oportunidad, de forma y de tono adecuados para solicitar al arquitecto los datos precisos, para que el jefe de obra pueda desarrollar su trabajo de forma más definida y segura. El jefe de obra ha de ser lo suficientemente hábil, si falta información y no hay forma de conseguirla por los cauces habituales, para buscar una solución de compromiso en beneficio de la empresa y de la obra. No es buen jefe de obra aquel que precisa que "todo" esté definido como condición para empezar a trabajar, puesto que construir comporta un cierto riesgo y, en consecuencia, capacidad de adaptación a situaciones cambiantes.

Utilizar indiscriminadamente un arsenal de e-mail, fax y notas, con el único propósito de descargar responsabilidades no solo no acostumbra a dar buenos resultados, sino que además ocupa un tiempo preciso a otras actividades más productivas.

Al jefe de obra le llegan proyectos ejecutivos que han pasado diversos controles (pocos de ellos realizados bajo la perspectiva "real" de la ejecución) sobre los que no ha tenido posibilidad ni de intervenir ni de opinar. Por todo ello precisa conocer y analizar el proyecto ejecutivo, como base de su trabajo. Las páginas siguientes tienen como propósito tratar de servir de guía y de pauta para sistematizar esta tarea.

2.5.1 Defectos comunes

Los proyectos ejecutivos pueden presentar defectos más o menos graves. Es preciso detectarlos y corregirlos para que no constituyan un lastre durante la ejecución de la obra. A los efectos del presente estudio, se han sistematizado bajo los siguientes conceptos:

a) *Carencias*
Además de la falta de algún plano, especialmente secciones y detalles, una de las carencias más comunes consiste en no incorporar en el estado de mediciones alguna o algunas de las partidas necesarias para la realización del edificio.

En ocasiones pueden faltar cotas, niveles de planta o la indicación de las dimensiones de los peldaños. También suelen presentar carencias los planos de instalaciones.

Respecto las carencias, una vez detectadas, el jefe de obra puede optar por denunciarlas o explotar el hecho en el momento oportuno. No es posible dar una receta sobre la decisión más apropiada; debe decidirse en función del análisis de la situación de la obra, entidad económica y técnica de la carencia y tipo de contrato.

b) *Indefiniciones*
Las indefiniciones suelen plantearse en la redacción de las memorias y en los estados de mediciones. Es frecuente que las descripciones de las partidas no estén suficientemente detalladas, o bien se indiquen en ellas materiales genéricos. Estos pueden tener variedades con precios muy diversos. Las indefiniciones pueden ser resueltas, en la mayoría de las ocasiones, de forma verbal.

Es preciso escoger la ocasión adecuada para dar como hecha la versión más adecuada a los intereses de la obra, sobre la base de la presentación de muestras o catálogos.

c) *Incoherencias*
Las incoherencias pueden tipificarse como diferencias entre los conceptos expresados en los distintos documentos de proyecto, relativos a un mismo aspecto. Suelen detectarse haciendo una lectura transvesal de la documentación del proyecto. Si no tienen carácter significativo o grave y es posible discernir razonablemente la previsión del proyectista, no es preciso comunicarlas. Un exceso de puntillismo puede resultar perjudicial para el objetivo básico del jefe de obra: llevarla a cabo de acuerdo con las premisas del proyecto y el contrato.

d) *Errores de grafismo*
En general suelen ser errores de orden menor. No afectan sustantivamente la realización de la obra, pero pueden dar lugar, si no se detectan, a correcciones a posteriori. Casos típicos son la no-coincidencia en la vertical de huecos de bajantes, reservas para pasos de escalera con medidas incorrectas, etc.

Si los errores de grafismo no son generalizados y no se producen errores graves, se pueden corregir sobre la marcha y comunicar de forma amable y educada al proyectista los aspectos detectados, para que éste introduzca las debidas correcciones en los planos.

e) *Errores de concepto*
Se materializan bajo muy diversos aspectos tanto constructivos como de diseño propiamente dicho. A título indicativo se detallan unas cuantas familias de los más frecuentes.

Un primer grupo respondería al incumplimiento de alguna normativa básica que puede haber pasado desapercibida en fase de diseño, incluso con licencia obtenida. Aspectos relativos a accesibilidad, dimensiones y ubicación de vías de evacuación suelen encontrarse entre los más frecuentes.

Otro apartado importante lo constituyen los errores en la disposición de impermeabilizaciones y baberos para garantizar la estanquiedad de encuentros o puntos conflictivos o, simplemente, su olvido.

También suelen detectarse problemas en las alturas libres de paso de escaleras, dimensiones inadecuadas de peldaños (especialmente en las escaleras compensadas), cotas de saneamiento, resolución de sótanos con sistemas de contención inadecuados...

La presencia de distancias excesivas entre juntas de dilatación y las incompatibilidades entre elementos portantes y portados por efectos higrotérmicos son otros puntos que se deben revisar para evitar posteriores reclamaciones y costosas reparaciones.

Aunque la carátula de un plano indique "proyecto ejecutivo", ello no supone, necesariamente, que pueda ser ejecutado con seguridad y eficiencia con los métodos constructivos indicados en el proyecto.

El caso de sistemas de contención de más de seis metros de altura encofrados a una cara contra un suelo de baja cohesión es paradigmático de este tipo de errores de concepto. El cambio por un muro pantalla u otro elemento previo de contención se impone en estos casos.

Si se detectan errores de concepto es preciso, en primer lugar, asegurase de que realmente se producen.

Se contrastará, si es posible, pareceres con otros profesionales afines. Una vez obtenida certeza absoluta respecto a la situación, deberán ser comunicados rápidamente a su autor, con la máxima discreción y sin efectuar comentarios ni valoraciones. El objetivo debe ser la rápida y adecuada corrección por parte del proyectista.

2.5.2 Observaciones generales

En el análisis (por parte del jefe de obra) y en la preparación de la documentación (por parte del proyectista) ha de privar la sistematización. En este sentido cada vez más estudios implantan métodos para el aseguramiento de la calidad.

En este apartado se dan indicaciones de carácter general para orientar la revisión de los proyectos. No se trata, en modo alguno, de constituir una lista de comprobación exhaustiva, puesto que es un objetivo que se aparta del contenido del presente estudio.

Los puntos de análisis deben responder a los siguientes apartados:
a) Existencia de un índice de documentos que permitan localizar de forma ágil la información deseada.
b) Verificación de la coherencia del contenido de los diferentes documentos que conforman la fase del proyecto objeto de estudio.
c) Cumplimiento de la normativa básica, adecuada a cada fase como definidora de la racionalidad formal y técnica del proyecto. A título indicativo se acompaña un listado de referencia:
- Urbanística. Edificabilidad, superficies volúmenes, ocupación, profundidades edificables, alturas, vuelos, dimensiones de patios...
- Accesibilidad. Ficha justificativa. Dimensiones de paso, dotación de sanitarios y otros espacios adaptados
- Sistema o sistemas de cimentación y contenciones adoptados en función de los parámetros del estudio geotécnico y las características del edificio
- Racionalidad de la estructura
- Prevención de incendios NBE-CPI. Fichas justificativas. Vías de evacuación, número de peldaños, dimensiones de pasos y escaleras, dirección de aperturas de puertas, sistemas activos y pasivos
- Aislamiento térmico. Ficha de cumplimiento de la NBE-CT
- Aislamiento acústico. Ficha de cumplimiento de la NBE-CA
- Gestión de residuos. Ficha de cumplimiento
- Dimensiones y número de ascensores
- Programa de control de calidad con valoración de su coste
- Ubicación y previsión de espacios para montantes, pasos y servicios de las instalaciones
- Estudio de seguridad y salud
d) Listado de instalaciones (y proyectos complementarios) que debe contener el proyecto. A título meramente enunciativo:
- Telecomunicaciones
- Ventilación del aparcamiento
- Fontanería

- Gas
- Electricidad
- Aire acondicionado-calefacción
- Aparatos elevadores
- Alarmas
- Prevención de incendios
- Energías alternativas
- Necesidad, o no, de estación transformadora

e) Homogeneidad de prestaciones en cuanto a calidad y acabados entre las diferentes dependencias del edificio.
f) Referencias a marcas y modelos, cuando corresponda, como elementos definitorios del fin perseguido.

Existencia en los documentos de proyecto de mecanismos de control para conocer, en cada momento, qué documentación está vigente y cuál obsoleta.

A tal fin suelen utilizarse carátulas con indicaciones de la fecha, la causa de la modificación, quién modifica, quién revisa y a qué documento sustituyen.

2.5.3 Proyecto de ejecución

Como su nombre indica, proyecto de ejecución es el conjunto de documentos facilitados por el proyectista necesarios para llevar a cabo el correcto desarrollo de la obra de referencia en calidad, precio y tiempo. Los documentos a estudiar son:

a) *Memoria*
La memoria debe contener los criterios generales de ejecución: fases, orden de ejecución de los trabajos más complejos o delicados, sistemas constructivos previstos y procedimientos.

La memoria tiene también carácter justificativo respecto el cumplimiento normativo; éste, a su vez, tiene incidencia en el diseño y en la ejecución. En la misma deberán encontrarse referencias precisas relativas a:
- Justificación del edificio proyectado a los parámetros de la normativa urbanística
- Cumplimiento de la NBE-AE-88, en relación a los cimientos y la estructura
- Sistemas de contenciones, cimentaciones y tipos de estructura previstos
- Descripción de oficios. Calidades y acabados
- Programa de control de calidad de los materiales de acuerdo con la normativa vigente
- Ficha justificativa del cumplimiento de la ley de accesibilidad
- Fichas justificativas del dimensionado de las vías de evacuación y los sistemas de prevención de incendios adoptados de acuerdo con la NBE-CPI-96
- Fichas justificativas del cumplimiento de las NBE térmica y acústica
- Previsión de espacios para telecomunicaciones

estudio de proyectos

Aspectos a verificar: El jefe de obra verificará los aspectos que se detallan a continuación, con carácter meramente indicativo, en el contenido de la memoria del proyecto ejecutivo:

- Existencia de índice relativo a los apartados del proyecto y, en particular de la memoria y los planos. Estos últimos deberán estar agrupados por familias de acuerdo a la composición necesaria para definir el proyecto
- Parámetros geotécnicos. Su coherencia con las previsiones del proyecto es fundamental para el buen desarrollo del mismo
- Sistema de cimientos y contenciones previstos. Necesidad y presencia de juntas de dilatación
- Bases de cálculo de la estructura. Sistema estructural previsto. Referencias a NBE-AE-88 y EHE
- Impermeabilizaciones y drenajes de perímetro. Rejas interceptoras, colocación y dimensionado
- Definición y especificaciones de cerramientos y divisorias
- Tipo de cubierta o cubiertas previstas. Sección constructiva de las mismas
- Revestimientos y aplacados. Referencias respecto su ubicación, soporte y sistema o sistemas previstos de fijación y/o anclaje
- Especificaciones de los distintos tipos de pavimentos, calidades, formatos y ubicación
- Materiales de base y situación de los elementos significativos de las instalaciones de agua, gas, electricidad, calefacción-climatización, señales débiles, prevención de incendios, alarmas y, en su caso, energías alternativas
- Justificación de los predimensionados de las instalaciones, previsión de potencias. Verificar la existencia y coherencia de esquemas unifilares
- Carpintería interior y exterior. Definición de calidades y acabados. Referencias a modelos y a planos de detalle. Definición de modelos de herrajes. Cumplimiento de la obligatoriedad de oscurecimiento de dormitorios. Aspectos de seguridad pasiva
- Vidriería. Tipos de cristal previstos. Ubicación
- Cerrajería. Materiales, acabados, referencias a planos de detalle. Aspectos de seguridad pasiva
- Aparatos elevadores. Justificación de su capacidad. Características técnicas y de acabado. Es conveniente indicar marcas y modelos de referencia
- Electrodomésticos y muebles de cocina. Marcas, modelos. Verificar la existencia de estudio específico en planos
- Cuartos de aseo aparatos sanitarios y grifería. Marcas, modelos. Verificar la existencia de estudio específico en planos
- Luminarias. Marcas, modelos. Verificar su localización en planos
- En determinados casos las memorias cuentan con anexos relativos al estudio geotécnico, cálculos, catálogos, etc.

Control de calidad: El arquitecto autor del proyecto define qué materiales han de ser controlados, cómo ha de producirse dicho control y cuándo deben realizarse. Ha de ir acompañado del correspondiente presupuesto. Este contará con la aprobación y conocimiento del promotor, por medio de su firma en el presupuesto del mismo.

b) *Pliego de condiciones*
El pliego de condiciones es el documento que tiene por objeto definir los procesos constructivos y las tolerancias. Se trata, en definitiva, de un marco objetivo a partir del cual establecer las condiciones de aceptación o rechazo de una determinada partida de obra.

Habitualmente se estructura en dos grandes apartados: pliego de condiciones técnicas generales y pliego de condiciones particulares.

Es frecuente, por parte de los proyectistas, presentar pliegos de condiciones genéricos que aportan poco a los restantes documentos de proyecto. Es el documento con el que puede mostrarse mayor tolerancia. Con todo, es preciso constatar que las prescripciones contenidas en el mismo se ajusten a la realidad del proyecto. Es recomendable el empleo, por parte del proyectista, de programas informáticos de mediciones que generan automáticamente el pliego de condiciones.

c) *Estado de mediciones*
El estado de mediciones es un documento, al igual que el presupuesto, sobre el que el jefe de obra trabajará mucho. Es necesario disponer del correspondiente soporte informático para agilizar su difusión entre los industriales y facilitar el control, las certificaciones y el seguimiento económico de la obra. Está estructurado en forma de árbol mediante capítulos y subcapítulos de obra; éstos a su vez están formados por partidas.

Capítulos y subcapítulos de obra: Su misión es la de definir y abarcar todos los aspectos de la obra de la forma lo más próxima posible al orden de su ejecución. De este modo el documento es más racional y fácil de consultar.

Las mediciones han de incluir referencias de ubicación para facilitar su repaso y seguimiento por otro profesional que no lo haya redactado. En función del tipo de obra debería incluirse un capítulo con los aspectos relativos a la implantación: acometidas, cierres, cuadros y subcuadros eléctricos y tomas de agua.

Partidas de obra: Definen tareas concretas dentro del capítulo o subcapítulo de obra correspondiente. Su redacción deberá ser clara y precisa. Deben definir:
- Materiales. Tanto de acabado como de fijación y/o de preparación del soporte.
- Calidades. Tipos de acabado; por ejemplo, maestreado o a buena vista, si se hace referencia a un enyesado o a un revoco; número de manos y tipo de pintura en el caso de una aplicación, marca y modelo de un determinado producto... Todo ello según corresponda.
- Formatos. Dimensiones y gruesos de las piezas de aplacado. Sistema de fijación y aparejo previsto.
- Referencia de la situación en obra; por ejemplo, tabiques de 7 cm en planta baja, puerta primera. No deben admitirse mediciones que no sean fácilmente comprobables y coherentes con los planos.

- Cantidad prevista. Ello en función de las operaciones indicadas en las distintas mediciones parciales de la partida.
- En determinados casos, si no se desea indicar marca o modelo, puede establecerse un precio de adquisición indicativo para el material descrito.

El conjunto de las partidas ha de permitir realizar el correspondiente capítulo o subcapítulo de obra y facilitar su vinculación con otros trabajos a efectos de planificación. Es preciso que se incluyan en la definición las limpiezas de obra y los medios auxiliares para que las partidas de obras sean "completas" y puedan minimizarse los imprevistos.

d) *Presupuesto*
Está realizado mediante la aplicación de precios al estado de mediciones. En fase de estudio de ofertas se verifica su actualización a la fecha de proyecto. Sobre la base del mismo y en función de las ofertas recibidas, el jefe de obra elaborará su presupuesto objetivo. A lo largo de la obra deberá velar para evitar y corregir, en su caso, el efecto de posibles desviaciones.

La base informática se podrá utilizar, una vez efectuada la correspondiente copia de seguridad, para paquetizar la obra (descomponerla en actividades afines a efectos de subcontratación), realizar comparativos y, en general, trabajar sobre ella.

e) *Planos*
El jefe de obra ha de disponer del soporte informático de la totalidad del proyecto. Los planos del proyecto ejecutivo se organizan y numeran por familias, de forma correlativa.

Todos los planos han de estar dotados de la correspondiente carátula. Ésta debe contener los datos de la obra, la familia a la que pertenece, el número de orden, la escala o escalas a las que está dibujado, las modificaciones que puedan haberse introducido en el curso de la obra y la fecha de puesta en circulación.

El jefe de obra, antes de realizar la revisión de un plano para incorporarlo a los documentos de ejecución, los registrará de entrada (suele utilizarse un sello de goma) y pondrá en ellos la fecha.

2.5.4 Familias de planos recomendadas

A título indicativo, en función de las necesidades de los proyectos arquitectónicos más comunes, se recomiendan las siguientes familias:

Se indican y analizan a continuación los aspectos sobre los que es preciso incidir en la revisión de cada una de las familias de planos, en función de sus particularidades.

a) *Planos de replanteo*
Existencia de punto de origen de niveles (cota 0,00), referenciada respecto el plano topográfico de base.

Constatar la existencia de cotas de niveles, referidas tanto al forjado en bruto como a los pavimentos acabados.

Analizar el acotado de alineaciones, ejes, caras buenas, agujeros, escaleras y otros elementos definitorios de los diferentes planos y techos del edificio.

Verificar la coincidencia y la continuidad en vertical de agujeros de ventilación, bajantes y reservas para pasos de instalaciones.

El perímetro de los techos ha de quedar retirado de la alineación oficial, el grueso preciso para la colocación de los revestimientos (alrededor de 5 cm). Constatar que las cotas señaladas permiten, después de efectuados los acabados, obtener la dimensión total prevista.

b) *Contenciones, cimientos y saneamiento*

Verificar que dispone la información geométrica suficiente para realizar el movimiento de tierras, las cajas para contener zapatas, riostras o cualquier otro elemento de cimentación.

Respecto a las contenciones de perímetro, es preciso analizar el sistema o sistemas previstos de actuación, especialmente en las zonas de medianeras con colindantes y frentes de calle. Siempre que las condiciones del terreno y del entorno lo permitan, se realizarán muros de contención encofrados a dos caras y con zapatas centradas. Es preciso prever las correspondientes reservas de espacio para pasos de instalaciones y saneamiento.

Es necesario que se indiquen claramente las cotas a las que debe quedar la cara superior de las zapatas. Debe tenerse en cuenta, si ello es condición del proyecto, la posibilidad de paso por encima de las mismas de la red de saneamiento y la ubicación de arquetas de pie de bajante. La red de saneamiento horizontal ha de disponer de cotas altimétricas, tener indicados los diámetros de los tubos y la posición y dimensión de las arquetas.

El plano de cimientos debe contener la red de toma de tierra.

c) *Estructura*

Debe prestarse especial atención, en función de las características del edificio, si se dispone, o no, de junta o juntas de dilatación. Debe considerarse la acumulación de tensiones y empujes al vacío que se producen en las esquinas de edificios exentos y muy retranqueados.

Se indicará mediante el empleo de plantas y secciones de detalle de forma clara y precisa los armados de los distintos elementos estructurales. Éstos se identificarán mediante numeración correlativa (habitualmente destinada a los pilares) y con claves alfanuméricas las jácenas, zunchos y demás elementos estructurales.

Los planos de estructura deberán disponer del grafiado de todos los agujeros previstos en los planos de replanteo. Este es uno de los puntos que suele generar mayor conflicto por falta de coordinación entre el proyectista y el calculista. Es preciso ser intransigente respecto la señalización de los huecos de forjado, puesto que en caso contrario es preciso efectuar una absurda labor de demolición para facilitar el paso de instalaciones.

La descripción de las barras debe especificar longitud, diámetro y forma, es decir, doblados, presencia de patillas o ganchos. Es preciso que quede claramente especificado qué armaduras corresponden a la cara superior y cuáles a la cara inferior de la sección. Los estribos han de quedar definidos por su diámetro, separación y número de ramas mediante, detalles en sección de las piezas.

Se verificará la presencia de vigas de borde, refuerzos en zonas de agujeros y sus armados.

Los planos deberán adaptarse a las especificaciones de la EHE, por lo que se refiere a descripción de materiales, coeficientes de seguridad y nivel de control previsto.

Es preciso disponer de un cuadro completo y orientado de forma unívoca de todos los pilares, con sus dimensiones y la disposición y diámetros de la armadura principal y los estribos.

d) *Arquitectura*

Los denominados planos de arquitectura en el proyecto ejecutivo, corresponden a planos acotados de plantas, secciones y alzados del proyecto básico a los que se han introducido las modificaciones surgidas durante el proceso de elaboración del proyecto ejecutivo.

Deben quedar claramente reflejados los gruesos de los distintos cerramientos y divisorias, así como su correspondencia con soluciones constructivas que aseguren el cumplimiento de la normativa térmica y acústica. Si se utiliza obra vista, bloque de cerámica aligerada o cualquier otro prefabricado, es preciso verificar que el proyecto se ajusta al modulado impuesto por el sistema constructivo, especialmente por lo que se refiere a las dimensiones de huecos y machones.

e) *Instalaciones*

Los planos de instalaciones contarán con las subfamilias necesarias para la correcta definición del proyecto. A título meramente indicativo se sugieren las siguientes:
- Red de saneamiento vertical y horizontal por plantas, con indicación de diámetros
- Posición y accionamiento de mecanismos eléctricos, domóticos (si los hay) y puntos de luz. Puede agruparse con los puntos de toma de señales débiles. Es conveniente disponer una nota con las alturas y separaciones entre mecanismos. Situación de contadores y montantes provistos de sus correspondientes registros. Armarios de telecomunicaciones
- Redes de agua fría y caliente. Situación de armarios de contadores, montantes, diámetros, posición de llaves de paso
- Red de gas, posición de armarios de contadores, montantes, llaves de paso y diámetros. Previsión de ventilaciones
- Calefacción; posición de los radiadores, número de elementos, situación de la caldera
- Equipos de aire acondicionado, posición y dimensionado de conductos de impulsión y retorno, rejillas. Situación de máquinas
- Energías alternativas, si procede

Si es preciso sustituir algún plano de proyecto por la propuesta del instalador correspondiente, deberán ser sometidos a la aprobación previa de la dirección facultativa y validados mediante su firma.

f) *Acabados*

El objeto de esta familia de planos es facilitar, de forma gráfica, la interpretación del contenido de la memoria y del estado de mediciones.

Suelen utilizarse como identificadores unos signos convencionales para definir la ubicación de los distintos materiales de acabado. En el caso de falsos techos, se suele especificar su cota de acabado. Se definen otros elementos de decoración como cortineros, tipos de moldura o tipo de zócalo. Puede completarse la colección con planos del industrial correspondiente relativos a muebles de cocina o baños.

Dichos planos deberán ser sometidos y validados con su firma por la dirección facultativa.

g) *Carpintería. Carpintería metálica*

Se dispondrá una plantilla con el esquema, las dimensiones y el accionamiento de todos los modelos de carpintería tanto exterior como interior.

Cada modelo se identificará mediante un código alfanumérico. Dichos códigos servirán para identificar en planta la situación del modelo correspondiente.

Deberá vigilarse, durante la inspección de los planos, que no se produzcan interferencias funcionales de las hojas de puertas y ventanas con mobiliario o electrodomésticos.

En el caso de persianas arrollables, debe considerarse el espacio necesario para el mecanismo recogedor.

h) *Cerrajería*

Se seguirán los mismos criterios expuestos en el párrafo precedente.

i) *Detalles constructivos*

Es preciso verificar que el proyecto cuente con los detalles constructivos suficientes para una correcta definición de la obra. Como mínimo se precisa una sección constructiva, acotada, a escala 1:20. Ésta deberá contener desde la cubierta a los cimientos, con indicación de los distintos materiales que la configuran.

Durante la revisión se prestará especial atención a los aspectos relativos al aislamiento térmico, a la estanqueidad, a los drenajes y a la compatibilidad entre sistemas y subsistemas constructivos en lo que se refiere a sus distintos comportamientos higrotérmicos.

estudio de proyectos

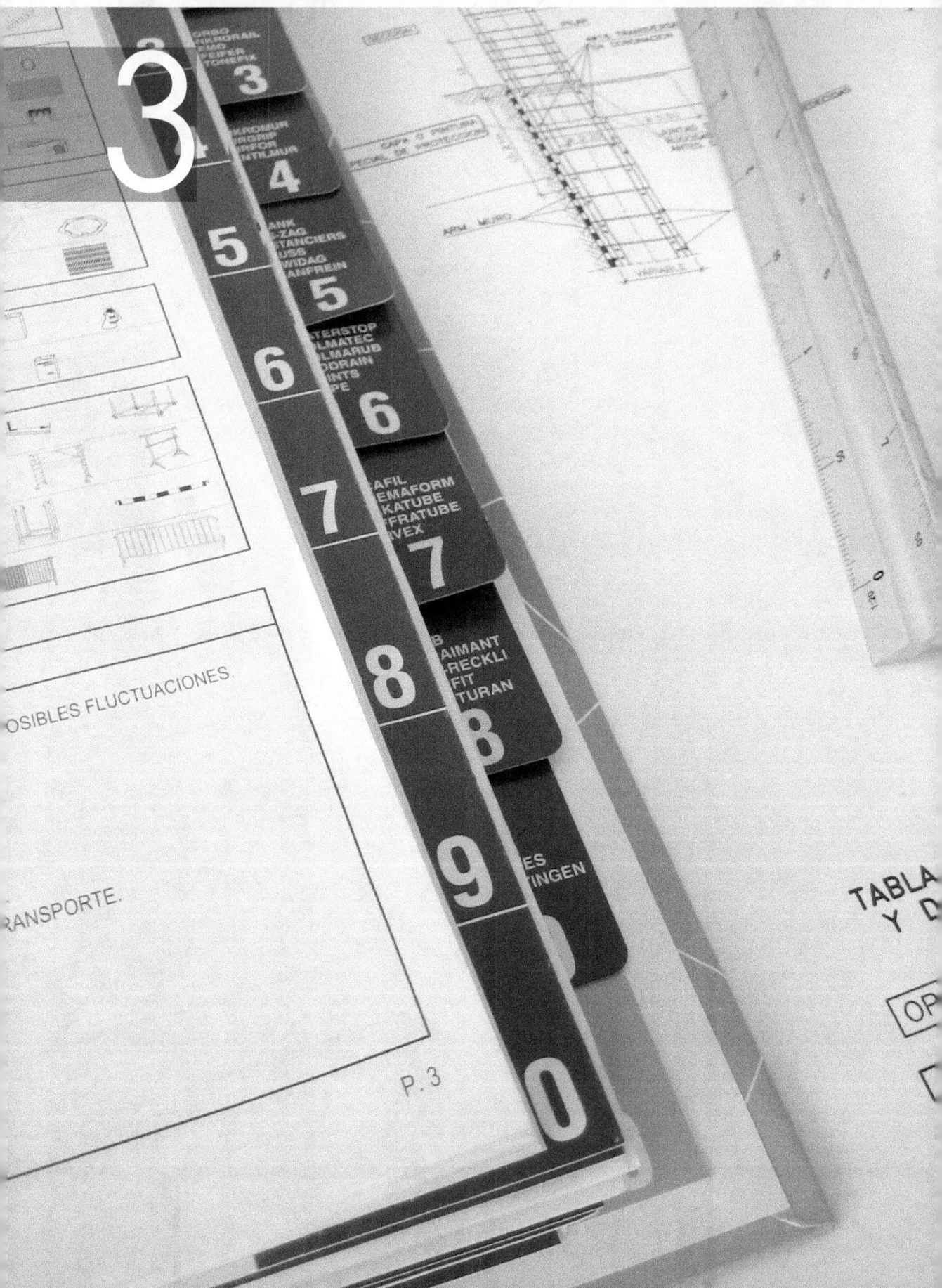

control y comprobaciones

3.1 El concepto de calidad

La calidad tiene muy diversas acepciones. Una definición de la calidad adecuada a la especificidad del jefe de obra podría ser la siguiente: "Cada uno de los atributos o propiedades medibles físicamente y/o perceptibles de modo sensible que distinguen la naturaleza de las cosas".

Bajo el concepto de "calidad" se agrupan, por tanto, parámetros objetivos y otros de carácter intangible, como la funcionalidad, la estética, la textura, el color, la relación con el entorno, la sostenibilidad, la antigüedad, el autor, la originalidad. Todos ellos, correctamente combinados, pueden aportar valor añadido a la construcción de la arquitectura. Es fácil, por tanto, llegar a la conclusión de que la calidad no tiene, necesariamente, relación directa con el coste.

Un producto será de mayor calidad que otro cuanto más alto sea el grado de satisfacción de unas determinadas necesidades, expresadas mediante requerimientos bien definidos y obtenidas a través de prestaciones equilibradas.

Si falla el rigor científico, técnico y estético, los requerimientos pierden fuerza y las prestaciones no se alcanzan en su justa medida. Estas razones dan sentido a un conjunto de palabras y expresiones utilizadas para definir malos resultados cocinados con buenos ingredientes: desde los términos castizos churro y buñuelo, pasando por vocablos importados, como pastiche o kitch. Queda, por último, el apartado de adjetivos demoledores como deprimente, patético, banal e impropio, por citar sólo algunos de los más utilizados.

La calidad es el resultado de combinaciones acertadas de muchos parámetros tanto tangibles como intangibles. La visión de los problemas constructivos desde una posición de carácter poliédrico, analítico y crítico, resulta fundamental cuando se trata de afrontar de forma decidida y coherente la dirección ejecutiva de una obra de edificación.

Las dimensiones, la resistencia mecánica y el peso son algunos aspectos primarios definitorios de calidad de algunos materiales de construcción. La necesidad de una mayor precisión definitoria unida a la diversidad comporta que el listado de parámetros que configuran la calidad sean muy amplios y, al propio tiempo, específicos de cada material. A título de ejemplo, analicemos diversos conceptos de calidad que confluyen en un material tan común como el hormigón.

En fase de preparación y en función de su uso se valoran parámetros de calidad como: el tipo de cemento a emplear, la relación agua-cemento, la consistencia, la dimensión y composición química de los áridos, la presencia de aditivos y la resistencia característica esperada. Justo antes del vertido se produce la aceptación o el rechazo del material en función de parámetros objetivos (tiempo desde salida de planta, cono de Abrams, coincidencia entre producto pedido y servido).

Durante el hormigonado se siguen una serie de preceptos para garantizar la calidad del producto final (encofrados y ferrallado correctos, no añadir agua de amasado, verter de forma regular, vibrar correctamente).

La calidad del resultado final se puede medir y evaluar, entre otros aspectos, por:
- Resistencia mecánica y química
- Uniformidad de la masa, ausencia de fisuras y de coqueras
- Color homogéneo
- Parámetros de tolerancias, relativos a verticalidad, planeidad, alineación y recubrimientos
- Durabilidad
- Estanqueidad

La calidad es también un factor de competitividad íntimamente ligado con el precio y otros puntos de interés como la disponibilidad, la durabilidad, los costos de mantenimiento o la fiabilidad, por citar unos cuantos. La calidad es una característica de las sociedades avanzadas en las que la oferta y la demanda están equilibradas y existe competencia. La calidad no puede desarrollarse plenamente en situaciones de subdesarrollo en las que la demanda supera a la oferta o si existe una situación de monopolio.

La calidad es un elemento de cultura. Los profesionales y las empresas que desean hacer bien su trabajo, y perdurar evolucionando positivamente en el mismo, buscan la satisfacción del cliente. En definitiva, la calidad supone la voluntad de hacer mejor las cosas.

La calidad se basa en:
- Innovación tecnológica sustentada en medios y recursos humanos. Estos últimos aportan imaginación y creatividad.
- La exigencia empresarial de "cero defectos". Es preciso evitar costes imprevistos motivados por errores propios o demandas de terceros.
- La "normalización", obtenida mediante criterios y parámetros precisos y socialmente aceptados, orientados a definir de los niveles de calidad de las materias primas y de los productos elaborados.
- La estructura interna de las empresas y su relación con sus colaterales. Una empresa aislada dentro de un proceso productivo puede producir con calidad, pero de poco servirá su acción si su sucesora dentro del proceso constructivo no adopta la misma actitud. La calidad es una carrera de relevos y un proceso continuo de mejora que debe autoalimentarse de forma constante. La calidad es, en definitiva, cosa de todos.
- La satisfacción del cliente. Debe tenerse en cuenta que el consumidor final, al no aceptar un producto defectuoso, acaba fijando el costo de la falta de calidad. Si no se construye correctamente, el coste de la falta de calidad puede hacerse inabordable.

La calidad de la construcción, en todos los países europeos, está por debajo del que correspondería a una industria de su importancia.

En todo caso no da satisfacción plena a los usuarios. El costo de la falta de calidad puede llegar a situarse en la construcción entre un 5 y un 10 % de la producción.

control y comprobaciones

Tradicionalmente el control de calidad en la construcción es ejercido mediante la vigilancia de obra efectuada por parte de las D.F. y la realización de algunos ensayos sobre materiales. Es decir, se controla la recepción de materiales y la ejecución y, sin embargo, se incide poco en la calidad del proyecto.

Diversos autores y los datos obtenidos de las compañías aseguradoras profesionales fijan alrededor del 40 % los defectos de construcción que tienen su origen en el proyecto. Estas lagunas en la calidad de la construcción tienden a corregirse mediante proyectos cada vez más completos, mejor elaborados y, posteriormente, auditados por las OCT.

Cada vez es más frecuente, en busca de la calidad, la intervención en el proceso constructivo de la dirección integrada de proyectos (D.I.P), traducción del concepto anglosajón project manager.

En otras industrias más avanzadas se controla la totalidad del proceso productivo ("calidad total"), desde la concepción y diseño del producto hasta su comercialización y servicio postventa, empleando para ello sistemas estadísticos.

Es preciso considerar las peculiaridades de la construcción para adaptar los conceptos teóricos de la calidad concebidos y desarrollados, inicialmente, para industria. La "calidad total" en la industria de la construcción precisa de:
- Funcionamiento coordinado de: equipo técnico promotor, proyectistas e industriales constructores.
- Establecer criterios de conformidad de resultados respecto las previsiones. Para ello es preciso planificación, autocontrol y establecimiento de mecanismos de corrección.
- Contractualizar las relaciones, como medio para establecer y clarificar los derechos y los deberes de las partes implicadas.

3.2 Los principios de la calidad. La calidad estructural

La historia de la construcción supuso recorrer, durante siglos, un largo camino de prueba y error. Esta forma de proceder, sobre la base de la experiencia consolidada y el ensayo arriesgado, a escala natural, es calificada como construcción empírica. Era el único sistema conocido y aplicado para dar respuesta a los requerimientos y necesidades cambiantes de la sociedad desde la prehistoria hasta mediado el siglo XVIII.

El procedimiento de prueba y error realizado a escala natural es, bajo la óptica actual, caro, peligroso y limitado.

Un somero análisis de la situación señala:
- Las reducidas prestaciones resistentes de los escasos materiales de construcción disponibles en la época
- Sistemas de ensamblaje rudimentarios y con bajas prestaciones mecánicas
- Inexistencia de base científica para realizar comprobaciones analíticas previas sobre los resultados estructurales de la construcción
- Falta de control y de sistematización sobre los materiales y los sistemas constructivos
- Desconocimiento del comportamiento mecánico del suelo y de las interacciones suelo-cimiento

el oficio del jefe de obra

Los aspectos indicados limitaban, de forma sustantiva, el margen de maniobra de los constructores. Estos se veían abocados a repetir, de forma sistemática, modelos conocidos. Sin embargo, los distintos modelos constructivo-estructurales ensayados a lo largo del tiempo se agotan si se realizan, sobre ellos, ampliaciones sucesivas de su luz. Se llega rápidamente al colapso del sistema.

Durante el periodo de vigencia de la construcción empírica, una vez agotadas las posibilidades dimensionales de un modelo estructural, la solución adoptada fue la de cambiar el modelo por otro técnicamente más eficiente y repetir, sobre él, el mismo proceso. La construcción tradicional tiene, por tanto, su base de procedimiento en una lenta depuración de sistemas y modelos.

La voluntad de "hacer bien las cosas" no es suficiente. Es preciso establecer mecanismos para asegurar y perfeccionar la calidad. Para ello hay que crear las llamadas "rutinas positivas". Estas se refieren tanto a la ejecución como al control de la propia ejecución. Aparecen así los conceptos "aseguramiento de la calidad" y "control de calidad". El aseguramiento de la calidad se consigue desarrollando protocolos de ejecución obtenidos del análisis de procesos. El control de calidad incide en la verificación y cumplimiento de los protocolos de ejecución.

Control de calidad, de forma genérica, es el conjunto de operaciones de verificación a las que son sometidas algunas muestras de una determinada producción. La muestras se escogen empleando métodos estadísticos. El propósito es garantizar determinadas características del producto.

El control de calidad fue desarrollado y utilizado como procedimiento asociado a la producción durante la Segunda Guerra Mundial en Inglaterra y en EE.UU. En la actualidad es un hecho tan común en todos los países industrializados que es asumido por las nuevas generaciones como un hecho intemporal consustancial a su propia cultura. El control de calidad, asociado a un marco de garantías, favorece la confianza en los intercambios comerciales. Diversas instituciones de carácter nacional e internacional otorgan su distintivo a productos controlados directamente por ellas o siguiendo sus métodos y directrices.

Dentro de la CEE, y desde 1989, las instituciones encargadas del control de calidad se agrupan bajo las siglas EOTA. Corresponden en inglés a la Organización para la Idoneidad Técnica Europea.

En España pertenece a esta organización el Instituto Eduardo Torroja. Este concede los D.I.T. (Documento de idoneidad Técnica.)

Catalunya cuenta con la presencia del "Institut de Tecnología de la Construcció, que emite los D.A.U. (Document d'Autorització a l'Ús.)

Los productos con sistema de marcado CE tienen garantizados los aspectos siguientes:

- Un cuerpo de especificaciones técnicas que garantizan el cumplimiento de requisitos esenciales.
- Un procedimiento para verificar su cumplimiento por medio de sistemas de evaluación y conformidad.
- Un cuerpo de organismos cualificados, autorizados y notificados por los países miembros, para evaluar el cumplimiento de las especificaciones.

En el ámbito estatal se encuentran productos con sellos y certificados de calidad como los emitidos por AENOR, siglas de la Asociación Española de Normalización. Es una entidad privada, independiente, sin ánimo de lucro, dedicada al desarrollo de la normalización y la certificación (N+C) en todos los sectores industriales y de servicios. Tiene como propósito contribuir a la mejora de la calidad y la competitividad de las empresas, así como proteger el medio ambiente.

AENOR fue designada para llevar a término estas actividades por la Orden Ministerial del Ministerio de Industria y Energía de 26 de febrero de 1986, de acuerdo con el R.D. 1614/1985.

El R.D. 2200/1995, en desarrollo de la Ley 21/1992 de Industria, reconoce a AENOR la capacidad para actuar como entidad de certificación.

Sus actividades fundamentales son:
- Elaborar normas técnicas españolas con la participación abierta de las partes interesadas y armonizarlas con las europeas
- Certificar productos, servicios y empresas (sistemas)
- Orientar la gestión a la satisfacción de los clientes para obtener resultados competitivos
- Impulsar la difusión de la cultura de la calidad

Por último, cabe dejar constancia del concepto "aseguramiento de la calidad". Corresponde a la parte de la gestión de la calidad destinada a garantizar la fiabilidad de los procesos y de los mecanismos de control de la calidad. Actualmente está desarrollada por la ISO 9000-2000.

3.3 Características específicas del control de calidad

Un constructor o un jefe de obra que pretenda implantar procedimientos para el control de calidad se enfrentará, y deberá salvar con su ingenio, a una serie de obtáculos en el mundo de la industria convencional. Entre ellos los siguientes:
- La construcción tiene carácter nómada. Ello supone dificultades añadidas para conseguir uniformidad tanto en las materias primas como en los procesos. A ello debe añadirse el hecho de que, durante muchas fases de la ejecución, se trabaja a la intemperie y en condiciones climatológicas no favorables.
- El personal que interviene en las obras habitualmente tiene un nivel de formación inferior al de la industria, y no suelen estar especialmente motivados por el trabajo. Ello, junto con las dificultades y el coste de establecer una vigilancia eficiente de las obras, propicia que las mismas sean, en muchas ocasiones, objeto de desidia cuando no de actos vandálicos o de robos.
- Habitualmente, a diferencia de la industria, la construcción crea productos únicos y, por tanto, no seriados. Ello complica el control de la producción. No es aplicable la producción en cadena (productos móviles pasando por operarios fijos). La construcción se caracteriza por un proceso totalmente inverso, los operarios se mueven (y a veces se estorban) para resolver tajos fijos.
- La construcción es (afortunadamente cada vez menos) reticente a los cambios. A ello contribuye, en no poca medida, la confianza

del comprador hacia "lo tradicional" y el recelo a las "novedades". El caso de las divisorias secas de cartón-yeso es paradigmático. A finales de años años 80, cuando empezó a implantarse el sistema, eran sistemáticamente rechazadas por los compradores. Superados los titubeos inciales, las divisorias secas son aceptadas, por su calidad, en todo tipo de obras.
- No se controlan suficientemente las especificaciones de proyecto. Es frecuente encontrar situaciones confusas, e incluso contradictorias, entre los diferentes documentos que constituyen el proyecto. En la actualidad las empresas promotoras con mayor peso en el mercado hacen auditar los proyectos por profesionales independientes para mejorar su calidad mediante la detección de errores y omisiones de toda índole. El coste y el tiempo empleado quedan más que justificados al quedar reducido, sustantivamente, el margen de indefinición de los proyectos.
- El grado de precisión en construcción a todos los niveles: presupuestario, de plazo, de resistencia mecánica de los materiales es mucho menor que en otras industrias. El sistema es aún demasiado flexible. El conocimiento que del mismo tienen los diferentes agentes que participan en el proceso les permite aceptar compromisos que no pueden cumplirse. Saben que siempre es posible eludir responsabilidades pasando la culpa a otros agentes, a un suministrador o al mal tiempo. El incumplimiento de plazo suele ir acompañado, además, de déficit en la calidad. Es preciso terminar con tal situación, observando un mayor rigor en la planificación de los proyectos.

3.4 Mecanismos para el control de calidad en las obras de edificación

De manera genérica el control de calidad actúa sobre cinco aspectos: medios humanos, medios materiales, materias primas, proceso de producción y producto acabado. Todo ello basado en dos mecanismos complementarios: control de producción y control de recepción. La suma de ambos constituye el control de calidad.

En todo momento el control de calidad busca obtener el máximo beneficio económico y técnico en relación al esfuerzo empleado. Los métodos estadísticos y el control de puntos clave del proceso de producción constituyen los recursos más habituales de optimización.

El control de producción puede realizarse por el propio operario (autocontrol) que ejecuta la tarea o por personal independiente, de la propia empresa o contratado para tal fin.

Para que se produzca autocontrol es precisa la colaboración y la motivación del operario. Es conocida en el ámbito del control de calidad la frase japonesa que reza: "Más que controlar la calidad, lo que hace falta es producirla".

Para que el autocontrol sea eficiente es preciso que el operario sepa:
- Qué ha de hacer. Ello supone que el operario ha de disponer de instrucciones precisas. Es preciso remitirse, una y otra vez, a los manuales de procedimiento.
- Qué es lo que está haciendo. Para ello es necesario que tenga a su alcance y sepa utilizar instrumentos de verificación y control (por

control y comprobaciones

ejemplo, en el caso de la albañilería, un regle, una plomada, un nivel o una cinta métrica.)
- Qué acciones ha de emprender si no hay coincidencia entre los dos primeros apartados. El operario debe disponer de suficiente formación, y capacidad de decisión para actuar si lo que está haciendo no se ajusta a las previsiones y especificaciones establecidas.

Tanto si se opta por el control interno, independiente dentro de la propia empresa, o contratado (externo a la empresa), debe cumplirse el principio básico de todo control de calidad: quien produce no controla y quien controla no produce.

Algunas empresas constructoras de cierta envergadura disponen de servicio propio de prevención de riesgos laborales, auditan sus propias obras e imponen sanciones a su personal por incumplimientos graves de sus responsabilidades.

Los controles de calidad, si están bien realizados, han de estar acompañados del correspondiente documento para dejar constancia, como mínimo, de:
- Quién ha efectuado el control (nombre y firma)
- En qué fecha y, a veces, en qué hora (caso del hormigón de planta)
- Cuál ha sido el resultado del control (apto-no apto, o condicionado)
- Qué medidas se han adoptado en caso de producto inadecuado

La documentación obtenida de los controles de calidad debe tener perfectamente establecido su circuito administrativo hasta su archivo definitivo. El objetivo es la "trazabilidad" como mecanismo analítico de base para detectar errores y corregirlos.

Cuando en una obra se aplica un producto, se está poniendo al servicio de la misma el resultado de una serie de procesos de control de calidad que el fabricante necesita, exhibe y pregona para "estar en el mercado".

La calidad de un producto de construcción utilizado como materia prima, siguiendo los preceptos para su correcta aplicación indicados por el fabricante, constituyen la base de la calidad intrínseca de la obra. Esta calidad intrínseca es necesario documentarla para garantizarla y testimoniarla frente a terceros.

El control de recepción es ejercido, en cada etapa del proceso constructivo, por quien recibe el producto parcial de la etapa anterior. Por ejemplo, el yesero no empezará su cometido si los tabiques no están correctamente realizados y las rozas de las instalaciones tapadas, puesto que la falta de calidad del agente que le precede impondría, a su vez, la falta de calidad de su trabajo. Se trata, por tanto en incidir sobre los aspectos de producto parcialmente acabado, sobre la base del cumplimiento de requerimientos previamente establecidos y pactados entre las partes.

Obsérvese que se cumple el principio de independencia respecto el control de producción. En determinados casos pueden verificarse aspectos comunes a producción y recepción; por ejemplo, el caso de un contratista que ejecute una obra completa. En este caso, la dirección facultativa será la responsable directa del control de calidad garantizando el principio de independencia.

Se ha hecho un gran esfuerzo normativo para que a las obras lleguen materiales con la información suficiente para ponderar una correcta relación calidad-precio. Resultaría muy difícil, bajo la óptica actual, carecer de la información técnica y la cobertura legal que proporcionan etiquetas, sellos de calidad, catálogos, garantías y certificados.

A título de ejemplo, se podrían citar como elementos de objetivación de la calidad, a efectos de control de recepción:
- Compacidad
- Resistencia mecánica
- Tolerancias dimensionales
- Masa
- Resistencia a agentes agresivos
- Uniformidad de tonos
- Absorción acústica
- Conductibilidad térmica

3.5 Control de la ejecución de las obras

Durante la ejecución de las obras se mantiene el esquema descrito de control de calidad, salvaguardando el principio de independencia entre producción y control. El control de producción lo realiza el constructor; el control de recepción lo lleva a cabo la dirección facultativa.

El jefe de obra, como representante ejecutivo del constructor a pie de obra, tiene un papel destacado tanto en la fase de planificación de obra como en la fase de ejecución.

Durante la ejecución, por medio de los mecanismos establecidos durante la planificación de la obra, el jefe de obra tiene un papel clave en el control de producción.

El sistema de dirección y control de la ejecución de las obras vigente en todo el Estado tiene su origen en el año 1935 con la creación de los colegios profesionales, entre otros, los de arquitectos y aparejadores. Se exigía al promotor, por ley, la contratación de una dirección facultativa independiente.

Dentro del sistema generado a partir de la L.O.E. han aparecido también las OCT, Organismos de Control Técnico. Estos organismos no tienen reconocimiento legal en la L.O.E. La adopción en esta ley (véase Art. 19) del sistema francés de cautelas, al que se ha hecho referencia, condujo a las compañías aseguradoras de la responsabilidad decenal a imponerlos para mantener el coste de sus pólizas en límites razonables y poder descargar en terceros parte de su responsabilidad.

El concepto de control de calidad después de la L.O.E. ha sido sustituido, en buena medida, por una evaluación-auditoría de riesgos llevada a cabo por las OCT (cimientos y estructura). Queda en manos de los responsables directos, una vez satisfechos los mínimos legales de control, contratar, o no, otros servicios: como el control de proyecto, de estanqueidad de fachadas y cubiertas, el control del proyecto de instalaciones, el control de obra secundaria, etc. en función de las dificultades específicas que pueda presentar la obra. Este tipo de control, actualmente optativo, ha sido solicitado como obligatorio desde posiciones gremiales. La L.O.E., al establecer los principios de cautela y corresponsabilidad, ha contribuido a clarificar las funciones de las OCT, del proyectista, del constructor y de las direcciones facultativas.

En la práctica, es frecuente que el tomador del seguro sea el constructor y el asegurado sea el promotor y, posteriormente, los sucesivos propietarios, quedando así asegurada la cadena.

Últimamente han aparecido en el mercado empresas como *Applus+*, que ofrecen garantizar al usuario final el cumplimiento de los requisitos administrativos y de calidad de las viviendas sobre la base de inspeccionar la construcción y hacer pruebas de recepción. Lógicamente deben responder de la calidad de su trabajo haciéndose responsables del resultado de posibles fallos en su inspección.

Una determinada edificación de viviendas en fase de ejecución dispone de un director de obra, un director de ejecución de obra, un constructor (habitualmente representado por el jefe de obra), una ECC, una OCT y hasta, opcionalmente, una entidad certificadora. A pesar de todo, el grado de satisfacción del usuario final no siempre es óptimo.

La imagen de todo ello conduce a pensar que quizá se ha olvidado el concepto básico. Más que centrar esfuerzos en una lucha de atribuciones y controles, todos los flujos deberian ir dirigidos a producir la calidad.

En estas circunstancias es perfectamente comprensible la voluntad conjunta de la Administración, de los agentes vinculados a la edificación y de los usuarios para fijar y garantizar el cumplimiento de unos mínimos de calidad amparados por un marco legal que regule, al propio tiempo, el mantenimiento de los edificios.

Los esfuerzos realizados hasta el momento, el Libro del Edificio y las inspecciones técnicas, son insuficientes. Es preciso un profundo esfuerzo de reconversión del sector para controlar y mejorar la calidad para ser, en definitiva, más eficientes.

El Código Técnico de la Edificación plantea, como filosofía, incidir sobre las prestaciones por encima de las prescripciones. Se trata de establecer unos parámetros objetivos de cumplimiento antes que fijar cómo o con qué materiales cumplirlos. Se deja, de este modo, mayor libertad al proyectista. Al tiempo que establecen, respecto a la legislación precedente, mejoras en los parámetros ambientales y de confort.

Los puntos clave sobre los que incidir después de la exposición y del análisis efectuado aparecen diáfanos: la calidad de los proyectos y la formación del personal de obra. Es preciso hacer el modelo de ejecución de obra menos elástico, más preciso y profesional. Actuando firmemente sobre estos ejes, sobrarían controles y se minimizarían riesgos y costes derivados de la falta de calidad.

3.6 El jefe de obra frente la calidad y su control

3.6.1 Introducción

Para cumplir con eficacia sus cometidos, el jefe de obra precisa, en primer lugar, saber cuál es su función en la obra. Las transmisiones orales de derechos y deberes resultan insuficientes; es preciso que el jefe de obra conozca de primera mano el marco legislativo y laboral que le afecta tanto personalmente como en relación a los demás agentes de la obra.

el oficio del jefe de obra

Se han expuesto en apartados precedentes algunas características del jefe de obra. Se recopilan a continuación por tratarse de aspectos que configuran el marco de reflexión sobre la calidad y su control.
- Asalariado
- Representante ejecutivo en obra del constructor
- Gerente y gestor de obra con conocimientos técnicos elevados
- No reconocido en la L.O.E. como agente de la construcción
- En la actualidad no precisa más formación específica que la práctica adquirida a pie de obra

Todo ello concede al jefe de obra un papel secundario, pero altamente significativo, en el resultado final de la calidad de la obra.

El jefe de obra potencia la calidad pasando desapercibido, en muchas ocasiones por su propia eficacia. Es como un árbitro; cuanto mejor es, más desapercibido pasa.

Sin embargo, su ausencia se notaría significativamente en la obra hasta volverla caótica o menos eficiente. Su labor, basada en presencia cotidiana en obra y en la solución inmediata de multitud de problemas, le confiere estabilidad y continuidad de acuerdo con las previsiones de programación.

La labor del jefe de obra produce su efecto en forma de valor añadido. Se indican a continuación los aspectos más significativos sobre los que su trabajo tiene incidencia directa:
- Fomento del buen ambiente y las relaciones humanas dentro de la obra.
- Mantenimiento del orden y limpieza de la obra, empezando por su propia mesa de trabajo y la oficina de obra. El ejemplo es fundamental.
- Programando con antelación suficiente los trabajos y los medios humanos y técnicos necesarios para llevarlos a cabo.
- Evitando situaciones de riesgo.
- Influyendo positivamente en la selección de industriales y materiales.
- Proponiendo alternativas razonables a las propuestas de proyecto.
- Priorizando lo que es fundamental sobre lo que es superfluo o accesorio.
- Estando al día, mediante la formación continuada, de los repertorios de sistemas y técnicas para estar en condiciones de aplicar el más apropiado a cada caso concreto.
- Escuchando y analizando las observaciones y los puntos de vista de los diversos agentes de la obra y de su entorno.

En función de lo expuesto, el jefe de obra es un gran gestor de la calidad, en la medida en que lo es de la ejecución de la obra. No tiene sentido, en una sociedad desarrollada, ejecutar obra sin calidad. El mercado es cada vez más competitivo y busca tanto la excelencia como, a través de ella, la defensa del derecho de los consumidores.

Con respecto a la calidad, el jefe de obra ha de tener muy presente que una obra es algo más que la adición de materiales solventes por sí mismos. Es preciso disponer de los medios apropiados para su colocación y establecer una correcta programación temporal. Esta programación debe potenciar el aprovechamiento de medios y esfuerzos. Uno de los principios a considerar, en este sentido, y que en muchas ocasiones

control y comprobaciones

no se cumple, es evitar el daño de terceros a lo que han hecho correctamente otros industriales. Los gastos de protección suelen ofrecer mejor resultado que los repasos y, con toda seguridad, menos conflictos.

El compromiso y la satisfacción del jefe de obra respecto a la calidad son anónimos como sucedía, por ejemplo, con los canteros medievales. Éstos, a pesar de trabajar sillares que iban a quedar ocultos a la vista, los hacían lo más perfectos posible y justificaban su proceder diciendo: "Dios los ve". Como ellos, el jefe de obra tiene la satisfacción de la perdurabilidad, en el tiempo, de su trabajo.

El resultado final de las obras puede ser diverso. No pasará desapercibido, sin embargo, a una observación experta. Pueden darse diversas situaciones: desde la ideal, en que proyecto y ejecución tengan un nivel parejo de calidad, hasta otras menos satisfactorias, en las que resulten deficientes alguno de los dos componentes y, en el peor de los casos, los dos. Resulta evidente, una vez más, que la calidad de una obra es un proceso continuo que se inicia en el proyecto y no concluye hasta su entrega y posterior cumplimiento de los periodos de garantía.

El Art. 13 de la L.O.E establece que es el director de ejecución de obra (D.E.O) el encargado de la recepción de los productos en obra y de cumplimentar el programa y registro de resultados del control de calidad. A diferencia del D.E.O., el jefe de obra tiene permanencia constante en obra. Ello le convierte en receptor y transmisor de la mayor parte de la documentación que, posteriormente, será empleada para justificar el cumplimiento del programa y registro de resultados del control de calidad.

La documentación relativa al control de calidad puede ser emitida, directamente, sobre muestras tomadas en obra por parte de laboratorios de ensayo para el control de calidad. Dichos laboratorios estarán debidamente acreditados para garantizar su eficacia e independencia. La documentación será igualmente válida si es sustituida, de forma indirecta, por medio de sellos de calidad y certificados de control realizados en origen por laboratorios independientes.

Una vez analizados los diversos aspectos que relacionan la función del jefe de obra con la producción de la calidad y su control, debe concluirse que su actitud vital frente a ambos factores ha de caracterizarse por el inconformismo positivo. Debe tratar de ir, en la medida de lo posible, más allá del cumplimiento de los parámetros de calidad impuestos legal o normativamente, puesto que éstos (preciso es recordarlo) son factores de mínimos.

3.6.2 Aspectos que el jefe de obra debe controlar en relación a la calidad de la edificación

Tratar de conseguir los mínimos de calidad establecidos normativamente no supone "construir bien", ni tan sólo construir de una forma deseable. Es de esperar que los mínimos de calidad actuales se vean superados, en breve plazo, no tan sólo por un mayor nivel de exigencia social (mayor aislamiento, mejor confort), sino también por la evolución conceptual de la arquitectura y de la construcción. Han de tener cabida tanto nuevos materiales como conceptos más avanzados. Ello ha de traducirse, en el diseño y en la construcción, en la aparición de nuevos y más depurados modelos.

El producto final debe ser más útil y sostenible. También mejor estudiado según a requerimientos y prestaciones. El empleo de energías alternativas generadas en el propio edificio, la incorporación de nuevos materiales y productos o la presencia de la domótica son algunos de los recursos que, en esta línea, están llamando insistentemente a la puerta.

Esta situación supone para los jefes de obra, no sólo la necesidad de mantenerse atentos, sino también asumir el reto que supone liderar cambios. Con toda seguridad cada obra aportará, en los próximos años, novedades y mejoras respecto a la anterior. Formas y maneras de hacer tradicionales o "de toda la vida" han de dejar paso a situaciones, inicialmente experimentales, que acabarán siendo de repertorio. A su vez algunas desaparecerán, o sería de desear que desaparecieran, engullidas por otras más eficientes.

El control y las comprobaciones sobre materiales y sistemas constructivos que se realizan sobre la construcción tienen incidencia global en el proceso edificatorio, por la estrecha vinculación que se establece entre ellos a lo largo del mismo.

Es preciso, por tanto, ser selectivo en la elección de aspectos que se deben controlar con objeto de minimizar acciones y rentabilizar esfuerzos. Bajo estos principios es preciso incidir, de forma preferente, en la mejora y en el control de calidad de los aspectos siguientes:

a) *Seguridad*
La seguridad es una calidad primaria. Supone construir con riesgos controlados (no sin riesgo; el riesgo está presente desde el momento en que se desarrolla actividad).

Para construir con riesgos controlados es preciso utilizar sistemas y procedimientos que garanticen la seguridad de personas y bienes materiales, tanto en la etapa de construcción como durante la utilización del edificio a lo largo de su vida útil. El concepto seguridad en edificación tiene distintas y variadas acepciones. Pueden considerarse como fundamentales los siguientes aspectos:
- Seguridad en fase de construcción
- Seguridad estructural
- Seguridad activa y pasiva contra fuego
- Seguridad activa y pasiva contra intrusiones
- Seguridad de uso de las instalaciones

Los aspectos expresados bajo los que considerar la seguridad, si bien permitirían hacer un extenso comentario, quedan suficientemente expuestos, por lo que respecta a los objetivos del presente trabajo, con su enunciado.

b) *Durabilidad*
El concepto de durabilidad es uno de los que comportan mayores conflictos en cuanto su definición y consecuencias jurídicas. La relatividad del tiempo se pone de manifiesto por la diferente consideración que del mismo hacen

control y comprobaciones

los distintos agentes implicados en una misma construcción. Los edificios actuales no se construyen "a la romana", con el propósito de que tengan una vida prácticamente ilimitada. El dinamismo de la sociedad impone renovación y lógica. La lógica aconseja economía de medios y equilibrio en el estudio de requerimientos de prestaciones. Bajo la lógica actual carece de sentido hacer paredes de piedra de más un metro de espesor "para que duren".

No resulta, por tanto, adecuado prever la misma vida útil a una nave industrial que a un edificio de viviendas o a un hotel, por poner tres ejemplos de construcciones frecuentes. En el primer caso se prevé su amortización en un periodo de tiempo comprendido entre veinticinco y treinta años. Para un edificio de viviendas, su vida útil se fija entre setenta y cinco y cien años (según autores). Un hotel precisa mantenimiento continuado y renovación de acabados cada 10 o 12 años, aunque su vida útil global pueda ser similar a la de un edificio de viviendas.

Es preciso hacer esfuerzos de divulgación para dejar de lado el concepto de durabilidad pura y dura que tienen muchos propietarios y usuarios de inmuebles. Para este tipo de propietarios y usuarios, que por desgracia conforman una amplia mayoría, el mantenimiento no existe. Solo se repara cuando el daño se ha producido. Se desconoce por completo el mantenimiento preventivo.

Una gestión racional que comprenda programas estructurados de mantenimiento ha de contribuir a prolongar, en condiciones de seguridad y de confort, la vida útil de los inmuebles.

Dentro del concepto de durabilidad entran también en juego otros parámetros de carácter social, como la voluntad de conservar ambientes de ensanches y centros históricos y también, por qué no decirlo, de especulación. Bajo estos parámetros caben un amplio abanico de intervenciones: desde tan sólo conservar las fachadas hasta operaciones de rehabilitación integral.

En estos casos es necesario realizar un importante trabajo de auscultación de los edificios. Es preciso conocer a fondo su estado para prescribir las intervenciones más apropiadas y garantizar su seguridad frente a los derribos selectivos necesarios para llevar a cabo los trabajos.

También deberán ser considerados los esfuerzos derivados de los nuevos estados de carga y las condiciones de durabilidad exigibles al edificio tras la intervención. El resultado final, si el trabajo está bien ejecutado, se traduce en una vuelta al comienzo en la vida útil del edificio intervenido.

Tanto si se trata de obras de nueva planta como de rehabilitación, dos son los aspectos que es preciso controlar con relación a la durabilidad:
- Durabilidad estructural
- Estanqueidad

Bajo el concepto de durabilidad estructural es preciso entender y analizar el conjunto o paquete constructivo formado por cimientos y estructura. Son bien conocidos los excelentes comportamientos en el tiempo de las obras de fábrica y los problemas planteados por la durabilidad de las obras realizadas con hormigón armado y/o precomprimido. Las aportaciones a la cultura de la construcción en hormigón de las normativas anteriores a la actual E.H.E. han permitido allanar obstáculos para garantizar la resistencia mecánica del hormigón.

También dentro del marco normativo, en relación a la durabilidad estructural, han sido estudiados, conocidos y superados los problemas provocados por la aluminosis y la carbonatación, esta última incentivada por porosidad de la masa.

Esta situación ha propiaciado que los redactores de la vigente E.H.E. hayan podido centrar una buena parte de su esfuerzo normativo en la mejora de la durabilidad del hormigón.

En este sentido se destacan las siguientes prescripciones normativas para garantizar la calidad:
- Definición de ambientes de aplicación
- Recubrimientos mínimos variables en función del grado de exposición
- Control de fisuras
- Aumento de la cantidad de cemento por metro cúbico para aumentar la densidad y reducir la porosidad
- Control de la presencia de iones cloruro o de iones sulfato en el suelo a través del estudio geotécnico

El conocimiento y la aplicación rigurosa de los preceptos normativos relativos a la calidad estructural debe ser uno de los objetivos constantes del jefe de obra.

La estanqueidad es una propiedad fundamental e innegociable de cubiertas, fachadas y sótanos. Es el otro gran caballo de batalla de la durabilidad porque el agua es el medio por excelencia desencadenante de las reacciones físico-químicas que degradan los materiales.

El jefe de obra debe verificar cuidadosamente, antes de aceptarlas y llevarlas a a cabo, las soluciones constructivas y los detalles de impermeabilización que se incluyen (o deberían incluirse) en los planos correspondientes del proyecto ejecutivo. Deben cumplirse, en todo caso, las especificaciones de retorno de 15 cm y protección de mimbeles especificados en la NBE-CQ-90.

Garantizar la durabilidad de la estanqueidad de las cubiertas, fachadas y sótanos supone asegurar la durabilidad de muchos otros elementos. La estanqueidad de las cubiertas nuevas está garantizada por pruebas de inundación y por los correspondientes certificados de las empresas de colocación por un periodo de diez años. La L.O.E., a efectos de garantía, establece para la estanqueidad un periodo de tres años. Se reconoce así la necesidad de mantenimiento que tienen determinados sistemas de sellado.

No es probable (ni deseable) que el jefe de obra, si se hacen los trabajos de impermeabilización correctamente, tenga que abordar durante el periodo de garantía problemas graves de estanqueidad de las cubiertas. Las cubiertas, en fase de ejecución y primera puesta en funcionamiento, suelen dar incordios por causas de orden menor; especialmente encuentros defectuosos de mimbeles y bajantes.

Las fachadas multicapa de obra vista pueden dar lugar a problemas de estanqueidad si no se toma la precaución de enfoscar la cara interior. Otros problemas de estanqueidad que es preciso prevenir son los encuentros de los antepechos y los perímetros de las ventanas.

control y comprobaciones

También pueden generar humedades, si no están bien selladas, las juntas de dilatación. El jefe de obra dará instrucciones precisas a sus auxiliares para que se sellen los puntos conflictivos y se controle su correcta ejecución. Por su parte, se reservará el control, al azar, de los puntos más conflictivos.

En función del resultado de su control estadístico, tomará las medidas pertinentes. Resulta desagradable comprobar deficiencias de estanqueidad en las fachadas en caso de lluvia durante la ejecución de las obras.

La ventaja de tal situación es que denuncia los puntos que precisan corrección en una fase temprana.

El jefe de obra debe aprovechar tales circunstancias recabando información directamente sobre la obra y documentando la situación mediante el correspondiente reportaje fotográfico.

Se deberá proceder con mucha prudencia en el caso de sótanos y muros de contención de perímetro en los que el proyecto ejecutivo no prevé la adopción de ninguna medida especial frente la estanqueidad.

El contenido del estudio geotécnico y posibles aclaraciones complementarias que se puedan solicitar son fundamentales para actuar acertadamente en estos casos.

El jefe de obra debe conocer y, de forma preventiva, debe comunicar a su superior, los problemas que pueden derivarse de la aplicación directa de las prescripciones de proyecto, las posibles soluciones, su costo y el lapso temporal necesario para llevarlas a cabo.

Es aceptado el hecho, derivado de las posibilidades reales del sistema, de que los muros pantalla no son estancos. El mismo patrón es de aplicación a los muros encofrados contra el terreno a una sola cara. Los dos tipos de muro pueden tener, por tanto, filtraciones incompatibles con una correcta utilización del subterráneo, sean cuales sean las precauciones y controles que se adopten en fase de ejecución.

Si las filtraciones son de una entidad tal que no se pueden combatir con la aplicación de mineralizadores, es preciso establecer una media caña colectora en la base de la cara interior y un tabique ventilado que evite el efecto y la visión de los regueros por el paramento. Esta solución, además de cara, comporta pérdida de espacio.

En el caso de muros encofrados a dos caras, los proyectos suelen prever, además del correspondiente tubo de drenaje, un tratamiento exterior a partir de pintura bituminosa, lámina drenante y geotextil. La solución, en principio, es correcta. Su buen resultado depende, en buena medida, del cuidado con que se realicen uniones y se resuelvan puntos de conflicto; en este sentido, la tarea supervisora del jefe de obra y su equipo es fundamental.

Es importante, según el tipo de encofrado utilizado, sellar adecuadamente los huecos dejados por los latiguillos.

Respecto la ejecución de las soleras, el caso es similar; debe colocarse, como mínimo, una lámina de polietileno en la base de la solera para cortar el paso de eventuales flujos de agua. Esté prevista o no en presupuesto, la adopción de esta medida es necesaria si no se quiere correr riesgos innecesarios.

Otro de los puntos conflictivos, con los que es preciso ser cuidadoso son las juntas de dilatación. Además del perfil de neopreno situado en la zona central de la sección, es conveniente colocar, por las dos caras, un sellado expansivo en presencia de agua. Las juntas de dilatación no deben cubrirse, como suele hacerse habitualmente, con el revestimiento de fachada. Se producen roturas antiestéticas del mismo que causan alarma entre los usuarios.

Para garantizar la estanqueidad en los sótanos y asegurar su adecuación al uso propuesto, existe un conjunto de medidas que un jefe de obra puede adoptar o proponer si se presentan, o se prevé que puedan presentarse, problemas derivados de la estricta aplicación de las prescripciones contenidas en el proyecto ejecutivo; entre ellas:
- Dejar un espacio de unos 10 cm entre el muro y la solera de hormigón para disponer de un perímetro absorbente.
- Colocar mimbeles o medias cañas en las rampas de acceso en su encuentro con los paramentos verticales.
- Establecer una red de drenaje bajo la solera del último sótano.
- Realizar las rejas interceptoras de modo que abarquen la totalidad de la anchura de la rampa. Si es preciso colocar más de una reja interceptora para reducir el flujo de agua incidente.
- Disponer de pozos que puedan absorber eventuales avenidas conectados a la red general mediante equipos de bombeo.

c) *Confort*
El confort supone un valor añadido a los parámetros básicos de seguridad y durabilidad.

El confort comporta la búsqueda de la mejor adaptación posible de las prestaciones de un edificio a sus requerimientos respetando las premisas de calidad y precio. Habitualmente, aunque no es un axioma, suele corresponder mayor confort a mayor inversión por metro cuadrado construido.

Bajo el concepto de confort se agrupan una gran cantidad de aspectos y de parámetros.

Estos, a lo largo del tiempo, han evolucionado y han generado sus mecanismos de control para garantizar su calidad. Con todo, se nota a faltar un procedimiento integrador capaz de valorar el nivel de confort del producto acabado respecto a un determinado patrón.

Disponer de una herramienta integrada de control de calidad permitiría una mejor optimización de recursos y clarificaría el mercado.

En este sentido, como en tantos otros, la industria del automóvil lleva ventaja. Cada semana aparecen en la prensa comentarios críticos de vehículos de los que se evalúan una serie de aspectos significativos y se obtiene una nota de valor del mismo.

Hacer algo similar en los edificios no es complejo. Sólo es cuestión de proponérselo.

Puede concluirse que el control del confort es uno de los aspectos menos valorados en el proceso de control de calidad de la edificación.

Bajo la normativa actual, dando por descontados los aspectos relativos a instalaciones y acabados, la exigencia de control de confort se reduce al cumplimiento de los parámetros numéricos relativos al control térmico y acústico.

Los restantes aspectos de decisión que afectan al confort se dejan, en gran medida, en manos del proyectista o del promotor.

control y comprobaciones

Estos a su vez actúan, o deberían actuar, según a las preferencias del mercado. Se establecen así unos estándares de calidad generalmente anodinos. Sobre ellos no se ha establecido aún ningún método estructurado para su ponderación global.

El confort, por su propio carácter subjetivo, entendido como concepto general, no puede valorarse con objetividad. Cualquier método que trate de valorar cuantitativamente el confort, deberá llegar a conclusiones a través del viejo, y siempre útil, método de fraccionar el problema y obtener el resultado final mediante la adición de las partes.

Una posible solución al carácter subjetivo del confort serían los "semiproductos" en los que se ofertarían unos servicios comunes; enlaces verticales, fachadas, tomas energéticas y puntos de evacuación. Los restantes aspectos podrían ser de libre disposición por parte de los usuarios.

El marco normativo actual no favorece la posibilidad de vender "semiproductos" en el caso de los edificios de vivienda, para adecuarlas, de entrada, a las necesidades del usuario. Cuando un promotor vende una vivienda nueva, ésta debe disponer, previamente, de la correspondiente cédula de habitabilidad y licencia de primera ocupación para ser escriturada. Posteriormente el usuario, si la hipoteca se lo permite, deberá actuar para dejar la vivienda adecuada a sus necesidades específicas. Empleada de forma generalizada, tal forma de proceder produciría más inconvenientes que ventajas a la industria de la construcción.

El sistema descrito sí es, en cambio, utilizado de forma más o menos encubierta en viviendas de gran lujo que, una vez vendidas sobre plano, se terminan de modo individualizado no sólo en cuanto a acabados, sino también en su distribución interior.

En la comercialización de oficinas, naves industriales y locales comerciales, también son habituales los "semiproductos" que el usuario final adapta, de origen, para un determinado propósito.

Sin pretender aportar un método, un análisis somero indica que en edificación aparecen seis tipos de confort diferenciados que, por confluencia sobre un mismo edificio, o una parte del mismo, permiten controlar y valorar el confort global de un determinado ambiente.

Los apartados precedentes han sido ordenados en función de las posibilidades que el jefe de obra tiene para efectuar su aportación personal al resultado final de la obra, más allá de los aspectos meramente organizativos y ejecutivos.

La aplicación del método de análisis insinuado permite, cuanto menos, decidir por comparación sobre la calidad del confort conjunto proporcionado por unas determinadas combinaciones de propuestas.

A falta de patrones y criterios de ponderación preestablecidos, la interpretación personal del operador, a través del filtro ofrecido por una batería de aspectos a considerar, será siempre más fiable que una apreciación subjetiva global, en la que la reflexión se ve, aunque sea de modo parcial, anulada por la sensación.

Control del confort básico
El confort básico se obtiene por medio del control de parámetros físicos de carácter térmico y acústico. En fase de proyecto se verifica el cumplimiento

de los requerimientos fijados por las normas básicas térmica y acústica. Durante la fase de realización el jefe de obra ha de velar para que dichas previsiones se cumplan y, dentro de sus posibilidades, se mejoren.

La calidad del confort básico tiene una gran incidencia sobre el rendimiento de las instalaciones de calefacción y de aire acondicionado.

El control térmico de un edificio es el resultado de un compromiso de diseño, no siempre bien resuelto por la gran cantidad de parámetros que intervienen.

La gran diversidad de factores genera, con una frecuencia muy elevada, desconocimiento, cuando no despreocupación, en fase de proyecto.

Desconocimiento y despreocupación suponen, en muchas ocasiones, la aplicación de soluciones tipo (prescripciones por encima de prestaciones) que, sin ser del todo inadecuadas, distan de ser las mejores sin alterar los costes.

A los profesionales generalistas, les son necesarias herramientas informáticas fáciles de manejar para facilitar el diseño del confort básico, de forma eficiente y según prestaciones.

El diseño de soluciones constructivas alternativas, garantes del confort básico, debería poder realizarse de forma y con precisión análoga a la determinación de esfuerzos sobre las estructuras.

Entre los parámetros que resultan precisos ponderar en fase de proyecto para la mejora y el control del confort básico se encuentran las siguientes:
- Protección pasiva (aislamiento térmico, orientación, color de la fachada, porcentaje de huecos, ventilaciones naturales, protección de patios de luces, etc.)
- Protección activa (persianas, brise-soleil, tendales, vidrios reflectantes)
- Aportación energética (ventilación forzada, calefacción, aire acondicionado, energías alternativas)

El jefe de obra puede actuar, si es el caso, ofreciendo soluciones alternativas (quizá más económicas o ventajosas para su empresa). Deberá justificarlas con cuidado para facilitar su aceptación, argumentando mejoras en la calidad del confort básico.

Control del confort de acabados
El control del confort de los acabados es un concepto poco estudiado en el ámbito general de obra.

A efectos del presente análisis, se da por descontado que los acabados estarán bien realizados como consecuencia de los pertinentes controles de ejecución.

Lo que se cuestiona en el presente apartado es:
- ¿Los materiales de acabado elegidos son adecuados a la función que han de cumplir?
- ¿Se han colocado los mejores materiales posibles en función de la selección efectuada, los requerimientos del edificio y el precio disponible?
- ¿El conjunto de materiales escogidos es armónico?
- ¿Los materiales seleccionados guardan entre sí un nivel homogéneo de calidad?

control y comprobaciones

En no pocas ocasiones los acabados se deciden por caminos extraños, alejados de criterios profesionales. La elección no se hace por la buena respuesta a los requerimientos objetivos de un determinado edificio.

Privan cuestiones comerciales, de prestigio, o de imagen que el material de acabado puede transmitir. Así, y a título de ejemplo, puede escogerse un parquet en lugar de cerámica, mármol en lugar de terrazo o un estuco veneciano en lugar de un alicatado para calificar, en un catálogo de venta, como de "alto standing" construcciones y acabados absolutamente vulgares e inarmónicos.

El jefe de obra tiene, en la elección de los materiales de acabado, una responsabilidad que, en función de su papel teórico en el proceso, podría calificarse en el mejor de los casos como residual. Con todo, un buen jefe de obra no puede renunciar a que su intervención, en cualquier aspecto de la construcción, sea el mejor posible.

Respecto al control del confort de los acabados, como poder fáctico, el jefe de obra dispone de mecanismos para orientar la elección de materiales de acabado en la dirección que sea más favorable para la obra y para los intereses de la empresa.

Si, a pesar de sus esfuerzos se acaban produciendo disfunciones o desequilibrios en la calidad de los materiales de acabado, queda la solución de recordar (sin pronunciarla) la frase del novelista francés Henri Beyle, conocido por Stendhal (1783-1842): "Contra la estupidez humana, ni los dioses pueden", menos podrá un jefe de obra.

Control del confort ambiental interior
El control del confort ambiental interior responde a parámetros físicos perfectamente ponderables por especialistas, en fase de proyecto. Entre ellos temperatura interior y exterior, porcentaje de humedad y calidad del aire. En fase de proyecto se decide, igualmente, con la aplicación de qué sistema o sistemas de los disponibles en el mercado se realizará el control ambiental interior. Esta decisión, tomada en función de parámetros de calidad-precio-espacio-disponibilidad, marcará el nivel máximo de confort que puede alcanzar el sistema. Esta aparente armonía no excluye, en ocasiones, errores de bulto.

A título de ejemplo, un edificio de oficinas de alto nivel tiene unos requerimientos de confort ambiental interior sustantivamente diferentes a los de una vivienda de protección oficial.

En el primer caso se impone un sistema de aire acondicionado capaz de atender diversos ámbitos controlados por termostatos. Es preciso garantizar durante todo el año y en cualquier circunstancia climática un nivel óptimo de confort con control de humedad y temperatura.

En una vivienda de protección oficial, una caldera mixta y unos radiadores contribuirán a controlar la temperatura en invierno, pero reducirán la humedad relativa posiblemente por debajo de los niveles de confort. Durante el resto del año, según la habilidad de los habitantes, manipulando ventanas y persianas se contribuirá a hacer el ambiente interior más o menos agradable.

El papel del jefe de obra, por lo que respecta al control del confort ambiental, se concentra en la fase de planificación de obra. Para el control del confort ambiental se manipulan datos físicos y matemáticos muy precisos. La práctica totalidad de las cuestiones quedan decididas y definidas en fase de proyecto. Suelen materializarse incluso en forma de marcas y modelos.

La misión del jefe de obra, para garantizar el control del confort ambiental interior, se centra en la elección del mejor industrial sobre la base de:
- Seleccionar entre aquellos que, por solvencia, capacidad y disponibilidad puedan efectuar la obra.
- Facilitar a los industriales, en tiempo y forma, la documentación de proyecto necesaria para preparar sus ofertas, estableciendo fechas de inicio y de entrega de los trabajos.
- Atender las dudas que se puedan presentar a los industriales durante la fase de licitación.
- Efectuar cuadros comparativos para analizar cuidadosamente y mejorar, si es posible, los parámetros de calidad y precio.
- Valorar las experiencias previas habidas con los industriales. La consulta con otros compañeros puede resultar clarificadora.
- Garantizar el cumplimiento de fechas, según el estado de la obra, para facilitar la entrada de los industriales.
- Velar para que se cumplan los plazos de entrega y las calidades pactadas.
- Asegurar la recogida de la documentación generada por los instaladores; garantías de aparatos, boletines, resultado de las inspecciones de las compañías suministradoras...

Control del confort estético
Dentro control del confort estético se incluyen, como puntos básicos, la organización de los espacios, la combinación de texturas y la integración de los colores. Se persigue con ello buscar la armonía y la complementariedad de los acabados.

La organización general de los espacios es una decisión de proyecto. El jefe de obra tiene poco que decir. Con todo, en la obra se acaban decidiendo, inevitablemente, detalles de organización espacial que inciden en la estética y la ergonomía de algunas dependencias. A título de ejemplo, puede citarse la colocación o la supresión de determinadas puertas o marcos de paso, la ubicación definitiva de aparatos sanitarios o la distribución de muebles de cocina.

Para esclarecer estos aspectos, el jefe de obra solicitará, si lo estima oportuno, nuevos planos o planos de detalle. También puede comentar con la dirección facultativa aquellos aspectos que crea perfectibles respecto las previsiones iniciales de proyecto, para obtener el mejor producto posible.

La tendencia de texturas y colores, en el caso de viviendas tipo, tiende a la neutralidad y a la monotonía. Se pretende que "guste a todo el mundo", puesto que se desconocen los gustos y las necesidades del usuario final del producto. Dentro de este criterio, perfectamente comprensible, en ocasiones se comenten auténticas barbaridades de concepto por falta de visión de conjunto.

Un mínimo conocimiento de la teoría del color y las texturas aconseja:
- Entender el edificio como un todo.
- Trabajar sobre una gama de colores.

- Utilizar colores complementarios.
- Graduar texturas.
- Valorar la existencia de personas con problemas de visión.

El jefe de obra, si bien no decide "oficialmente" sobre texturas y colores, puede orientar, a través de una selección previa, conjuntos de muestras funcional y estéticamente correctas como parte de su aportación al control del confort estético.

Los edificios que, por sus características, disponen de un estudio específico de interiorismo (como es el caso de hoteles, oficinas corporativas o centros comerciales) con mayor o menor fortuna, tienen definidos en el proyecto, con precisión, los aspectos estéticos de detalle, por lo que no queda al jefe de obra más opción que respetarlos.

En algunos casos puede llegarse a grados de definición excesivos, puesto que se fijan marcas y modelos de determinados elementos de acabado como obligatorios. Establecen marcas y modelos supone ventaja para el promotor y limitación del margen de maniobra en la gestión del jefe de obra.

Cuando se escogen modelos sobre catálogo, debe conocerse, además del precio, la disponibilidad del producto en función de su grado de comercialización. Actuar sin este conocimiento puede provocar atrasos en la obra por falta temporal de suministro.

Para evitar problemas como el descrito, el jefe de obra ha de hacer una prospección, con tiempo suficiente, sobre plazos de entrega y costo de determinados productos. Si el resultado del estudio proporciona situaciones negativas en cuanto a tiempo y/o costo, es preciso informar rápidamente al superior jerárquico de la empresa y adoptar las prevenciones documentales al uso.

Es conveniente, en estos casos, disponer de una oferta alternativa. Esta actuación puede ayudar a solventar, si se prepara convenientemente, multitud de problemas de costo-tiempo sin comprometer la calidad estética y funcional de la obra.

En la mayoría de las ocasiones la diferencia de coste entre un elemento de diseño y otro común de mercado no justifica el diferencial intrínseco de calidad, ni de estética ni de funcionalidad. La justificación del coste se encuentra en estos casos en parámetros menos objetivos pero igualmente importantes, la exclusividad, el lujo y la vanidad. Las tres razones justifican y aseguran, en determinados casos, su elección.

El objetivo de calidad establecido por el proyecto, el carácter y el importe disponible, son los factores que han de orientar, desde el origen, hacia una decisión u otra.

Control del confort de instalaciones y servicios

Los aspectos significativos que un jefe de obra debe considerar para establecer un buen control del confort de las instalaciones y de los servicios han de centrarse en buscar su facilidad de uso, su fiabilidad y un mantenimiento reducido.

Las instalaciones y los servicios acostumbran a no plantear, en el curso de las obras, especiales problemas. Se trata de elementos industrializados regulados por normativa muy precisa. En algunos casos dependen de proyectos técnicos complementarios y su seguimiento específico está confiado a otros técnicos.

En este apartado no se cuestiona si las instalaciones o los servicios están correctamente dimensionados, o si la calidad de su ejecución es la que corresponde. Esta es una tarea que, por lo que respecta al jefe de obra, se inicia, como se ha indicado en apartados precedentes, en la planificación y en la licitación, y que tiene su continuidad durante el control de ejecución, bajo la premisa de obtener la seguridad de uso de instalaciones y servicios.

Bajo el concepto del control del confort de las instalaciones y los servicios se encuentran aspectos de accesibilidad y ergonomía, muchos de los cuales pueden perderse si alguien, en nuestro caso el jefe de obra, no se ocupa de ellos. Citando unos cuantos de estos aspectos se puede ejemplificar y orientar el papel que un buen jefe de obra tiene sobre el confort de instalaciones y servicios:

- Verificará si los espacios previstos en proyecto para el paso de montantes son suficientes y si los registros permiten acceder fácilmente a los peinados.
- El paso de los peinados no debería afectar zonas que no fueran servicios comunes.
- Los trazados de instalaciones deben analizarse de forma conjunta para evitar superposiciones que puedan dificultar el mantenimiento.
- Las llaves de paso, normativamente, deben ser accesibles. Es preciso verificar que su situación prevista responde plenamente a esta premisa.
- Deberá velar para que los aparatos sanitarios se instalen de modo que puede accederse sin dificultades al sifón y a las conexiones de red.
- Es preciso incidir sobre la ubicación prevista para los grifos de toma para lavadoras y lavaplatos para que su accionamiento resulte fácil y no reste espacio a los aparatos a los que sirven.
- Debe sistematizarse la colocación y las alturas de los cajetines. Durante la apertura de rozas, éstas deben realizarse de modo que no se produzcan destrozos innecesarios.
- Que los ascensores dispongan de botones señalizados con lenguaje braille, o que las botoneras queden al alcance de discapacitados no supone un coste excesivo respecto a una convencional.
- Lo mismo se puede decir respecto las botoneras de los porteros electrónicos.
- Las manecillas de las puertas son más fáciles de accionar por parte de personas con dificultades motrices que los pomos.
- Reducir el número de llaves comunitarias solicitando cerraduras amaestradas. En edificios con un gran número de puertas con cerradura, como los hoteles o las escuelas, se impone la necesidad de disponer de cerraduras que admitan un sistema de amaestramiento de llaves para reducir su número y facilitar las labores de mantenimiento.

Los apartados precedentes ejemplifican y clarifican la importancia del papel del jefe de obra en el control del confort de las instalaciones.

control y comprobaciones

A continuación se detallan los recursos y mecanismos al alcance del jefe de obra para conseguir el control del confort de instalaciones y servicios. Con ligeras variantes, el procedimiento operativo descrito puede aplicarse a otros aspectos de la actividad constructora relacionados con la función del jefe de obra.

Recursos y mecanismos del jefe de obra en aras del control del confort de instalaciones y servicios:

- Establecer reuniones a pie de obra con los industriales, para matizar trazados y aspectos de detalle. Insistir en estas reuniones sobre los aspectos de sistematización dimensional, accesibilidad y ergonomía entendidos como filosofía de trabajo.
- Conveniencia de llevar a cabo un piso o un elemento (según tipo de obra) piloto. En él se fijarán, a escala natural, los criterios que deberán regir el conjunto de instalaciones y servicios. Si en el curso de los trabajos se detectan discrepancias o errores respecto la muestra, el industrial afectado no podrá alegar desconocimiento.
- Reforzar el orden jerárquico. A tal fin, el jefe de obra dará instrucciones precisas al encargado, preferentemente por escrito, para que se transmitan de forma fiel a los operarios. Se establecen así las bases para el cumplimiento y el control (a título de ejemplo) de la sistematización dimensional pactada respecto la colocación de cajetines, latiguillos, llaves y armarios de instalaciones, en su lugar correspondiente, correctamente fijados y nivelados.

Control del confort de orientación y de entorno
El control del confort del entorno social es una tarea colectiva delegada por la sociedad, en sus aspectos técnicos y ejecutivos, a políticos y técnicos. La tarea colectiva relativa al confort del entorno está regulada por leyes, normativa urbanística y normativa técnica.

Los principios relativos al confort del entorno se basan en la igualdad de derechos y deberes de todos los ciudadanos y en el respeto al medio ambiente. Las leyes y normativas, si bien surgen del consenso y de la búsqueda del bien común, no son inmutables. Disponen de mecanismos de corrección y de adaptación para mantener al día su función de servicio social.

A título de ejemplo, las licencias de actividades han dado paso a las licencias ambientales. En ellas se considera no sólo la actividad, sino las medidas correctoras que deben establecerse en sus instalaciones para garantizar el respeto al medio ambiente.

En un nivel inmediatamente inferior, pero encajado en los preceptos que conducen al control del confort del entorno social, se sitúa el control del confort de orientación y del entorno inmediato de un edificio.

El control del confort de orientación y de entorno inmediato de un edificio es una tarea primaria y fundamental. La desarrollan conjuntamente el promotor, que sabe (o debería saber) lo que desea, y el proyectista que trata de dar adecuada respuesta técnica adecuada a la normativa urbanística y a los deseos del promotor. El objetivo común de ambos es obtener el máximo partido tanto de las preexistencias del entorno como de su ordenamiento futuro, si este es conocido o influenciable. El control del confort de orientación y de entorno se ha colocado al final de la lista de posibles controles sobre el confort, la mayoría de ellos no reglados, porque la actividad de un jefe de obra de edificación no tiene incidencia sobre aspectos como la infraestructura urbanística, la ubicación y orientación del edificio en la parcela o las vistas que se contemplan desde ella. Todos estos factores están predeterminados antes de su intervención. El jefe de obra de edificación puede intervenir en el control de la orientación y del entorno mediante la aplicación y la mejora de las soluciones correctoras establecidas en el proyecto ejecutivo, relativas a control térmico, acústico, visual, filtración de aire, descalcificación y tratamiento de aguas, etc.

En el ámbito general se están observando, en los últimos años, iniciativas significativas para tratar de orientar, bajo principios de sostenibilidad, el control del confort del entorno. El territorio está en camino de ser analizado y gestionado de forma integrada. Esta gestión global comprende los espacios verdes, los grandes ejes y sistemas de comunicación, áreas residenciales y de producción, tratamiento y gestión de residuos y depuración de aguas, por citar algunos de los aspectos más significativos.

La visión de conjunto del territorio se ha traducido en una revisión de las filosofías de proyecto de las infraestructuras urbanísticas, desde la gran escala hasta los aspectos de detalle.

No tan sólo se han incrementado las dotaciones de servicios en la mejora de los entornos urbanos. La accesibilidad, el confort y la ecología han tomado un gran protagonismo como ejes conductores de los argumentos de diseño. Su integración supone disponer de un efecto multiplicador sobre la calidad final del producto. El resultado de estos principios ha propiciado disponer de espacios y entornos urbanos más útiles y más cómodos para todos.

Algunas soluciones, actualmente de repertorio, fruto de esta filosofía integradora son:
- Rampas cómodas para salvar desniveles
- Pasos de peatones con rampas
- Carriles para bicicletas
- Pavimentos antideslizantes
- Pavimentos fonoabsorbentes
- Cambios de textura en el pavimento de las aceras para facilitar la orientación de los deficientes visuales
- Barandillas a diferentes niveles utilizables por niños, adultos y personas con movilidad limitada
- Diseño de mobiliario urbano sin aristas peligrosas
- Señalética bien colocada y de fácil lectura
- Recogida selectiva de residuos urbanos
- Sistemas de riego gota a gota en parques y jardines
- Depuración de aguas residuales
- Estudio y utilización de energías alternativas

Estas aportaciones surgidas de manos de proyectistas del medio urbano y de jefes de obra pública nos hacen la vida más confortable a todos los ciudadanos. Son un ejemplo a imitar por proyectistas y los jefes de obra de edificación. Las ideas y las soluciones constructivas que como profesionales o simples ciudadanos inquietos puedan aportar los jefes de obra serán provechosas y bien recibidas en el anhelo común de controlar, de manera sostenible, el confort del entorno tanto público como privado.

3.7 Marco legal del control de calidad de la edificación en Cataluña

Desde el año 1985 la Generalitat de Catalunya tiene traspasadas las funciones y Servicios de la Administración del Estado (R.D. 1009/1985 de 5 de junio) en materia de control de la calidad de la edificación y promoción pública de vivienda.

Estas funciones fueron encomendadas al Departamento de Política Territorial y Obras Públicas (Decreto 238/1985 de 23 de julio). Desde entonces este departamento se ha encargado de legislar sobre el control de calidad de la edificación. Actualmente la legislación de referencia para el control de calidad de la edificación es la siguiente:
- Decreto 375/1988 de 1 de diciembre
- Orden de 25 de enero de 1988 de desarrollo del Decreto 375/1988
- Orden de 13 de setiembre de 1989 de desarrollo del Decreto 375/1988
- Orden de 16 de abril de 1992 de desarrollo del Decreto 375/1988
- Orden de 29 de julio de 1994, sobre control de calidad de los poliuretanos producidos *"in situ"*
- Orden de 30 de noviembre de 1994, modificando la Orden de 29 de julio de 1994 sobre el control de calidad de los poliuretanos producidos *"in situ"*

De la lectura de los párrafos precedentes es fácil deducir que para el control de calidad de la edificación en Cataluña se dispone de un documento de referencia (Decreto 375/1988) que se ha ido ampliando con una serie de órdenes complementarias.

En esencia el Decreto 375/1988 comprende los aspectos siguientes:
- Enumeración y definición en el proyecto de los controles que deben realizarse, según las normas de obligado cumplimiento y que sean necesarios para una correcta ejecución de la obra. La Orden de 13 de setiembre de 1989 indica que la definición y enumeración de controles que han de constar en el proyecto de ejecución los establecerá el autor del proyecto.
- La atribución de la elaboración de un programa de control de calidad del cual ha de dar conocimiento al promotor. La Orden de 13 de setiembre de 1989 indica que el arquitecto técnico o aparejador responsable de la elaboración del programa de control habrá de especificar cuándo deberán llevarse a cabo los ensayos, los análisis y las pruebas.
- En la práctica, el autor del proyecto señala qué controles son precisos realizar y el arquitecto técnico o aparejador se encarga de controlar su realización, recopilar los resultados y firmar el certificado de cumplimiento del programa de control de calidad.

De forma genérica el programa de control de calidad ha de especificar:
- Componentes de la obra que es preciso controlar. La Orden de 13 de setiembre de 1989 indica los siguientes:
    - Hormigón armado y en masa y sus componentes
    - Aceros laminados para estructuras
    - Techos prefabricados
    - Ladrillos con funciones resistentes
    - Fibras de vidrio utilizadas como aislamiento térmico

Con posterioridad a la Orden del 16 de abril de 1992, se incorporaron como componentes de la obra que es preciso controlar:
    - Aislamientos térmicos. Las Órdenes de 29 de julio y 30 de noviembre de 1994 hacen referencia al control de calidad de los poliuretanos producidos "in situ".
    - Aislamientos acústicos.
    - Aislamientos de fuego.
- Clases de ensayos, análisis y pruebas previstos, momento oportuno para llevarlos a cabo. Evaluación económica de ensayos análisis y pruebas. De la misma se dará conocimiento al promotor que, como encargado de abonarla, firme el documento en prueba de conocimiento y aceptación.

Como requisitos formales del programa de control de calidad se detallan los siguientes:
- Los ensayos, análisis y pruebas habrán de estar realizados por laboratorios acreditados por el Departamento de Política Territorial y Obras Públicas.
- Registro, por parte del técnico responsable del programa, de los datos obtenidos en ensayos, análisis y pruebas en el programa de control de calidad.
- Asiento, por parte del técnico responsable del programa, de las contraseñas de los productos sujetos a normalización y homologación obligatoria, como también de su fecha límite de vigencia.
- Facultad de inspección de las obras por parte de los Servicios Territoriales de la Direcció General de Arquitectura i Habitatge para supervisar el cumplimiento del programa de control de calidad. Es precisa convocatoria previa del técnico responsable, dándose a éste la posibilidad de intervenir en las actas.
- Necesidad de presentar el certificado de cumplimiento del programa de control de calidad, en los edificios cuyo uso prioritario sea la vivienda, para obtener las cédulas de habitabilidad y la calificación definitiva para viviendas de protección oficial. Este documento deberá acompañar al certificado final de obra. El modelo de certificado de control de calidad está recogido en la Orden de 25 de enero de 1989.

Existe la posibilidad de reducir los controles obligatorios de aquellos productos y materiales que dispongan de certificación de calidad reconocida. El programa de control de calidad puede desarrollarse sobre la base de cumplimentar el cuaderno editado por el CAATB, en función

control y comprobaciones

de las especificaciones contenidas a tal fin en el proyecto ejecutivo. En el mismo se recogen fichas de requerimientos y resultados, junto con el presupuesto y el documento en el que el promotor conoce y acepta con su firma el contenido y el coste del programa de control de calidad.

El cuaderno de control de calidad está concebido como una guía para facilitar las tareas relativas al mismo.

En las fichas de seguimiento se especifica, en función del tipo de material, los controles documentales y organolépticos, lotes de inspección, ensayos no obligatorios por normativa, etc.

También es posible desarrollar físicamente el programa de control de calidad mediante el programa informático realizado por el S.A.I. (Servei d'Aplicacions Informàtiques del COAC).

El jefe de obra, más allá de su participación como recopilador y transmisor al D.E.O. de la información y la documentación sobre materiales, productos y procesos, tiene una intervención decisiva en la calidad final de la obra por ser el director ejecutivo y el primer aplicador de la política de calidad de su empresa.

La participación del jefe de obra en la calidad y en su control se manifiesta fundamentalmente en:
- La planificación de los trabajos. Es la base intelectiva de su cometido y la estructura sobre la que deben sustentarse sus demás actuaciones.
- La organización general de la obra: accesos, vallas, casetas, grúas, espacios de maniobra y acopio.
- El orden interno de la obra. Basado en los dos primeros puntos y en los aspectos complementarios de seguridad y limpieza. Medios y orden; ni orden sin medios, ni medios sin orden.
- La política de trato con los industriales, para obtener de ellos su mejor disposición.
- La fijación de antemano, preferentemente de forma escrita, de criterios claros de aceptación o rechazo de determinadas partidas, en función de las necesidades específicas de la obra.
- La aplicación decidida del plan de calidad de la empresa, como filosofía de análisis y mejora continuada de los procesos productivos y de la búsqueda de la excelencia en la construcción.

Los apartados anteriores quedan englobados bajo dos grandes conceptos que ayudan a definir la calidad de las obras y el perfil de los jefes de obra: profesionalidad y oficio.

El primero entendido como formación continuada, el segundo como experiencia profesional enriquecedora y positiva.

gestión del tiempo y del coste

4.1 Aspectos científicos y racionalización en la gestión del tiempo y del coste durante la ejecución de la obra

La construcción actual se produce, en buena medida, como consecuencia de aplicar algoritmos de cálculo para diseñar y dimensionar los distintos elementos constructivos. Los criterios del diseño científico, en contraposición a los empíricos, se vienen aplicando desde mediado el siglo XVIII.

En la actualidad existe consenso sobre la necesidad de disponer de mecanismos de análisis y recursos que hasta mediado el siglo XX eran patrimonio de especialistas. Ejemplo de ello es contar con de los datos de un estudio geotécnico como base de partida para diseñar un sistema de cimentación. En la misma línea cabría situar la conveniencia de realizar el cálculo de estructuras, el control de obra y las mediciones por procedimientos informáticos. Igualmente se dispone de criterios de diseño depurados en base normativa. Por último, los conocimientos científicos físico-químicos se utilizan en construcción para tener en consideración parámetros y factores de compatibilidad entre materiales y construir de modo más fiable y eficiente.

Respecto la gestión del tiempo, la actitud es otra. Los conceptos de rigor científico dejan paso a un cierto acomodo, incluso a un punto de despreocupación. Si se hiciera una estadística de las obras que acaban ajustándose a las previsiones iniciales de tiempo, el porcentaje, posiblemente, no superaría el 10 %.

En referencia al coste, la posición es distinta pero no distante de la actitud frente al tiempo. Falta gestión profesional del coste integrada al proyecto y a la ejecución de obra. Se trata de ahorrar en el detalle y se cometen, con excesiva frecuencia, errores de concepto.

Algunas promociones disponen, como un documento más del proyecto ejecutivo, de un sucedáneo de *planning*. En la mayoría de las ocasiones no es más que un ítem a cumplimentar, en función de las prescripciones impuestas en el pliego de cláusulas administrativas del contrato. En el *planning*, el autor del proyecto encaja unas actividades extraordinariamente resumidas y poco reales que concluyen, matemáticamente, en la fecha establecida por el promotor.

Habitualmente, los autores de los proyectos no suelen ir mucho más allá de cumplir los formalismos documentales necesarios para la obtención de la licencia de obra. Confeccionan para ello unos planos y un estado de mediciones cuya validez defenderán vigorosamente frente a las observaciones del constructor, normalmente representado por el jefe de obra. En esta defensa, las direcciones facultativas suelen hacer uso, a veces, abuso, de las atribuciones y competencias que les otorga la legislación como mecanismo para ocultar errores y carencias.

Los proyectistas no suelen implicarse en la gestión del tiempo y del coste. Entienden que de estos aspectos ya se encargará el constructor.

el oficio del jefe de obra

Este es uno de los déficits más graves del sistema actual de gestión de las obras: la no corresponsabilidad, e incluso el total divorcio en la gestión del tiempo y del coste, existente entre los autores del proyecto y los encargados de llevarlo a cabo. Los contratos de proyecto y obra pueden ayudar a corregir en buena medida esta situación, si bien no están exentos de riesgo por la tendencia hacia la pasividad innovadora que el sistema comporta.

La llamada gestión integrada de proyectos, derivada del concepto anglosajón *Project manager*, trata de paliar esta situación introduciendo una cuña profesional, con funciones ejecutivas y dinamizadoras, entre el promotor, los constructores (paquetización opcional del proyecto) y la dirección facultativa.

Por lo que respecta al coste de las obras, se producen habitualmente discrepancias sustantivas entre el presupuesto inicial y el final, no sólo porque se introducen modificaciones con incidencia económica a lo largo del proceso de construcción, sino porque aparecen también errores de medición, e imprevisiones en las partidas.

Se aprecia una gran diferencia entre la construcción respecto a la industria en general y la del automóvil en particular. Esta última se caracteriza por planificar cuidadosamente todas sus acciones. Se puede alegar que tratar de traspasar a la construcción los parámetros de una industria tan tecnificada como la del automóvil supone plantear comparaciones fuera de lugar. Evidentemente muchos aspectos habrán de cambiar para llegar a construir edificios con criterios *just on time*. Con todo, resulta diáfano que, en los últimos años, la construcción ha despertado de un letargo secular y debe seguir moviéndose en la misma línea.

La sociedad actual se caracteriza por su ritmo trepidante. Visto el fracaso de los grandes prefabricados, aptos solo para países de economía dirigida -hoy en día inexistentes o en horas bajas-, el camino actual de la construcción se caracteriza por el abandono de las técnicas tradicionales, consistentes en adicionar piezas pequeñas para la consecución de un edificio. Las técnicas de montaje de elementos semiprefabricados, tipo paneles y/o placas, con criterios de aplicación industriales, están ganando terreno.

Los oficios tradicionales de albañil y de yesero están dando paso a los montadores. Estas acciones se potencian desde empresas multinacionales, que generan valor añadido a materias primas de bajo coste a través de la investigación y el diseño (I+D). El caso de las divisorias formadas por placas de cartón-yeso y aislamientos eficientes es paradigmático de tal situación. Aparecen en el mercado, de forma continuada, nuevos productos que son aceptados por promotores y empresas constructoras por su calidad y competitividad, así como por la incidencia positiva en calidad tiempo y coste que supone su aplicación.

A título de ejemplo, las cerámicas de gran formato están ampliando de forma significativa las posibilidades de las fachadas ventiladas.

Es preciso, por tanto, un cambio de mentalidad, de racionalización en la ejecución de las obras. Ello redundará en la precisión y eficacia de la industria de la construcción, eliminando automáticamente del mercado a aquellos industriales y profesionales incapaces de liderar o, simplemente, de adaptarse al proyecto.

gestión del tiempo y del coste

El oficio de jefe de obra, apoyado y reforzado por una formación eficiente de carácter universitario, se va a convertir en un factor clave de orden, gestión y regeneración de determinados hábitos y costumbres en las actividades de la industria de la construcción.

Para liderar los cambios, además de conocimientos técnicos es preciso que el jefe de obra disponga de un perfil humado adecuado y tener la competitividad suficiente para formar parte de una empresa constructora consciente de su cometido.

El camino se presenta largo y con dificultades porque falta rigor y profesionalidad en toda la cadena de gestión. El jefe de obra es sólo un eslabón. La experiencia demuestra hasta el momento presente, una y otra vez, que, lo que se ha planificado con esfuerzo durante un determinado periodo de tiempo se deshace por la decisión, no siempre razonada ni razonable, de un tercero.

Es preciso, para hacer frente a situaciones como las descritas, y en la medida de lo posible, evitarlas; que el jefe de obra mecanice una serie de procesos y subprocesos de actuación frente a situaciones adversas.

Estos deben orientarse, tanto a resolver la situación como a adjudicar a cada agente su parte de responsabilidad en la cuestión. Procesos y subprocesos deberían estar definidos en el Sistema de la Calidad de la empresa constructora.

El Sistema de la Calidad de la empresa constructora debe fijar, para cada uno de los agentes que intervienen en una obra, sus funciones y atribuciones y sus responsabilidades.

Conocidas las reglas de actuación, se agiliza la solución de eventuales problemas o conflictos.

El Sistema de la Calidad, al definir funciones y atribuciones libera al jefe de obra de aquellos aspectos que le son ajenos, permitiéndole cocentrarse en sus cometidos específicos.

4.2 Calidad, tiempo y coste

La construcción, al igual que otras muchas actividades, se rige por tres parámetros bien conocidos: calidad, tiempo y coste. Para que cada uno de estos parámetros cumpla con los objetivos fijados, el jefe de obra dispone de diversos mecanismos de acción.

Para dar adecuada respuesta a las necesidades de la calidad, el jefe de obra tiene a su alcance: El Programa de la Calidad, el Plan de la Calidad de la Obra, el Programa de Control de Calidad, el Pliego de Condiciones Técnicas y un amplio marco normativo bajo el que poder valorar, con criterios objetivos, la aceptación o el rechazo de una determinada partida de obra.

Para controlar el tiempo y mejorar los rendimientos del trabajo resulta imprescindible planificar. En modo alguno debe confundirse el concepto planificar con el acto de elaborar un *planning* de obra, o con la estimación necesaria para desarrollar una determinada actividad.

Planificar es sinónimo de previsión. Para planificar es necesario, por tanto, disponer de un profundo conocimiento de la obra, de sus necesidades, de su organización espacial, de los recursos disponibles por parte de la empresa y de las alternativas de acción posibles.

el oficio del jefe de obra

Planificar supone establecer, fijar un camino, una línea de acción. Equivale también a la buena disposición para ser capaces de modificarlo, en función de las circunstancias de la obra.

El gran enemigo de las obras, y en especial de la labor del jefe de obra por lo que se refiere a la gestión del tiempo y del coste, no son los problemas técnicos, ni la lentitud de la burocracia. Estos suelen estar resueltos, en gran medida, cuando se produce la intervención del jefe de obra.

Durante la fase de ejecución las mayores dificultades se derivan de las indefiniciones generadas por los cambios de última hora y de la poca capacidad de los que, por orden jerárquico, están en condiciones de decidir. Estas circunstancias, por desgracia excesivamente habituales, propician la antítesis de la racionalidad y el orden que debe caracterizar la gestión del tiempo.

Se alcanza rápidamente, según estas premisas, una situación delicada para el jefe de obra, que se ve atrapado por los acontecimientos. Para salir con bien de ella, se precisa una buena gestión documental y saber adjudicar a través de la misma, a cada agente, su responsabilidad. No proceder de este modo puede suponer graves dificultades, no por ineptitud técnica sino por falta de capacidad de gestión.

Un jefe de obra no debe adoptar, bajo ningún concepto, decisiones que no le correspondan. Para ello es preciso que conozca sus funciones y su posición dentro del organigrama de la empresa y de la obra.

En la mayoría de las ocasiones, cuando se producen cambios e indefiniciones que impiden el desarrollo físico del proyecto ejecutivo, el jefe de obra se transforma en receptor y sufridor involuntario de las situaciones que se generan. Sin ser protagonista directo de la decisión de los cambios, se ve obligado a rehacer o actualizar los mecanismos de gestión del tiempo para adaptarlos a situaciones no previstas.

En estas circunstancias, el jefe de obra ha de dejar asentado, mediante documentos (fax, fotografías, informes...) y frente a quien corresponda:
- Las características del problema, su alcance y su seguimiento
- Las notas de advertencia a los responsables directos de buscar las soluciones
- La incidencia de los hechos en cuanto a tiempo y coste sobre el resultado final de la obra

Ejemplos de cambios e indefiniciones son los siguientes:
- Imposiciones de última hora por parte de la propiedad, la dirección facultativa, la administración o los derechos de los vecinos afectados por la ejecución de la obra
- Fallos o carencias no previstas de suministros básicos
- Carencia o escasez de determinado tipo de recursos humanos
- Problemas de entendimiento entre empresa constructora y propiedad
- Causas de fuerza mayor

El control del coste se realiza sobre la base de documentos presupuestarios elaborados a diferentes niveles; general de obra, de industriales, comparativos, precios contradictorios, gastos generales, costos de explotación, etc. El control y la previsión de costos supone, también, la necesidad de formalizar contratos para garantizar el cumplimiento de las obligaciones respectivas de las partes.

Aunque se analicen por separado calidad, tiempos y costes, en la realidad están absolutamente ligados. Para que una obra sea satisfactoria, ha de disponer de un equilibrio entre los tres parámetros. Ello en conformidad con los requerimientos del promotor, si éste es un auténtico profesional.

La profesionalidad del promotor respecto a la construcción suele darse con poca frecuencia. Habitualmente el promotor sabe lo que desea, pero no siempre es consciente de la dificultad que comporta conseguirlo. Un hecho, aún más significativo, es constatar que no siempre está dispuesto a asumir el coste que ello supone.

La actitud del promotor, lejos de extrañar debe ser comprendida. Es la que le corresponde en el juego de roles tradicionalmente establecido y refrendado por el marco legislativo de la L.O.E.. Del encuentro con la posición de los constructores, surge la competencia y el equilibrio, elemento base para mantener el sistema en funcionamiento. Al final cada promotor encuentra su constructor y cada constructor su promotor, respondiendo al viejo dicho "Dios los cría y ellos se juntan".

Si una obra se realiza a un ritmo superior al "normal", posiblemente tendrá un sobrecoste respecto a otra en la que no se vean forzados los recursos humanos y materiales. Igualmente, una obra que se demore innecesariamente en el tiempo verá incrementado su presupuesto por la incidencia de los costes indirectos y los intangibles propios de las pérdidas de ritmo.

De los párrafos precedentes surge la necesidad de definir qué se entiende por obra realizada a ritmo "normal". Obra realizada a ritmo "normal" sería aquella en la que se respeta los rendimientos y los horarios laborales, no se fuerzan los procesos constructivos y se utiliza la maquinaria y los medios auxiliares de acuerdo con criterios planificados racionalmente.

La filosofía que un jefe de obra respecto del control del tiempo y del coste, ha de ser la de mantener su profesionalidad al servicio de la obra. Al propio tiempo, debe tener estudiados y a punto unos procesos tipo de actuación, de procedimiento y documentales. Así equipado, podrá hacer frente a diferentes situaciones afrontando, única y exclusivamente, sus responsabilidades, que son muchas.

4.3 Los marcos de referencia para la gestión del tiempo y del coste: marco legal y maco técnico

Analizar con detenimiento la gestión del tiempo y del coste en las obras de edificación precisa establecer dos puntos de análisis diversificados: el marco legal y el marco técnico.

Esta división permite controlar tanto los aspectos mercantiles como los de procedimiento ejecutivo de la obra. En el aspecto legal se incide, en este apartado, en la Ley de Contratos de las Administraciones Públicas y documentación anexa; en primer lugar, porque es de aplicación en todo el ámbito del estado español, y en segundo, porque sus principios y procedimientos son también de aplicación, con las medidas de adaptación pertinentes, a obras de carácter particular.

Siempre es más sencillo pasar de lo general a lo particular que viceversa. Los aspectos técnicos son objeto, en primer lugar, de una exposición de carácter general sobre las cuestiones relativas a la gestión del proyecto.

A continuación se efectúa un estudio sobre las actuaciones genéricas de un jefe de obra en la gestión del tiempo y del costo.

Esta forma de proceder permite, posteriormente, incidir en el detalle sobre las bases de gestión del tiempo del costo y de la calidad durante la ejecución de obra.

Para completar el estudio se analiza la gestión humana y técnica, la gestión económica y la gestión documental. El propósito de todo ello es ofrecer una visión analítica y global del oficio de jefe de obra desde la perspectiva de la gestión del tiempo y del coste.

4.3.1 El marco legal

El marco de referencia de la actividad de un jefe de obra, en la triple vertiente de tiempo, costo y calidad, es el desarrollo físico de un proyecto ejecutivo. Cualquiera que sea el tipo de obra y de promotor (privado o público), se llevará a cabo dentro de las especificaciones y protocolos de un contrato. Este, a su vez, permitirá la generación de otros contratos vinculados (subcontratación). Los contratos fijan, por tanto, el ámbito en el que el jefe de obra ha de desarrollar su labor como gestor de tiempos y costos.

En este apartado la calidad se da como sobreentendida, puesto que ha sido tratada en otros epígrafes del presente trabajo.

Sin necesidad de llegar a un conocimiento exhaustivo, es conveniente que el jefe de obra esté al corriente del contenido de la legislación siguiente:

- Real Decreto Legislativo 2/2000 de 16 de junio, que aprueba el texto refundido de la Ley de Contratos de las Administraciones Públicas.
- Real Decreto 1098/2001. Aprueba el Reglamento General de la Ley de Contratos de las Administraciones Públicas.
- Decreto 3584/1970. Aprueba el Pliego de Cláusulas Administrativas Generales par al Contratación de obras del Estado.

El Real Decreto Legislativo 2/2000 de 16 de junio, además de exponer cómo son los contratos de las administraciones públicas en cuanto a requisitos, garantías y procedimientos de contratación, contiene una serie de aspectos muy relacionados con la actividad del jefe de obra, entre ellos los siguientes:

El Capítulo VIII del Título III del Libro I. De la ejecución y modificación de los contratos
Título IV. De la revisión de precios en los contratos de la Administración
Título V. De la extinción de los contratos
Título VI. De la cesión de los contratos y de la subcontratación

El Real Decreto 1098/2001, relativo al Reglamento General de la Ley de Contratos de las Administraciones Públicas, entra en más en aspectos de detalle. El jefe de obra encontrará, en él, aspectos relacionados directamente con su actividad en los apartados siguientes:

gestión del tiempo y del coste

- El Título II del Libro I hace referencia a los requisitos de las empresas para contratar con la administración; capacidad, solvencia y clasificación. Es conveniente que el jefe de obra conozca, de forma objetiva, en qué tipo de obra presta o prestará sus servicios. Al propio tiempo una de las funciones del jefe de obra es ayudar en la contratación de partes de la misma a terceros. Se trata, por tanto, de un juego de encajes, a escala cada vez más reducida, que lleva del todo a la parte y de la parte al todo.
- El contenido del Título I del Libro II hace referencia y da respuesta, a lo largo de sus cuatro primeros capítulos, a una buena parte de las cuestiones que plantea la plasmación física de un contrato de obras; desde la fase de anteproyecto hasta la extinción del contrato, sea cual sea su promotor. Es igualmente de aplicación el principio de escala descendente-ascendente expuesto en el apartado anterior.

El Decreto 3854/1970 sobre el Pliego de Cláusulas Administrativas Generales para la Contratación de Obras del Estado es, prácticamente, un manual de procedimiento.

A lo largo de sus seis capítulos se detallan aspectos tan significativos, extraídos de su índice, como los siguientes:
- Relaciones generales entre la administración y el contratista
- Obligaciones sociales, laborales y económicas
- Comprobación de replanteo y programa de trabajo
- Equipos y maquinaria
- Materiales
- Obras defectuosas o mal ejecutadas
- Mediciones y valoración
- Abono de la obra ejecutada
- Modificaciones de obra
- Suspensión de las obras
- Recepción provisional de la obra
- Medición general y liquidación provisional
- Recepción y liquidación definitivas

Los principios contenidos en los párrafos precedentes, con las salvedades oportunas en función de la escala, son aplicables a relaciones generales entre la empresa del jefe de obra y las empresas subcontratadas.

Se puede concluir que el conocimiento general de los tres documentos indicados, y en especial, la asimilación profunda de sus principios emanados de:
- orden
- rigor
- transparencia
- ecuanimidad
- prevención y corrección de errores

Así como su estructura jerarquizada y racional, han de ayudar al jefe de obra a entender, globalmente, el conjunto de sus derechos y sus deberes en la gestión del tiempo y del coste.

Desde su estratégica posición, el jefe de obra debe gestionar, de forma simultánea –sea el tipo de obra que sea– tiempo y costos en direcciones ascendentes y descendentes.

Ningún otro agente de la construcción tiene un papel tan comprometido. Todos los demás agentes se encuentran situados por encima o por debajo del punto focal que materializa la figura del jefe de obra. Es por tanto imprescindible que éste disponga de unas bases conceptuales sólidas, basadas sobre los mecanismos legales de la gestión del tiempo y del coste, en las que apoyar sus conocimientos técnicos.

El marco legislativo expuesto corresponde a un conjunto de mínimos que de ningún modo agota el amplio conjunto de normas vigentes. Es preciso, dentro de la formación continuada que precisa el oficio de jefe de obra, mantener al día la base legislativa, ampliarla con nuevas adquisiciones y nutrirla con la experiencia.

Puede concluirse, también, que las diferencias existentes entre una obra ejecutada para la Administración y otra realizada para un promotor particular se encuentran más en la forma que en el fondo. En ambos casos se parte de un contrato, pueden introducirse modificaciones, se establecen criterios para el abono de las obras, existe siempre la posibilidad de resolución y se encuentran establecidos los procedimientos para cerrar el contrato.

La legislación sobre contratos de las administraciones públicas actualmente vigente es fruto de la experiencia y depuración de leyes y normas anteriores. Comprende, por tanto, un amplio espectro de posibilidades que la transforma en muy válida, como base de conocimiento del jefe de obras y marco de referencia para todo tipo de obra.

La libertad de acción entre las partes que proporciona una obra particular, cuando discurre con normalidad, acaba siempre remitiéndose a formas y cautelas contempladas en la legislación administrativa, si durante el curso de la misma surgen conflictos. En estas situaciones todo el mundo pasa de la palabra y de la cómoda improvisación a solicitar actas, enviar bureau-fax y exigir documentos fehacientes y firmas.

4.3.2 El marco técnico

Expuestas las bases de planificación y organización del tiempo, costes, recursos y objetivos, propios de las primeras fases de obra, este apartado se orienta, preferentemente, al análisis del proceso de gestión del tiempo y de costo durante la ejecución.

La fase de ejecución es el momento más crítico del proceso global del proyecto puesto que los errores y las improvisaciones se materializan en forma de tiempo y/o dinero a la escala real de la obra.

Si se producen situaciones no previstas, es preciso actuar con presteza y eficacia. Modificar el planning y los flujos de caja, establecer nuevas estrategias y contactos con los subcontratistas y asignar nuevos recursos son algunas de las acciones de las que dispone el jefe de obra para dar un giro positivo a los acontecimientos y reordenar la situación.

Cuando previsiones y realidad van de la mano no se debe dejar de poner atención. Las situaciones de calma deben servir para reflexionar y preparar mejor el futuro. Pueden descubrirse a tiempo errores para

gestión del tiempo y del coste

evitar su incidencia en el devenir de la obra. Las celebraciones hay que posponerlas hasta el acto de colocación de la última piedra. En el estudio efectuado sobre la vertiente legislativa se ha hecho mención del papel focal del jefe de obra como nexo de unión entre promotor y ejecutores. Este papel se mantiene, también, en el aspecto técnico. Resulta, por tanto, de interés para un jefe de obra conocer tanto el conjunto del proyecto como las partes específicas de su actividad profesional.

En el ámbito general para llevar a cabo un proyecto, es decir, la materialización ejecutiva de una promoción es preciso resolver tres fases, perfectamente diferenciadas en cuanto a objetivos y propósitos:

a) Preconstrucción
- Revisión de proyectos
- Objetivos
- Presupuesto
- Planificación
- Pliegos para contratación
- Solicitud de ofertas
- Comparativos
- Adjudicación de paquetes de obra

b) Construcción
- Seguimiento del cumplimiento de objetivos
- Comprobaciones y controles de la producción. Calidad
- Solicitar, si es necesario, información adicional al equipo de diseño
- Controlar el cumplimiento de las obligaciones contractuales
- Gestión económico-documental. Verificación y seguimiento de aspectos cualitativos y cuantitativos
- Informar a la propiedad, a la empresa y a la dirección facultativa.
- Proponer, si es necesario, soluciones alternativas
- Documentar el proceso de construcción. Actas, informes, fotografías
- Continuar el proceso de contratación, si es necesario
- Evaluación y corrección continuada de incidencias sobre la planificación
- Atender reclamaciones
- Controlar costos

c) Recepción y postventa
- Realizar la inspección final de la obra con la dirección facultativa
- Lista de repasos y su gestión
- Preparación del acta de recepción. En ocasiones (obra privada) se desglosa en dos, acta de recepción provisional y acta de recepción definitiva
- Efectuar la liquidación de la obra con la propiedad y los industriales
- Recopilar información relativa al Programa de control de Calidad
- Atender las reclamaciones de los clientes

El jefe de obra participa, de modo mayoritario en el proceso global, en los apartados de construcción y de recepción y postventa, aunque en determinadas empresas, en función de la estructura de su organigrama, participa también en aspectos de preconstrucción.

4.4 Actuaciones genéricas de un jefe de obra en la gestión del tiempo y del coste

En relación a las actuaciones e intervenciones de carácter genérico que un jefe de obra realiza durante la fase de construcción, a continuación se detallan de forma esquemática las más significativas. El objetivo de esta esquematización es ofrecer un marco de referencia para el desarrollo de las bases de la gestión del tiempo, del costo y de la calidad durante la ejecución de la obra.

Entre las actuaciones genéricas de un jefe de obra para la gestión del tiempo y el coste en fase de ejecución se citan, ordenadas de acuerdo con las fases generales del proceso, las siguientes:

4.4.1 Contratación durante el curso de la obra

A efectos del presente apartado, se consideran realizadas las contrataciones de las actividades básicas: implantación de obra, movimiento de tierras, cimientos y estructuras. Las contrataciones pendientes que se formalizan durante el curso de las obras corresponden, habitualmente, a cerramientos, impermeabilizaciones, instalaciones y acabados.

4.4.2 Paquetización de partidas

El concepto paquetización supone el estudio de las fases y las actividades afines de una obra para descomponerla de modo coherente a efectos de facilitar su ejecución y su control. Caso de ser el jefe de obra representante del contratista principal, de forma genérica, los proyectos suelen descomponerse en siete grandes paquetes.
- Movimiento de tierras, cimentación y estructuras
- Albañilería y oficios afines
- Carpintería interior
- Carpintería exterior
- Ascensores
- Instalaciones mecánicas
- Instalaciones eléctricas

A su vez, cada uno de ellos deberá adaptarse a las necesidades específicas de la obra. El objetivo de tal forma de gestionar es siempre el mismo: facilitar ejecución y simplificar el control sin incremento de costo respecto el presupuesto objetivo.

De la acertada paquetización que el jefe de obra realice de las distintas partidas depende, en buena medida, la eficacia y la coordinación en obra de los distintos oficios. Es preciso, a tal fin, buscar el justo equilibrio entre fragmentación y volumen.

4.4.3 Preparación de documentación para solicitar ofertas

Este trabajo es fundamental y definitorio de la capacidad de gestión de un buen jefe de obra. Especificar claramente los requerimientos, mediciones, fechas aproximadas de inicio, plazo de ejecución, condiciones de pago, inclusión o no en la oferta de medios auxiliares y cualquier otro dato que pueda resultar necesario para una perfecta definición de los trabajos, incluidos o no en la misma, resulta fundamental para evitar sorpresas.

Preparar mal una documentación para solicitar ofertas supone perder eficacia y fiabilidad respecto a las propuestas efectuadas por los industriales. Implica también perder un tiempo precioso en aclaraciones.

Entre los requisitos de la documentación preparada para solicitar ofertas debe figurar, de forma clara y taxativa, el plazo para la presentación de las mismas.

4.4.4 Solicitud, recepción de ofertas a industriales. De los comparativos al contrato

Para solicitar ofertas a industriales la mayoría de las empresas constructoras disponen de protocolos materializados en modelos documentales sustentados en soporte informático. Conocerlos y utilizarlos supone optimizar recursos y reducir esfuerzos.

En la solicitud de ofertas se pueden pedirse referencias de obras similares. En la medida de lo posible es necesario establecer una selección de industriales mediante el filtrado de los mismos en la base de datos de la propia empresa. La agenda propia es otro de los recursos que suelen utilizar los jefes de obra para solicitar ofertas a industriales. El número mínimo de solicitudes oscila entre tres y cinco industriales, en función de la entidad del paquete de obra que se pretende contratar.

Es conveniente inspeccionar las ofertas a medida que éstas lleguen a poder del jefe de obra. En determinados casos se detectan, durante estas acciones, errores de concepto que darían al traste con las posibilidades reales de licitar en igualdad de condiciones a un buen industrial. Si ello es así, es preciso solicitar correcciones antes de proceder al comparativo definitivo de ofertas. También pueden solicitarse aclaraciones por escrito para evitar sorpresas de última hora.

Para efectuar el cuadro comparativo entre las diferentes ofertas recibidas se emplean formularios preestablecidos en base informática. Cabe centrar la inspección en la detección de diferenciales en partidas situadas en ofertas interesantes respecto a otras que no lo son, con objeto de perfeccionar las ofertas, y para a mantener la calidad pero ajustando el precio. Conseguido el comparativo, partida a partida, el paso siguiente es la realización de gestiones para obtener mejoras en las ofertas. No solo el precio es importante. Deben ponderarse, entre otros factores, la capacidad de ejecución, la experiencia, la calidad. Para agilizar la toma de decisiones puede llegarse a acuerdos por vía telefónica, pero es preciso solicitar su validación por escrito, vía fax o correo electrónico, antes de formalizar el contrato. Como resultado del cuadro comparativo y de evaluación de los industriales, el jefe de obra concluye cuál es la oferta más conveniente. Esta es sometida a la aprobación de quien corresponda de acuerdo con el organigrama de la empresa.

La adjudicación supone el compromiso firme, por parte de la empresa constructora, para que el industrial seleccionado se encargue de realizar una determinada parte de la obra.

En el ámbito interno de la empresa la adjudicación se formaliza, en muchas ocasiones, por medio del visto bueno del responsable sobre el propio cuadro comparativo. Es el paso administrativo previo a la formalización del contrato.

Las empresas constructoras suelen disponer de modelos de contrato para establecer los acuerdos de obra con los industriales. Su redacción y entidad se ajusta tanto al tipo de empresa que contratata como al volumen de obra a contratar. En los contratos más habituales, el jefe de obra se encarga de rellenar los datos del contratado y los aspectos específicos de la contratación de acuerdo con los compromisos establecidos entre las partes.

4.4.5 Seguimiento de la planificación. Control de la calidad

La planificación y los mecanismos para el control de la calidad se suponen establecidos, a los efectos del presente apartado. Por este motivo, los aspectos genéricos a considerar por el jefe de obra como parte del seguimiento de la planificación son los siguientes:

a) *Control y registro de documentos recibidos y emitidos. Documentación actualizada y validada*

El control y registro de documentos recibidos y emitidos se efectuará, según la entidad de la obra, directamente por el propio jefe de obra o por parte del personal administrativo adscrito a la misma. En este caso, dicho personal efectuará el trabajo bajo su dirección y supervisión. Estos conceptos se encuentran recogidos y ampliados en el aparatado correspondiente al control de calidad desde la empresa constructora.

No es preciso entrar a analizar, en este apartado, la necesidad que tiene el jefe de obra de conocer en todo momento la documentación vigente relativa a la misma.

El jefe de obra puede convertirse, en uso de sus atribuciones y responsabilidades, en receptor y emisor de documentación actualizada para el uso propio de la obra y para terceros vinculados a la misma. También deberá establecer mecanismos para evitar un mal uso de la documentación obsoleta. Estos conceptos se encuentran recogidos y ampliados en el aparatado correspondiente al control de calidad desde la empresa constructora.

b) *Supervisar los medios, la calidad y la cantidad de los trabajos ejecutados por los diferentes contratistas de acuerdo con las previsiones de la planificación*

El jefe de obra, auxiliado por su equipo propio de obra y por servicios subcontratados, cumple una doble función. Dirige la producción y al propio tiempo controla la calidad de acuerdo con los requerimientos del proyecto. A tal fin, establecerá los mecanismos necesarios para que, además de su propio autocontrol, el control propiamente dicho se realice de forma independiente, de acuerdo con el principio de que quien controla no produce y quien produce no controla. Las certificaciones al origen son sólo un instrumento, de gestión económica para facturar y cobrar la obra realizada. Las cantidades certificadas deben responder:

- A la obra realmente ejecutada. Se ha verificado y medido en obra.
- A las calidades previstas en proyecto. En caso contrario, no deberían ser certificadas. Ello supone que se han realizado controles de calidad de la obra ejecutada.

Si se cumplen estas premisas, las certificaciones permiten generar curvas de progreso reales y flujos de caja que pueden ser comparados con los previstos en la planificación.

Cuanto más operativo es el control que se ejerce sobre una obra, más fácil resulta establecer correcciones respecto eventuales incumplimientos.

c) *Recopilar información y datos para facilitar la toma de decisiones de la propia empresa, propiedad y dirección facultativa*
El jefe de obra, por su contacto diario con la realidad, su calidad humana y su formación técnica ha de ser la persona mejor informada de la obra. Habitualmente la comunicación verbal durante las visitas de obra es el mecanismo más utilizado por el jefe de obra en su relación con los demás agentes de la misma.

Las actas de las visitas y reuniones suelen recoger, de forma abreviada, algunas de las actuaciones y observaciones del jefe de obra en relación a la toma de decisiones que es preciso adoptar en el curso de los trabajos.

En determinadas ocasiones, pocas pero importantes, deberá recopilar información y datos por escrito. El jefe de obra debe poder abordar la redacción de informes o dictámenes, correctamente estructurados y redactados cuando las circunstancias de la obra así lo reclamen.

En un plano de mayor cotidaneidad, el jefe de obra, por su permanencia constante en la misma, encuentra en inmejorable situación para recabar y recibir certificados de calidad, boletines de instaladores, garantías de electrodomésticos y en, general el cúmulo de documentos que comportan las fases finales de la ejecución de toda obra. Conocer y controlar estas tareas supone ahorrar tiempo y dinero y activar la finalización de los trabajos.

d) *Agilizar las respuestas técnicas a pie de obra para favorecer el ritmo de los trabajos*
Uno de los mecanismos a disposición del jefe de obra para agilizar las respuestas técnicas y favorecer el ritmo de los trabajos consiste en planificar (solo) los encuentros justos y necesarios entre aquellos agentes de la obra que precisan resolver y coordinar cuestiones de interés común o diligenciar situaciones de conflicto. Es preciso, pues, tener establecido y liderar el programa de la reunión.

La selección de quiénes, cuántos, cuándo, cómo y para qué necesitan una reunión es una de las claves para mantener activo el ritmo de obra. Es también momento de establecer las responsabilidades de cada agente respecto al tema o los temas tratados. Una reunión que termine sin establecer los "deberes" respectivos para cada una de las partes y la fecha o fechas previstas para tenerlos resueltos resulta, cuando menos, incompleta y poco eficaz.

Estos encuentros permiten conocer las circunstancias sobre el terreno, de primera mano. Obsérvese que en el apartado precedente no se ha planteado el dónde, puesto que el lugar es indiscutible, en la obra, el ámbito donde el jefe de obra adquiere más fuerza. La obra es también punto de confluencia de intereses comunes de los convocados. En caso de surgir dudas, es posible la toma inmediata de contacto con la realidad. Ello permite llegar más rápidamente a acuerdos y establecer la viabilidad de las soluciones adoptadas en función de las circunstancias reales de la obra. Para ello es necesario disponer de una oficina de obra "en condiciones".

e) *Resolver conflictos*
El jefe de obra tiene o debe tratar de tener entre sus atribuciones y capacidades la autoridad moral para resolver aquellos conflictos que, previamente, no ha podido evitar.

La mayoría de los conflictos internos en una obra se generan por la confluencia de intereses en el tiempo entre industriales. Todos pretenden prioridad de acceso y de acopios. Si la situación no se controla, puede establecerse un ambiente tenso en la obra de acusaciones y desalificaciones que en nada benefician al curso de los trabajos.

Si no es posible llegar a un entendimiento entre las partes, el jefe de obra puede recurrir a establecer sanciones, proponer rescisiones de contrato y despidos o el cambio de determinado personal adscrito a la obra, perteneciente a un industrial. Es preciso considerar estos extremos como no deseables y saber asumir la parte de responsabilidad que pueda corresponder al jefe de obra. En ocasiones, tales circunstancias tienen su origen en errores de planificación.

4.5 Relación del jefe de obra con los agentes que participan en la misma

4.5.1 Agentes de nivel superior

a) *Enlace con la empresa*
El enlace con la empresa es la persona con la que el jefe de obra despacha con periodicidad establecida, suele responder al perfil de "jefe de grupo", entendiendo por "grupo" un conjunto de obras de características afines. Respecto a ellas el encargado de su control general tiene, o debería tener, una gran experiencia previa. El jefe de grupo es, pues, un jefe de jefes de obra.

En ejercicio de sus funciones, el jefe de grupo es el encargado de fijar las directrices generales que deben regir en la obra de acuerdo con la política de la empresa.

Debe facilitar y tutelar la tarea del jefe de obra. Señalará objetivos diferenciados, en función de sus prioridades y plazos de ejecución. Realizará la posterior verificación, control y corrección, caso de ser necesario, de los mismos.

El jefe de grupo también ha de ser accesible, de forma inmediata, en situaciones de duda o de conflicto que el jefe de obra no alcance a resolver o precise confirmación del camino a seguir frente a una situación con diversas alternativas. Bajo su responsabilidad directa, un jefe de grupo controla la actividad de entre tres y cinco jefes de obra.

b) *Promotor o su representante*
El jefe de obra actúa, frente al promotor o su delegado, como representante de la empresa en las decisiones y estrategias de carácter ordinario que es preciso mantener en el curso de la obra. Compartiendo ambos agentes el objetivo común de terminar la obra de la mejor forma posible, con frecuencia se generan tensiones que tienen como protagonistas habituales el precio y, sobre todo, el tiempo.

El jefe de obra tiene que soportar la presión, a veces irracional, del promotor para recuperar tiempo. No controlar adecuadamente estas situaciones puede malear la obra. El personal cansado y mal dirigido, aunque esté incentivado por una prima, comete más errores que otro que ejecuta su trabajo en condiciones "normales". Es fácil entrar en una dinámica de "porquería bajo la alfombra" que acabará pasando factura, tarde o temprano, en forma de falta de conformidad.

En sus relaciones con el promotor o su representante, el jefe de obra jamás deberá levantar falsas expectativas ni mostrar una visión negativa del curso de la obra.

Debe ofrecer y obtener confianza en las situaciones de crisis según un análisis detallado de la situación y propuestas viables sustentadas por una programación coherente de la obra.

Cada vez más, en obras de cierta envergadura el jefe de obra se encontrará como interlocutor a un gestor de proyecto profesional (*Project manager*), delegado por el promotor para gestionar la ejecución del proyecto. Esto supone siempre una ventaja, puesto que el trato es más profesional y se respetan mejor los acuerdos contractuales. En estas situaciones es posible que el jefe de obra realice, tan solo, una parte del conjunto del proyecto correspondiente a la paquetización adjudicada a su empresa.

c) *Dirección facultativa*
El trato entre el jefe de obra y la dirección facultativa es determinante para el buen funcionamiento de la obra. Los primeros contactos son fundamentales. Es preciso que la relación humana resulte fluida.

No deben manejarse los defectos de proyecto de forma agresiva, sino solicitando opinión y ayuda frente un problema común.

Se trata de implicar, de forma natural en la ejecución del proyecto a la dirección facultativa.

Si se consigue una buena sintonía de origen, será posible mantenerla a lo largo de la obra. En cambio, un mal comienzo es difícil de reconducir porqué se generan desconfianzas y recelos.

En estas situaciones la dirección facultativa impone una actitud cerrada a toda iniciativa que pueda surgir de la empresa.

Esta dinámica puede acabar perjudicando el curso de los trabajos, los objetivos e incluso la viabilidad de la obra.

En ocasiones, la solución a los conflictos entre la empresa constructora y la dirección facultativa pasa por el hecho de cambiar al jefe de obra; medida, por otro lado, siempre traumática para el curso de la obra.

4.5.2 Agentes de nivel inferior

Personal propio de la empresa

a) *Ayudante de jefe de obra*
Habitualmente el cargo de ayudante de jefe de obra suele ser ocupado por un futuro jefe de obra en fase de aprendizaje. Lleva a cabo las tareas de sistematización y de control que el jefe de obra le delega: repaso de replanteos rutinarios, reportaje fotográfico de la obra, seguimiento de industriales.

La relación con el mismo debe orientarse tanto hacia los objetivos de la obra como a la ayuda a su propia formación. Las tareas que le sean encomendadas deben ajustarse a su nivel de capacidades, inquitudes, conocimiento y experiencia. Un buen jefe de obra es mejor cuando dedica parte de su esfuerzo a ayudar a aquellos que desean iniciarse en el oficio.

b) *Encargados*
Los encargados son determinantes en la buena ejecución de las obras pues, no en vano, toman las decisiones cotidianas. Su relación de complicidad con los objetivos marcados por el jefe de obra debe ser total. A cambio, el jefe de obra debe defender a ultranza a su encargado frente a terceros; ello con independencia de que, en privado, pueda ponerle los puntos sobre las íes si fuere necesario.

Deben ser personas con gran experiencia, dotes de mando y conocimiento del día a día del mundo de la construcción. Tradicionalmente han sido los oficiales de mayor capacidad quienes han asumido esta función. En la actualidad existen escuelas profesionales que ofrecen formación técnica adecuada al perfil del encargado y certifican sus enseñanzas mediante la expedición de los correspondientes títulos.

Los encargados deben saber leer los planos de su especialidad (cimentación, estructura, albañilería...) y dirigir la organización de medios y equipos, así como los replanteos de los distintos frentes de trabajo.

Es preciso reforzarlos y otorgarles confianza en sus competencias de relación con los niveles inferiores del organigrama de la obra (órdenes a los industriales, replanteos, mediciones de obra ejecutada, recepción de materiales...) y, al propio tiempo, controlarlos para que no se excedan por encima de su nivel de atribuciones. Es mal encargado aquel que ejerce en exceso su autoridad sobre el más débil y/o es condescendiente con los aduladores o aquellos industriales que saben granjearse su complicidad.

c) *Capataces*
Bajo la tutela directa del encargado, los capataces organizan y controlan procesos específicos dentro de obras de una cierta envergadura; por ejemplo, seguridad, acopios, replanteo de tabiques, equipo de limpieza, etc. Es preciso que tengan muy asumidos tanto el orden jerárquico de relación con su encargado como los conceptos que deben organizar y controlar. Sus acciones se atendrán, en todo momento, a los principios básicos de seguridad, orden y limpieza. Deben saber transmitirlos y hacerlos cumplir a sus compañeros de tajo.

gestión del tiempo y del coste

d) *Gruista*

Habitualmente sólo hay un gruista en cada obra. Además de estar en posesión del correspondiente carnet acreditativo de su capacitación profesional, debe tener una buena disposición para el trabajo (no siempre se pueden cumplir los horarios establecidos cuando el trabajo aprieta).

Su perfil debe completarse con un cierto carácter para resolver, en primera instancia, las situaciones de conflicto que suelen producirse entre los industriales, para tener prioridad en los suministros a planta.

Es conveniente que en la obra haya una persona de recambio con conocimientos del manejo de grúa, por si falla el gruista por cualquier circunstancia.

Hay que recordar que las grúas ofrecen un alto nivel de siniestralidad y por ello es preciso elegir convenientemente a la persona encargada de su manejo.

e) *Oficiales y peones*

Deben estar organizados en equipos y disponer de formación específica sobre los trabajos a desarrollar. Conocerán a fondo los medios, equipos y las medidas de control y de seguridad que se deben emplear en sus cometidos.

Habitualmente un peón suele servir a dos oficiales. Es conveniente respetar las alianzas entre albañiles y peones que suelen producirse, de forma espontánea, en las obras, pues ello contribuye a mejorar el ambiente de trabajo.

El encargado, en uso de sus funciones, dará órdenes directas sobre las tareas a desarrollar por cada uno de los equipos en función de su capacidad y de acuerdo con la programación general de la obra elaborada conjuntamente con el jefe de obra.

En todo caso, deberán llevar a cabo su trabajo cumpliendo con los niveles de producción y calidad. Ello supone, también, respetar los principios generales de seguridad, orden y limpieza.

El jefe de obra debe saber guardar, en relación a oficiales y peones, un estricto equilibrio entre cordialidad y respeto.

f) *Administrativo de obra*

Sus funciones se centran en la gestión y archivo de la documentación técnica. También se encarga de la gestión de algunos aspectos relativos al personal de la obra. Bien guiado por el jefe de obra, puede realizar algunas tareas de control. Para ello debe estar informado y respetar escrupulosamente las medidas de seguridad cuando se encuentre en la obra.

Personal ajeno a la empresa

g) *Industriales subcontratistas*

Los industriales subcontratistas desarrollan tareas específicas y especializadas dentro de la obras.

Suelen corresponderse con oficios, tanto del ramo de la construcción propiamente dicho: estructuristas, albañilería, divisorias, solados..., como de las instalaciones: tuberos, fontaneros, electricistas... Es fundamental que su elección sea la correcta por su capacidad para desarrollar los trabajos encomendados, disponibilidad y precio.

Una mala elección de subcontratistas garantiza una obra conflictiva, por muy bien que se hayan formalizado los contratos de obra, puesto que la resolución de un contrato requiere argumentos (todos negativos) sobre los que sustentarse. Mientras estos se producen, el tiempo transcurre inexorablemente.

Un industrial inapropiado causa atrasos y atascos en la tarea de otros subcontratistas respecto a las previsiones establecidas en la programación. Incide negativamente sobre el cumplimiento de los compromisos de aquellos industriales que dependen de que su actividad esté concluida para iniciar la propia en las debidas condiciones de calidad y seguridad.

El jefe de obra debe establecer con los industriales subcontratados una relación de confianza y ayuda mutua. No debe levantar jamás falsas expectativas o efectuar promesas que no pueda cumplir. Debe conseguir, con su buen hacer, que los industriales deseen participar en las obras por él dirigidas.

h) *Suministradores*

Los suministradores son garantes y responsables de la calidad del producto que entregan. La tendencia actual va mas allá de ofrecer un determinado producto y garantizar sus propiedades. Se incide, cada vez más, en el aval las correctas prestaciones que debe proporcionar, una vez puesto en obra. A título de ejemplo: una cerámica y un cemento cola pueden ser intrínsecamente buenos productos, pero incompatibles si se emplean juntos sobre un determinado soporte, especialmente si la técnica de aplicación no ha sido la adecuada.

La tendencia de los suministradores a vender prestaciones supone un impulso a la calidad y un mayor grado de corresponsabilidad. Ello se traduce en mejor información y formación de los aplicadores.

El jefe de obra debe conocer y pactar con los suministradores los plazos de entrega de su equipo o producto para prever con tiempo suficiente, las solicitudes que deba formularles.

Habitualmente los suministradores de materiales y/o equipos suelen tener una larga trayectoria como proveedores de las empresas que se fortalece y mejora con el paso de los años.

i) *Comerciales*

Los comerciales cumplen una función verificando el grado de satisfacción de los productos y servicios suministrados a la obra y vehiculando, si las hay, las quejas. Otra de sus actividades es informar de las novedades que ofrece el mercado y, cómo no, de las oportunidades. Presentarse sin aviso previo suele ser una de las características de la mayoría de sus visitas. El jefe de obra actuará correctamente fijando un horario de tipo general para su atención y potenciado las citas previas. En ocasiones sus consejos pueden ser útiles, ya que conocen de primera mano soluciones prácticas a determinados problemas. Su actuación puede favorecer, en caso de convergencia de intereses, los suministros de productos a una determinada obra en la cual haya sintonía con el jefe de obra.

j) *Guardia urbana*
Lo mejor es no tener necesidad de solicitar su intervención.

Ésta suele demandarse en las obras por parte de terceros en forma de denuncia, como consecuencia de molestias a los vecinos (ruidos, polvo, obstrucciones de paso) o, en el peor de los casos, por causa de un accidente.

En otras ocasiones se convierten, previo pago de tasas, en colaboradores de la obra cuando es preciso un cierre temporal de calles, o cuando se necesitan establecer medidas provisionales de circulación. El jefe de obra debe mantener con ellos una relación colaboradora y cordial, lo que facilitará su tarea a la vez que favorecerá el curso de la propia obra.

k) *Vecinos*
Las obras producen molestias a los vecinos colindantes. El jefe de obra debe mantener buenas relaciones con los vecinos para atajar conflictos en su fase inicial. Para ello es preciso informarles de su presencia como persona de contacto para cualquier problema que pueda presentarse a causa de las obras, explicar los trabajos que se llevarán a cabo, las medidas de seguridad que se adoptarán y velar para que no se produzcan quejas.

El trato con los vecinos debe ser particularmente cuidadoso cuando se realicen obras de rehabilitación parcial de edificios (fachadas y patios, y especialmente cuando sea necesario intervenir en el interior de las viviendas con habitantes en su interior y en el caso de algunos refuerzos estructurales de techos).

manual de procedimiento

5.1 Los principios de la gestión

En el capítulo precedente se ha tratado, preferentemente, sobre "qué debe hacer" el jefe de obra para llevar a cabo su trabajo. Los siguientes apartados están orientados a detallar "cómo debe hacerlo".

En los mismos se exponen, de manera diseccionada, los tres principios básicos sobre los que se sustenta la gestión de un jefe de obra (tiempo, coste y calidad).

Se trata de un ejercicio de reflexión y de análisis para evidenciar la multitud de recursos y de acciones que recaen sobre la actividad de una sola persona. En ellos se pone de manifiesto la fuerza y el perfil humano y profesional que es preciso poner en movimiento, de manera simultánea, para llevar a cabo con eficacia y profesionalidad la dirección ejecutiva de una obra.

Los principios de gestión de un jefe de obra se basan en tres aspectos fundamentales, todos ellos en plan de igualdad, ya que no es concebible uno de ellos sin los otros dos:
- La gestión humana y técnica
- La gestión económica
- La gestión documental

En una obra es preciso entender como un todo la parte humana y la parte técnica. Para llevar a cabo una obra son precisos cerebros, manos y máquinas actuando de manera coordinada.

El desequilibrio entre los factores enunciados conducirá a una obra deficiente.

5.1.1 La gestión humana y técnica

Un buen jefe de obra debe velar, siempre que sea posible, para que los hombres no deban hacer tareas que pueda desarrollar una máquina, por los siguientes motivos:
- Respeto a la dignidad de la persona. No puede esperarse entusiasmo, alegría y amor al trabajo de un individuo que se pase, un día tras otro, abriendo una zanja, empujando una carretilla o paleando escombros.
- Rendimiento. Una máquina, si se encuentra en el mercado, es porque su utilización es rentable. A veces se hace servir innecesariamente la fuerza bruta en las obras donde, simplemente por falta de previsión del responsable, se carece de los medios apropiados para hacer cómodamente un determinado trabajo. En su defecto, todo se lleva a cabo mediante esfuerzo físico a golpe de maceta y escarpa. Resultado: trabajo de menor calidad y más caro.
- Calidad del trabajo. Una máquina, aparte de no sentir cansancio,

ayuda a que el operario mantenga un mismo nivel de producción y calidad a lo largo de muchas jornadas.

5.1.2 La gestión económica de la obra

Es cierto el dicho que afirma que no hay nada más cobarde que el dinero. Para llevar a cabo cualquier actividad productiva, entre ellas las obras, es preciso que el dinero fluya de forma controlada y constante. Una visión más positiva sobre el dinero conduce a pensar que el propietario de los fondos, el promotor, desea controlar que éstos se invierten correctamente y que no se producen pérdidas ni desvíos de los mismos.

Para para dar respuesta a esta justa necesidad, se utilizan en la gestión de las obras una larga serie de mecanismos, instrumentos y estrategias que el jefe de obra necesita conocer para utilizarlos en el momento oportuno.

La gestión económica del jefe de obra no deja de ser de segundo orden, puesto que no decide específicamente ni cuándo ni cómo se realizarán los pagos. Su aprobación de los mismos es condición necesaria, pero no suficiente. Tratar de utilizar los mecanismos de gestión económica como arma o como acicate no suele generar más que conflictos al jefe de obra. Este debe centrar su trabajo en los aspectos técnicos y profesionales dejando a quien corresponda la responsabilidad de la gestión económica relativa a cobros y pagos.

5.1.3 La gestión documental

La gestión documental ocupa el tercer lugar en la descripción. La palabra clave de la gestión documental es la "trazabilidad". Los documentos de obra tienen como objetivo saber cómo, cuándo, quién, para quién, dónde y por qué deben llevarse a cabo determinadas tareas. El propósito es eliminar errores, faltas de calidad y de conformidad. En el caso de que se produzcan, una adecuada gestión documental permite asignar, sin lugar a dudas, responsabilidades y corregir los defectos con eficacia.

Los documentos son un mecanismo de "memoria". Evitan, en gran medida, y en función de cómo son utilizados, la incertidumbre y la indeterminación. El jefe de obra debe saber encontrar el justo equilibrio de su gestión documental en función de las características de cada obra.

5.2 La gestión humana y la gestión técnica. Su desarrollo

La gestión humana y la gestión técnica, indisolublemente unidas, son dos de los pilares sobre los que se sustenta la gestión global que realiza un jefe de obra en cumplimiento de sus funciones. No puede decirse que sean las más importantes. Para que una obra funcione correctamente, es imprescindible la búsqueda constante de su equilibrio con la gestión económica y con la gestión documental. Con todo, el conjunto formado por la gestión humana y la gestión técnica es la que precisa de mayor dedicación temporal del jefe de obra. Se pone de relieve en su desarrollo la conjunción entre la capacidad de liderazgo y los conocimientos técnicos. El análisis se estructura bajo los siguientes apartados:

5.2.1 Principios de la gestión humana y la gestión técnica

A continuación se exponen una serie de normas y criterios a observar por el jefe de obra para que la construcción llegue a buen fin.

No tienen carácter exhaustivo, son simplemente una docena; suficientes, no obstante, para dibujar un perfil definido de lo que se pretende exponer. Es, en definitiva, una guía de actuación y transmisión estructurada de experiencias, trazadas sin necesidad de recurrir a la exposición de anécdotas. Al propio tiempo responde a un fiel reflejo del perfil humano que debe acompañar la figura de todo buen jefe de obra.

a) *No permitir que los problemas se agudicen*
La mejor estrategia es la prevención; procurar que el problema no se produzca y estar atentos y con medios al alcance para remediarlo inmediatamente si al fin se acaban produciendo. Los problemas hay que cortarlos de raíz. Adoptar una actitud pasiva mientras crecen, con la esperanza de que van a resolverse solos, es un actitud de necios completamente alejada de la que debe mantener un jefe de obra.

Para estar prevenido es preciso conocer las posibles fuentes de problemas y fijar los indicativos del peligro que ponen en marcha las señales de alerta. Siempre giran alrededor de los ejes de calidad, tiempo y precio, en el marco de las relaciones humanas.

Desde un punto de vista físico, los mecanismos de gestión humana y técnica de un jefe de obra se centran en:
- Crear y mantener un equipo de obra de calidad, correctamente dimensionado, equipado (ordenadores, teléfonos, cámara, instrumentos de verificación y control, espacio físico apropiado) y bien conjuntado
- Seguimiento constante y actualización del *planning*
- Control de mediciones y facturación
- Otras acciones

En conclusión, los problemas no pueden dejarse hasta haberlos resuelto totalmente. Cuestiones no resueltas o mal resueltas no hacen más que crecer y multiplicarse.

b) *Agradecer el trabajo bien hecho*
Un jefe de obra, a lo largo de su vida profesional, si conoce y ama su oficio, llevará a cabo muchas obras. Para hacerlas cada vez mejor y con menos esfuerzo, es bueno trabajar, siempre que ello sea posible, con gente conocida y de confianza.

La confianza es un flujo recíproco positivo de comunicación que se refuerza con el tiempo y las experiencias comunes. La confianza permite salvar circunstancias y situaciones que difícilmente se superarían entre desconocidos.

La mejor manera de comprometerse en el esfuerzo común es haciendo cada uno de forma correcta y formal su trabajo, respondiendo a sus compromisos. Un jefe de obra puede exigir "imposibles" sólo en muy contadas ocasiones. A veces es un buen recurso forzar situaciones para romper rutinas y malos hábitos. Hacerlo de manera sistemática, y menos sin ofrecer nada a cambio, equivale a "quemar" a un colaborador.

En el futuro, ante tal forma de proceder, éste procurará estar "muy ocupado" en el momento en que más precisa sea su intervención.

Colaborador fiel es aquel que atiende y cumple con sus compromisos aunque tenga mucho trabajo. También es colaborador fiel quien ofrece una fecha posterior a la propuesta y que, si es aceptada, la cumple puntualmente.

Resulta asimismo un buen colaborador del jefe de obra el superior que cumple fielmente los compromisos económicos pactados por éste, siempre previa autorización expresa.

El jefe de obra deberá saber expresar su reconocimiento, de la forma que estime mas apropiada, a aquellos colaboradores capaces de asumir compromisos y situaciones puntuales más allá del deber estricto.

c) *Evitar la precipitación*

La precipitación no es buena consejera en casi nada y mucho menos en las obras. No siempre las soluciones más complicadas o las dictadas por el principio de acción-reacción son las más indicadas.

Es clásica la anécdota referida a una cuestión que se planteó en un curso de pilotos de la R.A.F. La pregunta decía: "Imagínese que va en un avión descubierto de dos plazas en el cual lleva como copiloto a la reina. Hacen un *looping*. La reina no lleva colocado por error el cinturón de seguridad y cae. ¿Qué debe hacer el piloto?

Las respuestas fueron de todo tipo. Un piloto muy optimista dijo que entraría en picado para recuperar a la reina con el ala del avión. En el extremo opuesto, otro manifestó que se adentraría sobre el mar hasta perderse. Ninguna de las respuestas de los alumnos del curso fue la correcta: sencillamente, nivelar el avión por la pérdida de la carga.

Aplicado la anécdota a un jefe de obra, una situación similar podría tipificarse por la quiebra de un industrial en un momento delicado del proceso constructivo.

En estos casos el profesional debe de estar en condiciones de hallar un substituto con el potencial adecuado para continuar la obra con eficiencia; cosa que no siempre es fácil y que, en muchas ocasiones, sale cara. En estos casos es precisa una valoración global por objetivos y consultar con gerencia la determinación a adoptar.

En las obras se producen, con mayor frecuencia que la deseada, "atascos" motivados por la confluencia de conflictos en el tiempo.

Individualmente cada uno de ellos no supondría una dificultatd insalvable; juntos generan un efecto multiplicador capaz de colapsar al mejor jefe de obra.

Ante tales situaciones, si a pesar de todos los esfuerzos por controlar la situación, llega a producirse un atasco, no puede ni debe actuarse de forma precipitada.

Tratar de cruzar un riachuelo en plena crecida puede ser un acto temerario. Horas después, cuando las aguas han vuelto a su cauce, es posible hacerlo sin dificultad. El jefe de obra tipo, con un perfil basado en la capacidad de acción, debe saber controlar sus impulsos frente a determinadas situaciones para no actuar precipitadamente. Es preferible invertir (que no perder) una semana reflexionando y reorganizando que comprometer o perder la obra.

d) *Elegir la mejor opción*
Una característica de las obras es la posibilidad de elegir entre distintas opciones, de las cuales más de una puede ser correcta, pero tan sólo una es la que mejor se adapta a las características específicas de la misma. Ello supondrá:
- Conocer y estudiar distintas opciones para abordar un problema.
- Consultar con instancias superiores y con los colaboradores inmediatos en caso de duda.
- Disponer de alternativas.
- Analizarlas todas bajo parámetros y las circunstancias de la obra.
- Decidir la más apropiada con conocimiento de causa.

El jefe de obra, si tiene mecanizado el esquema de procedimiento precedente, estará en condiciones de ordenar la actuación más apropiada, es decir, la mejor opción.

e) *Necesidad de diversificar los riesgos*
La realización de obras supone la asunción de riesgos calculados y controlados.

Estos riesgos derivan de la ejecución de las propias obras. Sin embargo, la mayor fuente de riesgos a los que tiene que hacer frente un jefe de obra tiene su origen en el conflicto de intereses derivado de las condiciones contractuales. De ahí la importancia de llevar a cabo una buena contratación, que, por descontado, no suele ser la más barata pero tampoco la más cara.

A la sabiduría popular se debe el dicho de "no colocar todos los huevos en el mismo cesto". Aplicado este principio de diversificación de riesgos a las obras podría traducirse en: "No es conveniente depender de un solo industrial".

Cabría añadir: "y menos si éste hace uso de su posición de fuerza", o bien si sabemos que en otras circunstancias la ha utilizado.

En la práctica no siempre es posible disponer de más de un industrial para realizar la misma tarea, bien sea por las condiciones de contrato, o por la dificultad de deslindar las responsabilidades de cada uno. En otras ocasiones tampoco es factible, en función de las características y del volumen de obra a desarrollar.

Hay trabajos que, sin embargo, permiten esta participación (determinados trabajos de albañilería, alicatados, pavimentos, pintura...). En estos casos es condición indispensable adjudicar trabajos concretos y bien definidos en cada equipo (un local, una planta, un piso, etc.). También se puede disponer de equipos a prueba, todo ello dependiendo del tipo y posibilidades que ofrezca la obra, la disponibilidad de los industriales y las condiciones del mercado.

f) *Analizar y atacar los puntos débiles*
A veces el jefe de obra debe negociar en diversos frentes a la vez. Ganar siempre no es posible, sin embargo las experiencias adquiridas en el curso de las negociaciones constituyen un valor inestimable.

Es preciso saber buscar provecho incluso de los errores propios, sobre la base del conocimiento y los argumentos esgrimidos por el contrario.

El padecimiento en una obra debe convertirse en un arma de defensa positiva para la próxima.

Una de las figuras que suelen aportar más problemas y menos soluciones al jefe de obra es aquel "profesional" con mando pero sin conocimientos técnicos ni capacidad ejecutiva que se cree perfecto.

Desde la posición de fuerza que le proporciona ser el representante del promotor y ser quien autoriza las certificaciones, se dedica a criticar, en ocasiones con razón y en otras no tanto, el curso de la obra. También suele desplazar o anular de sus funciones a las direcciones facultativas asumiendo, con toda naturalidad, el papel de director de la obra.

El jefe de obra debe saber soportar, con educación y eficacia, sus acciones. Es preciso estudiar al personaje convenientemente, seguir realizando la obra bien hecha y esperar su oportunidad.

La debilidad de esta "tipología" de individuos es la propia creencia de su perfección, ya que harán lo que sea posible para ocultar sus errores ante sus superiores.

Es preciso hacerles notar en el momento oportuno, frente a su "sabio" descubrimiento de un error de proyecto o de obra, económicamente caro de corregir, el principio de corresponsabilidad. Todos los agentes que intervienen jurídicamente son responsables: la dirección facultativa, el constructor y el promotor.

Difícilmente la dirección facultativa, si no es por vía judicial, se hará cargo del coste de los errores, puesto que se encuentra amparada por seguros de R.C.

Los abogados de las compañías aseguradoras de R.C. pondrán las cosas difíciles y en evidencia su correcta asunción de responsabilidades.

Quedan el promotor y el constructor para recoger los escombros generados por el problema. La elección de los agentes principales de la obra es responsabilidad del promotor y, por tanto, debe responder proporcionalmente sobre la base del principio de corresponsabilidad. Es el momento del jefe de obra, que ha sabido esperar pacientemente, para negociar y firmar con él acuerdos económicos favorables a la cuenta de explotación de la obra. Se mantendrá inmaculada, a cambio, como un acuerdo tácito entre caballeros, la "perfección" del individuo.

g) *Esgrimir argumentos*

Al repertorio de la sabiduría popular pertenece la frase: "La razón, aparte de tenerla, es preciso que nos la den".

El resultado de un encuentro dialéctico depende, en buena medida, de la habilidad de los participantes.

No todo es blanco, ni todo es negro; siempre hay la posibilidad de preparar argumentos propios y estar alerta para desmontar las exposiciones de la parte contraria.

Se trata evidentemente de un recurso, el maquillaje de una situación para ganar tiempo y recuperar el aliento.

Una buena argumentación facilita salir dignamente de una posición difícil, o bien, la recuperación de posiciones perdidas.

Es evidente que una dialéctica brillante no resuelve nada si no se trabaja de firme para recuperar y poner en orden los puntos débiles que han motivado el encuentro y el intercambio de argumentos entre las partes.

h) *Estructurar, documentar y ofrecer imágenes de lo planteado*
Si se reflexiona sobre tres frases hechas tan conocidas como:
- Las palabras se las lleva el viento.
- Aquello que no está en el sumario no existe.
- Vale más una imagen que mil palabras.

Se llega fácilmente a la conclusión de que, a pesar de su conocimiento generalizado, no siempre se aplican.

Todas ellas ponen en evidencia la necesidad de documentar, de manera fehaciente, los actos significativos de la gestión de obra. Es una cuestión primaria de orden y previsión. No es deseable ser reprochado ni reprochar, pero, puestos a elegir, es mejor la segunda opción.

La palabra es el primer medio de comunicación, aunque a veces no nos demos cuenta, por su propia cotidianidad. Con la palabra se resuelven la mayor parte de las situaciones y de los conflictos. Plasmar por escrito situaciones, hechos, circunstancias y pensamientos es, para muchas personas, un duro esfuerzo.

Un jefe de obra como parte de su trabajo, sin exageración ni afectación, debe saber utilizar la palabra, las entonaciones y el gesto.

La firmeza, la convicción y la educación por sí solas quizás no son determinantes, pero no hay duda de que ayudan a llevar a buen término determinados procesos.

Controlada la palabra, el jefe de obra deberá abordar eficazmente los aspectos documentales. El tipo, la forma y la cantidad de documentación dependerá de la significación de la obra, de las preferencias y de las disponibilidades materiales. Desde una simple libreta donde anotar unas instrucciones al curso sistemático de correspondencia, fax, e-mail, croquis, planos, fotografías, listas de repasos..., todos los medios tienen cabida con tal de dejar constancia de la gestión.

Es condición necesaria para que la gestión de la documentación sea eficaz, disponer de un sistema eficiente de archivo, con medios y espacio físico para el mismo. Colocar la fecha y hasta la hora, si fuese conveniente, en cada documento son datos imprescindibles para reconstruir cualquier proceso.

En función de la entidad de la obra y del equipo humano disponible, lo más conveniente es llevar un registro total de documentos (sello de goma sobre el mismo). El sello permite una inmediata visualización y permite seguir convenientemente el proceso del documento.

Disponer de la fecha precisa, en el momento oportuno, da o quita razones, aclara dudas, resuelve problemas y ofrece una imagen de profesionalidad a la cual ningún jefe de obra puede renunciar.

Sin ánimo de ser exhaustivo, un listado genérico de documentos podría ser el siguiente:
- Planos recibidos
- Planos anulados
- Planos solicitados
- Planos modificados
- Planos facilitados a los industriales
- Fax enviados
- Fax recibidos

- Correspondencia emitida
- Correspondencia recibida
- E-mail enviados
- E-mail recibidos
- Comparativos
- Contratos de industriales
- Albaranes
- Partes de trabajo
- Facturas emitidas
- Facturas recibidas
- Mediciones
- *Plannings*
- Actas
- Informes emitidos
- Informes recibidos
- Documentación de control de cualidad
- Control de personal
- Directorio de la obra
- Certificaciones
- Fotografías
- Varios

En el mercado existen programas informáticos "organizadores", los cuales, a partir del registro de documentos en el ordenador, numeran automáticamente los documentos generados, disponen de plantillas, abren programas y, en definitiva, facilitan la tarea de control documental.

i) *Análisis e integración de todas las opiniones profesionales*
En las obras intervienen diferentes equipos de operarios; cada uno de ellos debe tener sus funciones y responsabilidades perfectamente definidas e integradas dentro del proceso global de la obra.

Los industriales deben ser conscientes y estar mentalizados (el jefe de obra tiene mucho a decir y a gestionar) de que forman parte de un conjunto de esfuerzos y de objetivos llamado obra. En la medida en que cada uno de ellos cumpla, colaborará a que cumpla el compañero.

Al jefe de obra le corresponde una función de integración muy importante respecto a los industriales. Es muy posible que la mayoría no hayan trabajado juntos nunca, que existan entre ellos ciertas desconfianzas, confluencias de intereses sobre recursos limitados de la obra y recelos.

El diálogo y el mutuo conocimiento es básico para asentar unas buenas bases de colaboración. Es preciso que el jefe de obra establezca y se implique en la creación de mecanismos internos para la gestión de quejas y de agravios.

Preparar reuniones estructuradas (de las cuales no conviene abusar) previas a los momentos claves de la obra, con listas de personas de contacto y teléfonos útiles que permitan el conocimiento y la interconexión entre industriales, convertirá en pequeños los problemas que de otra manera podrían llegar a ser importantes. El jefe de obra tiene que llevar a cabo la función de arbitraje sólo en casos muy concretos. Tales actuaciones, en beneficio de la obra, deben pasar casi desapercibidas.

j) Velar por el orden de actuación en la obra

Tan importante como realizar correctamente una tarea es el hecho de no estropear el trabajo de los otros y dejar el tajo limpio, o con los escombros convenientemente apilados, según se haya pactado.

La cantidad de tiempo y recursos que se pierden en los "repasos" puede lesionar los resultados económicos y dar al traste con la previsión de la fecha de entrega de la obra.

Los principios de orden, limpieza y atención de los trabajos ejecutados habrían de marcar la profesionalidad de los industriales y de sus operarios.

Incluso sin experiencia como jefe de obra, se puede llegar a concluir que pensar que el orden de ejecución de los trabajos y la limpieza se impondrán de manera natural es un mal principio de gestión de cualquier actividad y nefasto para una obra.

El jefe de obra no puede, por tanto, rehuir el hecho de tener que marcar directrices respecto a prioridades y orden de ejecución de los trabajos. Deberá velar para disponer de unos firmes colaboradores, cada uno en su nivel, desde el encargado a las demás personas integrantes del equipo base de obra.

El jefe de obra intervendrá, de manera directa y en un corto lapso temporal, en aquellos casos en los que, bien por observación directa o a través del encargado, le sea notorio algún incumplimiento grave y reiterado de sus obligaciones por parte de alguno o algunos de los industriales. Sus acciones deberán encaminarse preferentemente hacia el responsable en obra del industrial o a su superior jerárquico. Entrar a resolver conflictos a nivel de operario no compete al jefe de obra.

Conviene tener documentado en forma de partes de trabajo y, si procede, fotográficamente, el proceso o situación objeto de litigio. Es la forma de atajar discusiones posteriores, corregir los defectos y, si se estima conveniente, poder aplicar sanciones.

A pesar de que las actuaciones se programen en secuencia lógica, a veces se producen superposiciones en el lugar de trabajo.

Si no se controlan convenientemente o no se fijan prioridades, pueden dar lugar a conflictos. Son típicos los problemas que se generan por convergencia de dos o más industriales en la utilización de la grúa.

Estas circunstancias se pueden resolver, por ejemplo, con la entrada anticipada del gruista y un peón para preparar mortero y suministrar a planta. Así el equipo de colocadores puede empezar a trabajar sin dilación y la grúa puede servir momentáneamente a otro industrial.

El diálogo entre el jefe de obra y el encargado es básico para resolver estas situaciones antes de que vayan a mayores.

También son frecuentes los destrozos causados por entradas y acopios de materiales, en paramentos enyesados (y a veces hasta pintados), en alicatados o en pavimentos.

Los principios de que "quien rompe, repone o paga y de que quien ensucia, limpia o paga la limpieza" deben quedar bien definidos en los contratos y clarificados de manera verbal.

No es suficiente firmarlo o exponerlo, se debe llevar a cabo un estricto control. Cualquier relajación siempre es interpretada a la baja y, en todo caso, los resultados nunca son buenos.

k) *Capacidad negociadora*

Para negociar, además de la preparación y conocimiento del tema en cuestión, es preciso plantearse qué es lo peor que puede pasar y estar preparado para afrontarlo. Negociar no supone, de ninguna manera, conseguir la totalidad de los objetivos, sino llegar a un consenso sobre la base de exponer los propios argumentos y tratar de entender los de la parte contraria. Si las cosas o las cuestiones son obvias no es preciso negociarlas, sino aceptarlas o rechazarlas.

Cuando en una negociación se pide algo, sea por ejemplo el incremento del precio de unas partidas, la prolongación de un plazo o el cambio de un material, se debe ofrecer alguna contrapartida (mejora de la calidad, compromisos de finalización...). También debe buscarse el momento propicio para negociar: el final de una fase, la próxima vista de accionistas o políticos, la aparición de imprevistos, etcétera. La experiencia del jefe de obra en situaciones similares resulta un factor de valor añadido a su gestión inestimable.

El control del "tempo" es otro de los puntos clave de una negociación. En algunas ocasiones es preciso actuar rápidamente; en otros, es necesario esperar a ser llamados o requeridos. Ejemplos del primer caso serían todos aquellos relacionados con incumplimientos de las normas de funcionamiento de la obra, problemas con vecinos, o falta de cualidad en la ejecución.

En el segundo grupo se hallarían aspectos relacionados con pagos a industriales que no funcionen correctamente. Disponer de la información de que existe un talón firmado correspondiente a trabajos anteriores bien realizados y aún no abonados, en determinados momentos, da fuerza significativa a la negociación.

La fuerza es preciso saberla utilizar con moderación, solo en casos muy concretos, para obtener compromisos de mejoras en la calidad, acuerdos económicos, ajustes en los plazos o, simplemente, poner a cada uno en su lugar.

l) *La actividad sancionadora*

La actividad sancionadora en una obra no tendría que llegar a aplicarse nunca. Cuando ello es preciso, es porque las cosas no se han hecho bien. El perjuicio siempre sobre la obra siempre es más importante que el resarcimiento económico.

Para que no se haya de aplicar nunca, o en muy pocas ocasiones (de ahí la importancia del concepto control de calidad), es conveniente trabajar con operarios propios e industriales que tengan la categoría de tales.

Desde el comienzo de la obra, deben dejarse perfectamente establecidos los principios que se detallan a continuación:

- Quien ensucia, limpia.
- Quien rompe, debe reponer los desperfectos.
- La tarea mal realizada no es cobrable.
- La tarea no acabada a tiempo es una tarea mal hecha.
- La tarea realizada sin velar por la seguridad es un trabajo mal hecho.
- El trabajo mal hecho perjudica a todo el mundo.
- Quien lleva a cabo el trabajo de manera correcta y a tiempo cobra en tiempo y forma debidos.

No está de más elaborar un rótulo con estos principios y colocarlo en la oficina de la obra, al lado de los teléfonos de urgencia, para que nadie se llame a engaño. La presencia de carteles no debe ser excesiva, ya que acaba comportando un efecto contrario al deseado.

No se puede sancionar, excepto en casos flagrantes, antes de que haya un primer (o hasta un segundo) apercibimiento. Es conveniente dejar constancia por escrito de dichos avisos.

Para poder sancionar, es preciso llevar la razón de forma palmaria. Para que una sanción sea eficaz, no se pueden dejar opciones de defensa al contrario. El jefe de obra preparará la reunión en el día y hora que le sea adecuado, a la cual acudirá convenientemente pertrechado de notas, avisos y, si es pertinente, con fotografías.

En muchas ocasiones los (malos) industriales, por desidia o exceso de trabajo no controlan de manera adecuada a sus operarios, razón por la cual es conveniente advertirles en beneficio de todos, eso sí, cobrándoles el servicio de asesoramiento. En las obras nada es gratis para nadie.

Es preciso graduar de manera razonada la sanción. El importe de la misma es, sencillamente, el resarcimiento de un perjuicio en forma de horas/hombre y materiales.

Una sanción desproporcionada causa rechazo, es mal interpretada y hace perder el tiempo.

El pago del importe de las sanciones se puede negociar en forma de abonos, o bien descontando la cantidad pertinente en la próxima factura.

5.2.2 Planificación

La planificación materializada en un planning mediante soporte informático es básica para el buen desarrollo del proceso constructivo. El jefe de obra deberá estar capacitado no solo para elaborarlo, sino para efectuar su seguimiento y adaptación periódica a las necesidades de la obra.

Tradicionalmente se ha prestado poca atención a la planificación temporal de las obras al ser conocida de antemano su duración sin plantearse, de modo crítico, cómo mejorar sistemas y rendimientos.

La inercia de los conceptos y de las ideas propias de la construcción tradicional han supuesto una barrera a la optimización de recursos y a la modificación de procesos.

A pesar de ello, los cambios a mejor se producen y se seguirán produciendo en el futuro. Los profesionales que no armonizen su formación perderan rápidamente capacidad de participación.

En las obras se han ido introduciendo, de manera progresiva, gran cantidad de elementos diferenciales, de forma que en la actualidad resulta difícil definir el concepto "construcción tradicional". La comparación entre la construcción de una obra tipo actual y una obra de hace unos veinte años pone de manifiesto la presencia de unos parámetros de seguridad, de calidad y de técnica constructiva que, sin embargo, en muchas ocasiones no se optimizan con una adecuada planificación.

Para llevar a cabo una planificación y materializarla en un *planning*, sea manualmente, sea con el soporte informático (prácticamente imprescindible esta segunda opción), el proceso es siempre el mismo:

– Definir tareas (incluyendo su duración).

- Definir hitos (acciones que no consumen tiempo; por ejemplo, firmar un contrato, adjudicar unas tareas o la firma de una acta de libramiento parcial).
- Definir la duración e las tareas en función del volumen de la obra, de los rendimientos y de los equipos asignados (base de datos y estado de mediciones).
- Establecer vínculos entre las tareas (los vínculos determinan en qué momento, en secuencia lógica, se puede iniciar una tarea que depende de otros). Sería absurdo, por ejemplo, planificar la colocación e un pavimento antes de iniciar el techo que lo ha de soportar.

Si se desea mayor información, pueden asignarse equipos de trabajo y costes a las distintas partidas. En el primer caso se obtiene una gráfica de carga de trabajo y se determina los operarios necesarios en la obra, en cada período temporal.

En el segundo caso se obtiene el flujo de caja, es decir, las previsiones de facturación de obra en función de la fecha. Otro dato significativo que puede obtenerse de una planificación correctamente ejecutada es la llamada "curva de progreso". En ella se definen los porcentajes del volumen de obra que se prevé ejecutar en un plazo de tiempo determinado, habitualmente un mes.

Tan importante como planificar es llevar a cabo el seguimiento periódico. Este permite comparar los puntos de coincidencia y desencuentro entre previsiones y realidad. El seguimiento permite efectuar un análisis de la situación real de la obra y establecer las correcciones estratégicas que sean precisas para cumplir con las especificaciones del contrato.

5.2.3 Calendario y horario

Una obra bien dirigida debe responder a un calendario previamente determinado, corregido y adaptado según las circunstancias. El jefe de obra debe controlar con antelación este calendario.

Debe estar atento al cumplimiento de las fechas que durante la fase de planificación se ha marcado.

El término de antelación puede variar, según los casos, entre un mes y una semana. La reducción de este último término, debe encender luces de alarma y mecanismos de corrección.

En la obra, desde el inicio de la jornada laboral y, a lo largo de la semana, la actividad del jefe de obra debe estar regulada.

Todos los agentes vinculados a la obra deberían saber en qué días y en qué horas el jefe de obra recibe, previa cita, o bien convoca reuniones y en qué días y en qué horas el jefe de obra está dedicado a funciones internas de la obra y no puede ser molestado.

Especialmente significativo es el día destinado a visita de obra. Si lo cree oportuno, el jefe de obra convocará a los industriales más directamente implicados, en función del proceso de construcción, para que reciban instrucciones de primera mano de la dirección facultativa o puedan presentar objeciones y evitar así dudas y errores. El jefe de obra y los industriales deberán adaptar su calendario y horario, dentro del marco de acuerdos habituales, a la dirección facultativa. Es preciso mantener una buena relación con la dirección facultativa para ganar, día a día, fluidez y confianza.

El jefe de obra solicitará aclaraciones y planos complementarios cuando sean necesarios para llevar a cabo correctamente su tarea, tanto verbalmente, durante las visitas, como por cualquier otro medio del que pueda quedar constancia.

Discrecionalmente, el jefe de obra podrá convocar reuniones de coordinación entre industriales, o acararlos con tal de resolver conflictos. En determinados casos, a estas reuniones deberá asistir la dirección facultativa y/o el coordinador de seguridad y salud.

También es preciso prever, a lo largo de la semana, uno o dos días de contacto con el responsable directo de la empresa, para informarle de la situación y aclarar dudas. En las empresas pequeñas estos contactos sirven también para conducir a su destino el flujo de documentos y efectos bancarios que mantienen la obra en funcionamiento.

Solo estableciendo y siendo fiel a un horario el jefe de obra estará en condiciones de administrar con eficacia su tiempo y dejará de depender, en buena medida de las presiones y de la acción de terceros. Todo lo expuesto puede resumirse en una frase: "Si el jefe de obra no marca pautas y distancias, las pautas y las distancias le serán impuestas y dificultarán sus acciones".

Cada jefe de obra es muy libre de establecer el horario que crea conveniente para desarrollar su trabajo. A continuación se citan algunas de las actividades que pueden estar contenidas en una jornada laboral tipo de un jefe de obra:
- Reunión e instrucciones al encargado
- Supervisión de la obra; seguridad, orden, limpieza, acopios, aspectos mejorables
- Verificar los replanteos
- Control de mediciones
- Estudio de *planning*, previsiones y calendario. Actualización del mismo, si corresponde
- Seguimiento de industriales
- Atención de eventualidades
- Administración y contabilidad de la obra
- Recogida y archivo de documentación para el control de calidad de la obra
- Preparación de informes técnicos y económicos
- Recibir a industriales y proveedores
- Relación con la propia empresa
- Relación con la administración. Licencias, permisos, aspectos laborales
- Estudio in situ de procesos de otras obras
- Atención de quejas y peticiones del personal
- Contactos con la propiedad y la dirección facultativa

En función de lo expuesto, puede concluirse que el jefe de obra es una persona ocupada que no puede permitirse el lujo de desperdiciar su tiempo. Ha de ser muy disciplinado consigo mismo y contar con un buen equipo para atender adecuadamente el cúmulo de documentos, informaciones y órdenes que comporta la ejecución de una obra de forma competente.

5.2.4 Palabra y escrito. Informes y dictámenes

El jefe de obra es un vértice de confluencia de órdenes y directrices externas a la obra y las debe transformar en instrucciones ejecutivas para ser desarrolladas en el interior de la misma.

No puede pretenderse por parte de la alta dirección de la empresa constructora, como en ocasiones ocurre, que de un gran número de informaciones y voluntades contradictorias, el jefe de obra sea quien saque las conclusiones.

La primera obligación de un jefe de obra es solicitar instrucciones precisas de su responsable directo en la empresa. No se trata de traspasar responsabilidades, si no de asumir, exclusivamente, aquellas que le sean pertinentes.

El mismo procedimiento debe seguirse con la dirección facultativa y la propiedad. Se puede ganar tiempo elaborando un resumen durante la visita de obra, haciéndolo firmar al responsable de las instrucciones, con inclusión de la fecha correspondiente y el conocimiento de los otros implicados. En caso que ello no sea posible, fax y correo electrónico son los mecanismos de relación que es preciso utilizar, solicitando acuse de recibo o visto bueno, según corresponda.

En casos excepcionales, previa consulta con su jefe, puede ser preciso recurrir al bureau-fax. Este servicio de Correos permite certificar la recepción y el contenido del escrito. A efectos jurídicos tiene el mismo valor que si el documento se hubiese protocolizado ante un notario.

Por su parte, el jefe de obra dará a sus colaboradores directos instrucciones de forma clara y precisa, respetando siempre que sea posible el orden jerárquico. Es preciso que las instrucciones estén adaptadas al nivel de comprensión y responsabilidad de las personas que las reciben.

Debe asegurarse, también, de que se han asimilado los conceptos contenidos en las mismas.

Las instrucciones deben dictarse con suficiente antelación para que no supongan ni un estorbo ni una ruptura de las tareas en curso. Es una buena práctica facilitar listados de tareas a los encargados para que deleguen su ejecución a las personas más apropiadas.

Respecto a los industriales, es mejor citarlos en la obra, preferentemente por escrito y con antelación suficiente, antes de que inicien su trabajo en la misma. Se les debe mostrar la obra y sus condiciones tanto físicas como de orden interno, así como averiguar si precisan alguna preparación especial para desarrollar su trabajo, para evitar pérdidas innecesarias de tiempo.

También se fijará, en el primer contacto, la persona de referencia con la que mantener relación directa. Ésta habrá de tener capacidad de resolución de los problemas que puedan surgir a lo largo de la presencia del industrial en la obra.

Los informes y los dictámenes son recursos documentales, inicialmente preventivos, para la gestión humana y técnica de la obra.

En ellos pueden quedar reflejados los aspectos relevantes de la ejecución, sus causas y su incidencia en el transcurso de la construcción.

Es muy posible que la mayor parte de las incidencias consignada por el jefe de obra, en informes internos o simples notas, queden superadas por los acontecimientos y acaben, en el mejor de los casos, olvidadas; pero siempre es preferible estar preparado con toda la información que sea posible disponer correctamente archivada.

Los aspectos formales de la redacción de informes y dictámenes se han recogido dentro del apartado de la gestión documental de la obra.

Es preciso disponer y archivar convenientemente (para su consulta cuando sea preciso) una copia de los documentos recibidos y enviados.

Los programas informáticos para la gestión de documentos pueden hacer una buena parte del trabajo de archivo.

Es preciso disponer de copias de seguridad de los archivos para hacer frente a cualquier eventualidad.

5.2.5 Croquis y planos de obra

Un croquis de obra es un dibujo hecho a mano para aclarar, modificar o completar la información del proyecto y servir de guía para ejecutar determinados trabajos sin necesidad de elaborar planos.

Ni la dirección facultativa ni el jefe de obra habrían de realizar croquis para ejecutar una obra. Sería sinónimo de que la información del proyecto ejecutivo es completa y ejecutable.

Ello suele pasar aún y, en cuestiones de detalle, un croquis puede ayudar a salir del paso. Los croquis de obra los habría de elaborar el arquitecto director. Por ello en las casetas de obra se suele destinar una mesa para estos menesteres. También, en obras de mayor envergadura, puede disponerse un equipo informático equipado para dibujar y elaborar planos, con el mismo propósito.

El jefe de obra, por su presencia constante en la misma, puede detectar discrepancias de superficie o de nivel respecto a las prescripciones de los planos. En estos casos está en condiciones de ofrecer a la dirección facultativa la información necesaria para su resolución, en forma de croquis y hasta hacer propuestas, expuestas en croquis, de las posibles soluciones a adoptar.

El concepto de croquis es preciso entenderlo, en estos casos, de manera extensiva. Puede estar realizado con ordenador, sin llegar a tener el carácter de plano.

En otras circunstancias, el jefe de obra puede solicitar planos de detalle y hasta elaborar planos o croquis para ayudar al replanteo y al encaje de determinados elementos de obra como rampas, escaleras y agujeros.

5.2.6 El personal, sus necesidades y sus conflictos

En una empresa constructora pequeña, el jefe de obra se convierte en el catalizador de la mayor parte de la relación personal-empresa. En una empresa de mayor entidad, el jefe de obra puede derivar algunos de los problemas de relación hacia del departamento de personal. Sin embargo, no siempre podrá rehuir el contacto con temas de personal.

el oficio del jefe de obra

El jefe de obra, habitualmente, es un asalariado de la empresa, pero también puede tener un contrato o un acuerdo de prestación de servicios profesionales. Sea uno u otro el caso, el jefe de obra puede ayudar positivamente en la realización de la misma, convirtiéndose en un referente de consulta y de consejo para los trabajadores.

Es, fundamentalmente, una cuestión de actitud positiva y de respeto el hecho de conocer y dirigirse a los trabajadores por su nombre, saber cuál es su situación, si quieren cambiar de puesto de trabajo o si se encuentran bien ejerciendo la actividad actual. La comprensión y una palabra amable siempre son positivas y, por ende, bien recibidas.

En situaciones señaladas (final de una fase de obra, comida de empresa), la presencia del jefe de obra dirigiendo unas palabras, explicando una situación o marcando unas metas, ayudan a la cohesión del equipo. Son ocasiones que no se deben desperdiciar.

En las relaciones del jefe de obra con el personal se pueden considerar diferentes niveles y grados de conflicto. Las relaciones más habituales son de tipo organizativo. Se suelen tratar de manera individual o de forma colectiva con los representantes escogidos por los trabajadores. La organización de las vacaciones, pactar puentes, primas, bajas, dietas, retrasos, calidad y capacidad para llevar a cabo el trabajo, pueden ser unos ejemplos de ello.

Entre las funciones del jefe de obra está la de organizar, junto con el encargado, las tareas de los operarios en función de su actitud y aptitud.

La organización interna de una obra, para su buen funcionamiento, requiere que se hagan y deleguen una serie de actividades, entre ellas.
- Quién abre y cierra la obra
- Quién controla el almacén y las herramientas
- Quién mantiene limpios los vestuarios y las casetas de obra
- Quién controla el nivel de los silos de mortero
- Qué horario harán el gruista y el peón, para disponer de material en planta al iniciar la jornada ordinaria los restantes operarios
- Quién se hace responsable de la seguridad interna de la obra

El jefe de obra debe conocer la legislación laboral, al menos en materia de contratación y de despidos. En función de la misma, se puede someter a un término de prueba a los operarios de nueva incorporación, para verificar si responden a los conocimientos y a las capacidades propias de su categoría profesional.

También es conveniente que el jefe de obra conozca las motivaciones que dan lugar a un despido procedente. Las más significativas son desobediencia reiterada de órdenes, abandono del lugar de trabajo y trabajar habiendo consumido drogas que causen pérdida de facultades físicas o psíquicas.

El jefe de obra no puede despedir a un trabajador porque no es él quien lo ha contratado sino la empresa que representa. Pero puede proponer a la empresa constructora la admisión o el despido de personal por necesidades de obra, por haberse concluido la tarea objeto de contrato o por incumplimiento grave de sus obligaciones por parte del trabajador.

En determinadas ocasiones pueden llegar a producirse en las obras conflictos de tipo colectivo. Estos conflictos pueden afectar, según su origen, a una parte del personal de la obra o a la totalidad del mismo. Siempre acaban incidiendo negativamente sobre la totalidad de la obra por la desazón que generan y porque se rompe, automáticamente, la cadena de producción.

Las causas pueden ser diversas, habitualmente están relacionadas con retrasos en los cobros, la supresión de primas o el despido de personal considerado conflictivo por parte de la empresa y líder por sus compañeros. El jefe de obra debe velar por tener controlada, en todo momento, la situación y tratar que el impacto sobre el curso de la obra sea mínimo. A veces sus esfuerzos acaban siendo inútiles. Ante estas situaciones el jefe de obra no puede más que dar tiempo al tiempo para que todo vuelva a su cauce.

Si el problema corresponde al personal propio, informará a la gerencia y solicitará directrices para solucionarlo. En caso de que el problema lo haya generado el personal de un subcontratista, se informará igualmente a la gerencia. Paralelamente se informará y pedirá al industrial la inmediata solución del problema y, posteriormente, la asunción de las responsabilidades que le correspondan.

No se puede permitir en la obra ningún tipo de violencia ni de coacciones. Para zanjar los conflictos, el jefe de obra puede mandar salir del recinto de la misma, a cualquier trabajador que altere el orden, sea éste de la propia empresa o de un industrial subcontratado. Tal acción forma parte del ejercicio de sus funciones de director ejecutivo de la obra en representación de su empresa. En todo momento deberá actuar con autoridad, firmeza y educación.

Si los trabajadores se niegan a abandonar la obra, no debe enfrentarse a ellos con violencia. Lo que procede en esos casos es el avisar al cuerpo de seguridad que corresponda a la zona (guardia urbana, mossos de esquadra...).

Una vez restablecida la calma, el jefe de obra estará en condiciones de recibir y atender individualmente, o en pequeños grupos, las quejas causantes del conflicto y exponer las razones de la empresa. Estará, en definitiva, ejerciendo otra de sus funciones: negociar.

En casos de conflicto de tipo más amplio como huelgas de sector, huelga general o paros en protesta frente a determinadas políticas, es de aplicación la legislación vigente en relación al derecho de huelga.

5.2.7 Orden interno

El orden interno con el que se desarrolla una obra es reflejo del orden y la manera de actuar de sus responsables directos. Un jefe de obra con una obra desorganizada y sucia ha fallado en la elección del equipo y de los industriales. También se ha equivocado quien lo ha puesto al frente de la obra.

Siempre hay posibilidad de rectificar y de enmendar errores si se tiene voluntad para ello. En este sentido, es preciso analizar fríamente las causas de la situación de conflicto y ser drástico con el elemento o elementos o industriales perturbadores. Es preciso, si se estima conveniente, parar de manera cautelar la obra, bajo la premisa de que todo el mundo es necesario, pero nadie es imprescindible.

Los principios sobre los cuales es preciso basar el orden interno de la obra se derivan, en buena parte, de los expuestos al comentar la gestión humana y técnica de la obra. Abarcan desde el período de gestación de la obra hasta la postventa, y son:
- La correcta planificación
- Un adecuado dimensionado de medios humanos y técnicos
- El papel aglutinante del jefe de obra
- La motivación y la responsabilidad de la totalidad de los agentes participantes en la obra
- La gestión de los repasos y el servicio postventa

5.2.8 Actividad sancionadora

Se ha separado la actividad sancionadora de los conceptos de orden interno de la obra por su cariz excepcional. En el apartado relativo a los principios de la gestión humana y técnica de la obra, se exponen los criterios sobre cuándo, cómo y de qué manera se han de aplicar las sanciones. La actividad sancionadora puede dirigirse hacia un trabajador o trabajadores o a los industriales subcontratados.

Es preciso que los afectados (trabajadores e industriales) sepan que:
- La actividad sancionadora existe.
- Que se aplicará de manera justa y firme, si no se cumplen las normas de funcionamiento interno de la obra.
- Que las normas de funcionamiento interno de la obra son consultables y de obligado cumplimiento para todo aquel que participe en la obra.

En el caso de los trabajadores, las causas más frecuentes de sanción se centran en retrasos injustificados y reiterados, no utilizar de manera adecuada las medidas de seguridad, no recoger la suciedad propia de su trabajo, o no llevar a cabo la tarea con el cuidado requerido. Excepto casos muy excepcionales, las sanciones económicas afectarán exclusivamente a las primas, no a los sueldos.

Para evitar pérdidas innecesarias de tiempo, los sancionados deben conocer con antelación el motivo y las razones de la sanción y su importe.

El carácter excepcional y globalmente negativo de las sanciones queda reflejado en los tres puntos siguientes:
- Es negativo para la obra y para el jefe de obra si es necesario utilizar este recurso de manera continuada.
- Es negativo para el jefe de obra que trate de maquillar resultados recortando, con motivos a veces no suficientemente claros, las facturas de los proveedores. Tal forma de proceder se llama "cuenta prorrata". Es un mecanismo que en ocasiones está medianamente justificado cuando la empresa representada por el jefe de obra tiene que asumir funciones que no le corresponden por dejadez de los industriales. Antes de efectuar una "cuenta prorrata" el jefe de obra debería plantearse si ha hecho todo lo posible para evitarla y cuál es su responsabilidad real en el proceso. Con esta forma de proceder suelen acabar pagando justos por pecadores. Se pueden perder, también, buenos colaboradores.

- Es negativo para la empresa permitir que se haga uso de estos mecanismos alegando "que no salen los números" a causa de los recortes que el promotor le puede haber practicado por causa de retrasos.

5.3 La gestión económica de la obra

A continuación se exponen el conjunto de documentos, mecanismos y recursos de mayor significación relacionados con la gestión económica de la obra, es decir, los relacionados con cobros y pagos.
Se analizarán los siguientes doce documentos, con relación a la gestión del jefe de obra:

5.3.1 Certificaciones

Las certificaciones son documentos que se realizan mensualmente; reflejan la obra realmente ejecutada y su importe desglosado en capítulos, subcapítulos y partidas. Cada certificación lleva, por tanto, un número del uno al n. La última certificación, además del número, incorpora las palabras "última" o "final".

Para elaborar las certificaciones, se parte de las previsiones contenidas en el presupuesto del proyecto incorporando también, la valoración de las modificaciones y de los cambios.

Las modificaciones y los cambios que se producen durante el curso de una obra, responden a causas diversas: de fuerza mayor, imprevistos, diferencias de mediciones, modificaciones normativas, cambios de calidad e incorporación o supresión de partidas, pueden ser algunas de ellas.

Las modificaciones y los cambios forman parte del proceso de trabajo de un jefe de obra, como ya se ha comentado al aseverar que el objetivo básico de su tarea es transformar un proyecto ejecutivo en ejecutable y materializarlo, físicamente, en una obra acabada y satisfactoria.

Cuando sea preciso incorporar partidas no previstas en el proyecto, se recurre a los denominados "precios contradictorios, ordenes de trabajo suplementario (OTS) o reformados", de los cuales se hablará más adelante.

Las certificaciones se realizan a origen de manera que el importe total se descuenta del de la certificación anterior. Toda certificación se entiende como pago a cuenta, por lo tanto las mediciones son revisables y ajustables a la realidad hasta que se haga la certificación final o final de obra.

Oficialmente, tanto en las obras particulares como en las realizadas para la Administración, las certificaciones las habrían de preparar los arquitectos técnicos de la dirección facultativa (D.E.O.), y validarlas con su firma por las partes interesadas: el promotor o propietario, la dirección facultativa (D.O. y D.E.O) y el constructor. En la práctica es el jefe de obra quien se encarga de este menester para agilizar el trámite de cobro de su empresa. No tan sólo las elabora físicamente, sino que también, en ocasiones, se encarga de hacerlas firmar y de gestionarlas.

Para garantizar la aceptación de las certificaciones, es una buena práctica presentar un esbozo a la dirección facultativa. Las correcciones se hacen muchas veces vía teléfono, sobre el esbozo.

La certificación "oficial" responde, en estos casos, más a un trámite administrativo y formal que a una cuestión técnica.

La práctica del esbozo previo supone, por parte del jefe de obra, previsión de tiempos para garantizar el libramiento de la certificación en término y un buen acuerdo y sintonía entre el jefe de obra y la dirección facultativa.

Las certificaciones se realizan a partir de programas informáticos más o menos sofisticados, aunque también pueden generarse a partir de hojas informáticas de cálculo. El jefe de obra debe estar dispuesto a incorporar en su bagaje el programa de certificaciones que utilice su empresa, o bien a proponer cambios de sistema o de programas con tal de mejorar la gestión de la misma.

Las certificaciones pueden ser completas, con desglose de mediciones, o simplificadas aplicando directamente los precios al resultado de las mediciones.

En el primer caso se suelen denominar certificaciones "con tripas" y en el segundo "sin tripas". Cada promotor, sea público o privado, señala el número de copias de cada tipo que precisa. Habitualmente se hacen entre tres y cinco copias.

Determinados organismos oficiales hacen cumplimentar además, carátulas de las certificaciones para facilitar su trámite administrativo. Como se puede comprobar el proceso, si no complicado, es laborioso. Se pierde mucho tiempo y dinero en gestiones inútiles por defectos de forma. Aquella certificación que dio tanto trabajo, puede dormir en una gaveta hasta que alguien la despierte porque, por ejemplo, tiene la fecha equivocada al no haberse cambiado la correspondiente a la certificación precedente.

El jefe de obra debe estar bien enterado del número de ejemplares de certificación que son precisos para cada obra, cuántas "con tripas" y cuántas sin, si han de llevar carátula o no, en qué fechas han de entrar por registro, a quién dirigirse para saber si todo va bien o hay algún problema y, en general, de todo aquello que agilice su gestión de cobro.

Las certificaciones se completan, al igual que el presupuesto que les sirve de base, con una hoja resumen de certificación. La hoja resumen contiene un desglose por capítulos, la suma de los cuales da un total al origen. El resultado obtenido, por diferencia con la certificación anterior, después de aplicar la baja –si procede–, el porcentaje de gastos financieros, fiscales y tasas de la administración –habitualmente un 13%– y el beneficio industrial –normalmente un 6 %–, da lugar a la factura que, incorporando el I.V.A. correspondiente, acompaña a la certificación.

5.3.2 Albaranes y "partes de trabajo"

Una de las premisas de organización que dan soporte a las tareas bien hechas es la denominada "trazabilidad". El objetivo primario de la trazabilidad es asignar responsabilidades, evitar errores, detectarlos cuando se produzcan, determinar las causas y establecer los mecanismos apropiados de corrección.

Si bien puede parecer un concepto actual, la trazabilidad en las obras ha estado presente desde hace mucho tiempo. Tan sólo es preciso ver los sillares de muchos edificios patrimoniales en los cuales se distingue la marca, firma, del cantero que los realizó.

La trazabilidad es, por tanto, un proceso continuo de mejora, de tipo asintótico, ya que la perfección absoluta no existe. En la obra, la trazabilidad se desarrolla fundamentalmente a través de dos documentos: albaranes y partes de trabajo. Si bien responden a conceptos diferentes, ambos disponen, dentro de la obra, de una función y gestión similares.

Un albarán es el justificante de una entrega o de la realización de un servicio. Debe estar validado o condicionado por un receptor responsable. En un albarán es preciso que figuren los datos de la entidad emisora, el número de referencia, la fecha y, en algunos casos, la hora, descripción detallada y cantidad del material librado, nombre y firma de quien hace la entrega, y nombre y firma de quien recibe el material. Los albaranes se suelen hacer en papel autocopiativo, con original y dos o tres copias.

Un "parte de trabajo" contiene la explicación de las tareas realizadas, así como el tiempo y los recursos necesarios empleados para llevarlas a cabo. Lo suele redactar el propio operario, o en su defecto, el responsable del equipo que ha realizado el trabajo. La redacción del "parte" se debe hacer en un bloque de papel autocopiativo (original y dos o tres copias), numerado, con los datos del emisor y la fecha, y debe elaborarlo el operario o el responsable del equipo de trabajo. El "parte" queda validado por la firma del receptor autorizado. El receptor debe tener capacidad y conocimientos para controlar y revisar las tareas y materiales empleados. Debe también disponer del reconocimiento por ambas partes.

La validación de un "parte" por medio de la firma es una gran responsabilidad ya que supone el visto bueno para los trabajos, es decir, la aceptación de que están correctamente ejecutados. Quien valida un parte debe revisar cuidadosamente el trabajo realizado y no firmarlo o expresar en el mismo las observaciones que estime oportunas si entiende que lo reflejado en él no se corresponde con la realidad. Es la forma de evitar reclamaciones posteriores. El jefe de obra debería controlar y firmar personalmente los partes de trabajo, o en su defecto dar instrucciones muy precisas y depositar su confianza en la persona que se delegue para tal menester.

En las obras realizadas a presupuesto, los "partes" no habrían de existir, en teoría, ya que éstos detallan trabajos llevados a cabo por administración. A pesar de todo hay casos en que son inevitables, por ejemplo, la necesidad de dar trépano durante la ejecución de un muro pantalla, o el tiempo de determinados equipos parados en obra por causas ajenas a la voluntad del subcontractista de los mismos. Es preciso conocer y tener adecuadamente cubiertas estas eventualidades en el contrato con tal de poder traspasar el cargo al promotor.

También suelen dar problemas los alquileres de maquinaria, en especial las bombas de hormigón, en cuanto a horas utilizadas. La contabilidad de los días de alquiler es otra fuente de problemas. Para evitarlos, el jefe de obra debe clarificar las condiciones del servicio y desarrollarlo en el marco de un contrato.

Todo albarán o "parte de trabajo" habría de disponer de un apartado de observaciones en el cual hacer constar cualquier tipo de anomalía a destacar, tanto por parte de quien hace la entrega, como de quien recibe la mercancía o servicio. Retrasos en la entrega, embalajes estropeados, no concordancia con el pedido en calidad y/o en cantidad, problemas o incidencias por la recepción o la descarga, desacuerdo respecto el tiempo realmente empleado, son algunos de los aspectos a considerar en dicho apartado.

En el caso del hormigón, el retraso en la entrega puede ser motivo de rechazo, por no estar el material en condiciones adecuadas para su puesta en obra.

Es preciso archivar de manera cuidadosa los albaranes y los "partes". Pueden ser la base documental para eventuales reclamaciones.

Sirven también para verificar la concordancia entre las entregas de bienes y servicios y los cargos por facturación.

Los receptores en obra de la mayoría de los albaranes acostumbran a ser el encargado, el propio jefe de obra y, en casos excepcionales, una persona delegada para ello con sus funciones y atribuciones bien definidas y entendidas.

El jefe de obra debe comunicar al encargado la responsabilidad que comporta la firma de un albarán o un "parte" y, por tanto, la necesidad de ser esmerado en la recepción de materiales y servicios. De este cuidado se derivan las opciones de no aceptar la mercancía o el servicio, y no firmar, o firmar de manera condicionada, utilizando el apartado de observaciones, si se presenta alguna de las anomalías indicadas anteriormente.

Se dice en las empresas constructoras, en referencia al tema de los albaranes y los "partes de trabajo", que "los encargados lo firman todo". Cabría decir que los encargados "lo firman todo" si no están suficientemente motivados; lo "firman todo" para no tener problemas frente los proveedores; "lo firman todo" porque no son ellos quienes pagan las facturas, y lo "firman todo" porque el jefe de obra no los ha aleccionado y, si es preciso, defendido su posición frente a los proveedores.

El jefe de obra debe "hacerse suyo" al encargado, ayudándolo a ser fuerte frente a terceros, reforzando su autoridad y controlando la rectitud de sus actuaciones.

Un encargado debe tener claramente definido, por parte de su jefe de obra, que no gestionar adecuadamente los albaranes o los "partes de trabajo": horas, cantidades y mediciones, puede convertirse en fuente de graves problemas y hasta llegar a costarle el cargo.

5.3.3 Facturas y pagos

Cada empresa tiene un circuito específico para la gestión de facturas y la manera de generar los correspondientes efectos de pago. Con ligeras variantes este circuito pasa por:
- Entrada y registro de la factura, con sello en la misma
- Supervisión, por parte del jefe de obra. Aceptación o rechazo
- En caso de rechazo, el jefe de obra realiza un retorno motivado de la factura al emisor, y es preciso reiniciar el proceso
- Si la factura es aceptada, pasa a gerencia o al departamento o persona que autorice el pago. Este a su vez da su visto bueno, o previa consulta con el jefe de obra, puede rechazar, motivadamente, la factura

- Contabilización de la factura por parte del departamento de contabilidad y preparación del efecto de pago
- Firma del efecto por la gerencia o responsable financiero
- Entrega del efecto de pago al emisor de la factura

Las facturas que llegan al jefe de obra no se pueden retener más allá de una semana, ya que, en caso contrario, el proceso se resiente y se acaban generando más problemas que ventajas.

Las facturas, o son correctas, o no lo son. Si son correctas es preciso pasarlas al superior jerárquico para que sigan su curso hasta ser abonadas. Si no son correctas es preciso devolverlas con una explicación motivada del porqué no lo son.

Las causas podrían ser muy variadas: mediciones equivocadas, precios erróneos, defectos de forma, por ejemplo, falta de los datos de inscripción de la empresa en el Registro Mercantil, no contabilizar retenciones, aplicación de I.V.A. equivocado, etc.

Las facturas son documentos contables que involucran I.V.A. y, por tanto, su emisión comporta responsabilidades fiscales al emisor y al receptor. La empresa a la cual pertenece el jefe de obra también depende de este ciclo.

Por tanto, es preciso respetar escrupulosamente las normas de los circuitos contables, si deseamos ser respetados.

Habitualmente, la cuenta de explotación de una obra sale negativa en las primeras fases: cimientos, estructura..., ya que sobre ellas pesan una gran cantidad de costos indirectos que se irán amortizando posteriormente. Fianzas, anuncios, carteles, acometidas provisionales, pólizas de seguro, permisos, gastos de implantación, proyecto e instalación de la grúa, son los más significativos.

La gestión económica o el resultado de una obra podrá ser mejor o peor, pero siempre debe ser transparente, previsible y comparable, en todo momento, a un flujo de caja, previamente establecido o readaptado y aceptado por la gerencia, en función de circunstancias cambiantes.

El jefe de obra es el primer responsable de la gestión económica sobre la base de la calidad de su capacidad técnica.

Está en su mano elegir los medios para desarrollar la obra y optimizar su uso. En esta elección es fundamental analizar costos, elaborando comparativos entre opciones.

Para que las comparaciones sean equivalentes y la decisión resultante la acertada, es preciso valorar también el ahorro de tiempo que puede comportar el empleo de materiales, procedimientos o medios auxiliares avanzados.

El ahorro de tiempo supone reducir costos indirectos. Tener valorada una estimación de costos indirectos/mes de la obra en curso, además de ser un dato de obligado conocimiento para el jefe de obra, ayuda a aceptar o a descartar determinadas opciones sin necesidad de dedicarles mucho tiempo.

Dos expresiones bien conocidas: "esconder la cabeza bajo el ala" o "esconder la porquería bajo la alfombra", utilizadas por algunos jefes de obra para maquillar resultados, suelen ser a la larga una táctica peligrosa. Es preferible siempre la transparencia contable porque:

- Se evitan situaciones equívocas.
- Permite un análisis real de la situación.
- Facilita el estudio y la aplicación de mecanismos de corrección a tiempo y sobre bases sólidas.

En determinados casos, primar la producción por encima del proceso lógico de la obra, puede ofrecer resultados brillantes a corto plazo pero nefastos posteriormente. Sería el caso de un jefe de obra que decidió rehabilitar y pintar una fachada antes de haber llevado a cabo la reposición de carpinterías Quedaban, además, pendientes gran cantidad de operaciones de elevación y de bajada de escombros. El ejemplo responde a un caso real. Supuso un importante coste añadido en repasos respecto al resultante del proceso normal de ejecución de la obra.

Las facturas, una vez contabilizadas y pagadas, ofrecen al jefe de obra la posibilidad de "hacerse obedecer", sobre la base de no entregar el efecto del pago hasta que se hayan cumplido una determinadas condiciones que, previamente, haya impuesto al proveedor o industrial correspondiente.

Este es un mecanismo que "funciona" sin romper las reglas del juego contable. Es preciso, sin embargo, utilizarlo con razón y medida, sólo con aquellos industriales que no entienden otros argumentos.

El diálogo del jefe de obra con los industriales permite, en determinadas ocasiones, ralentizar momentáneamente la emisión de una factura antes de que ésta se produzca. Siempre es mejor un acuerdo previo que devolver una factura. Sería el caso de trabajos del mes en curso atrasados o ejecutados con errores o defectos. En estas situaciones el jefe de obra se encuentra en condiciones de presionar "donde más duele". Se evita así que el problema se haga mayor forzando al industrial a encontrar una rápida y eficaz solución.

En otros casos, este retraso se puede solicitar como un favor para solventar, puntualmente, una situación comprometida de tesorería de la propia empresa. Con todo, esta no es una actividad específica del jefe de obra. Cuando surjan situaciones de este estilo, el jefe de obra hará bien contactando con los responsables directos y manteniéndose al margen.

Tanto la solicitud de un trato de favor como las presiones se deben efectuar de manera correcta, educada y razonada.

No conviene abusar de situaciones atípicas, sean éstas de solicitud de trato de favor o de fuerza.

Debe velarse para que las obras sigan su curso normal, es decir, con un mínimo de incidencias. Las situaciones anómalas, en uno u otro sentido, no son más que reflejo de errores de gestión y de apreciación tanto por parte del contratante como del contratado.

Un favor debe pagarse con otro favor, si bien no es preciso fijar margen de tiempo para hacerlo, ni tampoco llevar una contabilidad estricta.

El conocimiento de tal principio y la actitud en la relación son suficientes. No resulta conveniente estar solicitando y recibiendo favores de manera continuada por el hecho de ser el jefe de obra. Cuando se da tal situación, es preciso saber ofrecer algo a cambio sin comprometer ni la profesionalidad ni la independencia. Las arbitrariedades utilizadas de forma sistemática acaban pasando, nunca mejor dicho, factura.

5.3.4 Las retenciones

El concepto de retención responde a la facultad legal de reservar una determinada cantidad del pago de una factura correspondiente a un bien o a un servicio, en concepto de garantía. Dicha cantidad se entiende que cubre el costo de reparación de los eventuales defectos que pudieren surgir durante un plazo previamente establecido por ley o pactado entre las partes. Las retenciones tienen, por tanto, un coste para quien las practica (quien oferta considera o debería considerar la incidencia económica de las mismas en su proceso de gestión y facturación) a cambio de asegurar la garantía de su inversión y un cierto retraso en su pago.

Hay pequeños industriales que desconocen o no entienden el sentido de esta saludable práctica en beneficio de la calidad, razón por la cual no consideran su incidencia al calcular sus ofertas. Piensan en cobrar inmediatamente una vez acabado el trabajo. El resultado de esta manera de proceder, en algunos casos, se traduce en problemas de liquidez y en incumplimientos de las condiciones contractuales.

Si bien se va mejorando, el nivel de formación empresarial de muchos industriales subcontratistas es muy bajo. De forma mayoritaria se trata de buenos operarios que, de acuerdo con el principio de Peter, acceden a su nivel de incompetencia como empresarios. Desconocen que una empresa no es tan sólo producción, sino también equilibrio entre administración y ventas.

El jefe de obra debe asegurar, en todo momento, el control del tiempo del coste y de la calidad. Por este motivo, todas las grandes partidas deben disponer de contratos en los cuales, además de los datos de tipo general, figuren ineludiblemente:
- La descripción detallada de los trabajos
- Si los materiales son o no suministrados por el contratista
- Las condiciones de carga, puesta en obra y limpieza
- La adaptación del industrial a la planificación de la obra
- La solicitud de permisos para realizar tareas específicas, a cargo del industrial
- El cumplimiento, por parte del industrial, de la legislación fiscal y laboral
- La redacción de un Plan de Seguridad, o la adhesión al Plan Seguridad de la obra redactado por el contratista principal
- Las condiciones de pago
- Los plazos de ejecución
- Las retenciones y sus plazos
- Las causas de penalización y su importe

En principio es preciso desconfiar de los industriales que no acepten hacer retenciones. Sería oportuno separarlos del mercado. Si un jefe de obra no pide garantías de calidad y buena ejecución a un industrial, las responsabilidades y los costos económicos derivados repercutirán directamente sobre el resultado de su gestión.

Es preferible pagar un poco más, buscando la mejor relación calidad-precio, que afrontar reclamaciones por defectos o malas ejecuciones de trabajos realizados por empresas poco solventes. Estas tienen además una increíble capacidad para desaparecer sin dejar más rastro que una gran cantidad de trabajo mal hecho.

En la práctica del ramo de la construcción (ver L.O.E. art. 19.1 a), por ley es preciso retener un 5% de la facturación en concepto de garantía, para hacer frente a eventuales reparaciones de las tareas realizadas durante un período de un año, desde la finalización de los trabajos, o el tiempo que, contractualmente, se determine entre las partes.

Cuando se emite la factura, se devenga el I.V.A. de la totalidad, incluida la retención, de manera que el retorno de ésta, que se hace a requerimiento por escrito del interesado al vencimiento del plazo, está exento de este impuesto por haberse abonado con anterioridad.

Abonar una retención en su totalidad es un acto de satisfacción para quien paga, pues supone el buen fin de su inversión. Cobrar una retención significa para quien la cobra el reconocimiento de una obra bien hecha. Por el contrario, tener que hacer descuentos o no abonar retenciones es sinónimo de insatisfacciones y de problemas.

5.3.5 Los abonos

Los abonos son un mecanismo para cerrar un desajuste temporal en la facturación. Formalmente se trata de facturas con importes negativos, tanto en la base imponible, como en el I.V.A. y, como tales, se tramitan de manera administrativa y contable.

Los abonos pueden realizarse por diferentes causas: exceso de mediciones, ajustes de precios, compensación por diferencias de calidad, errores en el suministro, absorción de sanciones, etc.

Abono significa la solución al reconocimiento de un error, con voluntad de acuerdo entre las partes. Para conseguir un abono, el jefe de obra deberá hacer la gestión correspondiente. Desde una sencilla llamada, en los casos de errores contables o formales, hasta una negociación en toda regla cuando se trata de conflictos más graves.

En determinadas ocasiones, devolver una factura con un pequeño error contable conlleva más problemas que el hecho de cursarla.

Es preciso para ello disponer, previamente, de la aceptación formal del error por la parte afectada (escrito, fax, e-mail...) y el compromiso de corregirlo en la próxima factura. De esta manera el jefe de obra consigue los siguientes objetivos:
- Que sea valorada su gestión por parte de terceros (demuestra que es capaz de seguir todo el proceso, sin que se le escape ningún punto).
- Consideración positiva positiva de su proceder por parte del emisor (no se ha utilizado el error para retrasar un pago).
- Un activo para una futura negociación (somos flexibles en la tramitación de futuros pagos, no se abusa de las posiciones de fuerza, ahora es preciso que nos ayudéis en...).

5.3.6 Las liquidaciones

Las liquidaciones suponen el cierre, de común acuerdo, de un proceso de facturación por suministro o servicios, en el curso del cual pueden haberse producido una gran diversidad de circunstancias conflictivas técnicas y/o, contables.

Habitualmente las liquidaciones suelen acompañarse de un documento firmado por las dos partes. En dicho documento se declara la satisfacción económica de los interesados y su compromiso de no volver a reclamarse nada más sobre la base de los conceptos referenciados.

Las liquidaciones, a pesar de su carácter conciliador, son sinónimas, en la mayoría de los casos, de problemas y tensiones generadas durante el curso de la obra, tanto entre constructor y proveedores como, en otras ocasiones, entre constructor y promotor.

Llegar a un acuerdo de liquidación no es siempre fácil, pues las partes tienen sus argumentos y los defienden acérrimamente. En muchas ocasiones de la discusión no emerge la razón sino el amor propio. No es aconsejable negociar con las vísceras. Si es preciso es mejor, antes que cortar una negociación, dejarla en suspenso para una mejor ocasión. "Ahora estamos cansados, es tarde, no avanzamos. Por qué no reflexionamos todos tranquilamente y nos reunimos de nuevo...."

Liquidación equivale, por tanto, a negociación, y negociación quiere decir firmeza, control del tiempo y también, ciertas dosis de generosidad. Querer ganar siempre y a toda costa, a la larga, puede cerrar puertas y caminos. Siempre es mejor un mal acuerdo que un buen pleito. Evitar pleitos y el coste económico y anímico que comportan acaba siendo positivo para las partes.

El jefe de obra no es el agente más indicado para realizar liquidaciones, aunque todo lo que pueda resolver a satisfacción será bienvenido y valorado. La función de un jefe de obra es preparar el terreno, facilitar argumentos y datos que permitan a la gerencia, llegar a buenos acuerdos de liquidación.

5.3.7 Precios contradictorios

Bajo el nombre de precios contradictorios se recogen aquellos materiales o unidades de obra no previstas en el contrato. Los comentarios que a continuación se detallan, están basados en lo expuesto en la Sección Segunda "Modificaciones en el contrato de obras" del Reglamento de General de la Ley de Contratos de las Administraciones Públicas, (R.D. 1098/2001 de 12 de octubre). Los criterios generales contenidos en esta legislación son de aplicación a todo tipo de obras.

La gestión de los precios contradictorios puede dar lugar a una cierta picaresca por parte del jefe de obra. Este es, sin embargo, un juego muy delicado porque, tanto los promotores como las direcciones facultativas suelen conocer muy bien su oficio y, por lo tanto, la acción se puede traducir en tensiones y desconfianza.

Los criterios y normas de aplicación fijados, tanto legalmente en las obras de la administración como por la práctica profesional en las obras de promoción privada, establecen que para realizar un precio contradictorio se utilicen los precios unitarios existentes en el contrato. En todo caso es siempre necesaria la aprobación de los precios por parte del órgano contratante. Una vez aprobados los precios, con las mediciones correspondientes, se incorporarán a la certificación.

Los precios contradictorios se enumeraran correlativamente del uno al *n* a efectos de su identificación dentro de las certificaciones. La mejor administración que puede llevar a cabo un jefe de obra respecto de los posibles cambios u omisiones del proyecto, para tratar de mejor la cuenta de resultados, se centran en:

- Manifestar, desde el inicio de la obra, una decidida voluntad de servicio, sin afectación, en beneficio de todos los que intervienen en la obra. El jefe de obra ha de ser el primer interesado en que "su obra" cumpla holgadamente los objetivos y las expectativas que la motivan.
- Plantear el problema surgido en la obra y las posibles alternativas para abordarlo sin indicar que su solución, desde el punto de vista económico, pasa por la redacción de un precio contradictorio. Es mejor que la parte contraria llegue a tal conclusión por sí misma.
- Hacer notar la necesidad de los precios contradictorios como hechos imponderables, inevitables en la marcha y la situación de la obra, nunca como errores de redacción del proyecto. En la mayoría de los casos es preferible no efectuar ningún tipo de comentario ni de valoración.
- Entregar con la mayor brevedad posible el precio contradictorio preparado para su aprobación a las partes interesadas.
- Indicar la conveniencia de disponer del precio contradictorio aprobado en un plazo de tiempo determinado para poder mantener el ritmo de la obra.
- Ofrecer, si es el caso, contraprestaciones a la aprobación de precios contradictorios, como reducción de plazos o mejora de determinados aspectos cualitativos.
- Ampliar, si es posible, el plazo de ejecución según el tiempo necesario para atender a los trabajos generados por los precios contradictorios.

La legislación vigente permite para las obras de la Administración un cierto margen de maniobra (hasta un 10 %) para hacer frente a posibles modificaciones en el proyecto. En la medida en que las cosas "funcionen bien", un buen jefe de obra ha de tratar de ampliar el presupuesto inicial dentro de estos límites. Cuando las circunstancias determinen mayores divergencias, es preciso recurrir a los reformados.

5.3.8 Los reformados

Los proyectos reformados en obras oficiales se realizan cuando, a juicio del director facultativo de la obra, concurren suficientes circunstancias para que sea necesario introducir modificaciones de fondo en el proyecto inicial. Los comentarios que se hacen a continuación están basados en lo expuesto en la Sección Segunda "De la modificación en del contrato de obras" del Texto refundido de la Ley de Contratos de las Administraciones Públicas (R.D.L. 2/2000 de 16 de junio).

En realidad, los reformados se llevan a cabo para resolver desórdenes o desajustes de tipo técnico, económico o administrativo, y todas las combinaciones que se deseen de estos tres conceptos.

Los reformados son más propios de las obras públicas que de las privadas por las siguientes razones:
- En las privadas no hay límite en el incremento respecto el presupuesto de licitación.
- Las obras privadas disponen, habitualmente, de una tramitación más ágil que las públicas, por medio de acuerdos directos entre las partes.

Para llevar a cabo un reformado, el director facultativo ha de pedir a la parte contratante, autorización para iniciar el expediente que corresponda. (Habitualmente es la parte contratante quien pide al director facultativo el reformado).

El proceso es el siguiente:
- Redacción del proyecto y su aprobación
- Audiencia del contratista, en un plazo mínimo de tres días
- Aprobación del expediente por la parte contratante, así como los gastos complementarios

No es preciso decir que los reformados pueden afectar al plazo y al presupuesto de las obras y, en muchas ocasiones, constituyen un recurso al alcance de los contratistas poderosos. Con este mecanismo se puede ampliar el presupuesto de las obras hasta en un 20 % sin excesivos problemas administrativos.

5.3.9 El flujo de caja

El flujo de caja (o cash flow) es la previsión de facturación mensual de la obra. El flujo de caja obtiene fácilmente, de forma automática, sobre la base de asignar en los programas informáticos que facilitan la elaboración del planning, los costos correspondientes a cada actividad. Habitualmente se suele llevar a cabo un reparto de costos lineal en el tiempo.

Permite también analizar la facturación prevista, partida a partida, o capítulo a capítulo.

La comparación de los valores del flujo de caja con la facturación real es un indicador del funcionamiento de la obra y un elemento para generar correcciones.

5.3.10 La cuenta de explotación

La cuenta de explotación de una obra es el diferencial, positivo o negativo, entre la facturación y los pagos.

Se acostumbra a desglosar por capítulos de obra; pero en el caso de partidas significativas (obra vista, cubiertas, yesos, carpintería, etc.) puede ser conveniente considerarlas de manera individualizada para llevar mejor el control.

Ya se ha hecho referencia a los resultados negativos de las cuentas de explotación de la mayoría de las obras, en las primeras etapas. Lo que realmente cabe considerar, en estas circunstancias, es la similitud con las previsiones. También es posible que existan, a priori, en la planificación, capítulos o partidas deficitarias.

Ello no ha de plantear mayores problemas si el curso económico de la obra se ajusta a las previsiones.

En caso de desviaciones es preciso analizar las causas antes que el problema crezca, se magnifique su incidencia y se complique su resolución. Las soluciones pueden ser diversas: negociar un nuevo precio, cambio de calidades, o parar de manera provisional la ejecución de la partida ruinosa para disponer de tiempo y recuperar la cuenta de explotación.

Lo que un jefe de obra no puede ni debe hacer, en ninguna circunstancia, es seguir perdiendo dinero de forma incontrolada. Es preferible, en estas circunstancias, reconocer errores y cerrar dignamente una obra antes que abocar la empresa a un problema más grave.

5.3.11 Las fórmulas polinómicas

Las fórmulas polinómicas permiten revisar los precios de contratos que se han de desarrollar en períodos largos de tiempo, en general superior a un año. Se pretende mantener el poder adquisitivo del dinero existente en la fecha de la firma del contrato, compensando los efectos de la inflación.

Las fórmulas polinómicas vigentes en la actualidad, un total de cuarenta y ocho para adaptarse a todo tipo de obras, se encuentran contenidas en el Decreto 3650/1970 de 19 de diciembre.

Como su nombre indica, las fórmulas polinómicas son una sucesión de sumandos que tratan de reflejar los tipos más usuales de obras y edificios, sobre la base de la incidencia en las mismas de una serie de conceptos tales como el coste de la mano de obra, el cemento, cerámica, hierro, madera, energía, I.P.C., etc.

Estos conceptos están afectados de coeficientes numéricos diferentes según el tipo de obra o edificio. A cada concepto de la fórmula polinómica se le aplica el diferencial entre el índice correspondiente en el momento del inicio de la obra, o la fecha que por contrato se determine, y el de la fecha de facturación. El resultado final es un coeficiente de ponderación, mayor que la unidad, por el cual multiplicar el importe de facturación a actualizar.

Los coeficientes actualizados, con un mes de diferencia, se pueden obtener de la Cambra de Contractistes o del APCE (Asociación de Promotores y Constructores), siempre que la empresa esté asociada a una de estas entidades.

Con mayor retraso, estos coeficientes de actualización se hallan al alcance de todo el mundo en las revistas especializadas de precios de construcción y en la página web del Ministerio de Economía.

Actualmente, con una inflación controlada cercana al 3%, y con períodos de obras inferiores a un año, no tiene demasiado sentido aplicar este tipo de fórmulas. Considerar su inclusión en contratos de duración igual o superior a dos años es una medida de prudencia.

5.3.12 La liquidación final de obra

La liquidación final de obra tiene las mismas características y connotaciones que las expuestas en el apartado relativo a liquidaciones, sin que ello suponga que se hayan producido, necesariamente, situaciones particularmente conflictivas durante el curso de la obra.

La liquidación final de obra tiene, para el constructor, el concepto liberador de las retenciones y de las responsabilidades de ella derivadas.

Se llevará a cabo una vez cumplido el año y desde el acta de recepción de la obra.

La liquidación final de obra tiene también efectos administrativos, puesto que supone el cierre y el archivo definitivo del expediente. Este debe permanecer archivado un mínimo de cinco años para ofrecer "trazabilidad" frente a determinadas reclamaciones que puedan surgir.

5.4 La gestión documental de la obra

Una obra se mueve con dinero, pero para mover el dinero son necesarios documentos y los documentos deben gestionarse de modo ordenado.
La gestión documental de la obra es un circuito cerrado:
dinero-documentos-obra.

Para que un documento tenga un mínimo de validez práctica, habrá de hacer referencia a una obra concreta, ofrecer una fecha, y el nombre y la firma de su autor. El documento mejora notablemente si dispone, además, de un sello que indique el número de orden y la fecha de registro.

Ello supone la existencia de una estructura administrativa en obra. En obras de una cierta envergadura es conveniente, por no decir imprescindible, disponer de un programa informático organizador y trabajar en red con la oficina central.

Si la infraestructura para la gestión documental de la obra no es la adecuada para el volumen de la obra, se puede producir un colapso de información con incidencia sobre la gestión del jefe de obra y el correcto desarrollo de los trabajos. Si ello sucediera se pondría en evidencia que la empresa no tiene bien desarrollado su Plan de la Calidad.

El jefe de obra debe "diseñar" su equipo y los medios necesarios para poder llevar a cabo adecuadamente su trabajo de acuerdo con su empresa. En el caso que la estructura empresarial prevista para la obra fuera incompleta o insuficiente, el jefe de obra habrá de manifestar el hecho por escrito e indicar, de manera razonada, sus necesidades.

Es una forma, no tan sólo de estar a cubierto de eventualidades, sino también de demostrar profesionalidad y eficacia.

Cuando se trate de documentos que supongan acuerdo y conocimiento entre partes, se firmarán conjuntamente por todas ellas.

Si el documento sólo supone conocimiento o recepción se concretará, respectivamente, enterado o recibido. En caso de que la firma indique conformidad, en su encabezamiento figurará el concepto "visto bueno". De un documento se harán tantos ejemplares, al menos, como partes interesadas haya.

5.4.1 Actas

Las actas son documentos de seguimiento de obra en los que se recogen, y se validan mediante la firma de los implicados, las situaciones y los acuerdos establecidos en cada visita de obra.

Habitualmente las actas se validan de una semana para otra. Ello no impide que las partes conozcan la redacción de las mismas, de la forma más inmediata posible, via fax o e-mail, y planteen la inclusión de objeciones o aclaraciones a su redacción.

Las actas establecen coordinación entre los distintos agentes, objetivos a cumplir y lapsos temporales asignados para ello.

La redacción y la gestión de las actas no debería ser tarea del jefe de obra. Este se encuentra suficientemente atareado para tener que cargar con tal responsabilidad. El redactor nato de las actas debería ser el responsable de la dirección integrada de proyecto o project manager. En su defecto el D.E.O. es quien debería encargarse de dicha tarea.

El historial de la obra recogido en las actas sirve para clarificar las relaciones entre los distintos agentes. Se evita, o se reduce así, el lanzamiento de dardos, más o menos ácidos, en forma de fax o de e-mail, que las partes se dirigen con el claro propósito de aliviar sus responsabilidades mediante la implicación de aquellos que tienen intereses convergentes.

El jefe de obra debe aprovechar su conocimiento de las actas y del comportamiento en la obra de los distintos agentes para arbitrar las situaciones de conflicto en beneficio de la obra.

a) *Acta de replanteo o de inicio de la obra*
Los aspectos legales más significativos relativos al acta de replanteo se encuentran en la Sección Segunda del Pliego de Cláusulas Administrativas Generales para la Contratación de Obras del Estado. Decreto 3854/1970 de 31 de diciembre.

A pesar de su nombre, no es, ni mucho menos, el primer documento de la obra. Su fecha es la que se considera a efectos de contabilizar plazos de ejecución o para empezar aplicar, en su caso, penalizaciones.

En el acta de replanteo se hace constar la existencia de la documentación necesaria, la coincidencia del espacio físico con las previsiones de proyecto y el cumplimiento de las condiciones necesarias para iniciar la obra. La firman, como mínimo, el director de la obra, el director de la ejecución de la obra y el constructor. Es frecuente incorporar la firma del promotor o de su representante.

Si como consecuencia de las comprobaciones efectuadas durante el acta de replanteo no se pudiera empezar la obra por ser necesaria la introducción de modificaciones, el director de la obra habrá de someter a la administración o al promotor una estimación razonada del importe de dichas modificaciones.

Si se cree oportuno ir adelante con las modificaciones, se procederá a redactar el correspondiente proyecto. Mientras tanto se podrá acordar la suspensión temporal total o parcial de la obra. En este último caso, se trabajará exclusivamente en las partes no afectadas por las modificaciones.

b) *Acta de recepción de la obra*
El acta de recepción de la obra tiene como función básica servir de documento de referencia, por medio de su fecha de emisión, para contar los plazos de exigencia de responsabilidades y de validez de las garantías.

El acta de recepción de la obra ha de estar firmada, como mínimo, por el constructor y el promotor. Es recomendable que también la firmen la

dirección de la obra y la dirección de ejecución de la obra. En ella se han de hacer constar los siguientes conceptos:
- Finalización de la obra
- Que el promotor la recibe del constructor
- Que el promotor la acepta sin reservas

A partir del acta de recepción de la obra, desde el punto de vista jurídico se produce el cambio de propiedad y de responsabilidad en la conservación de la obra del constructor al promotor. Lógicamente este cambio de titularidad debe comportar el cumplimiento de los correspondientes compromisos de pago.

5.4.2 Documentos de la obra

A continuación se detalla la documentación generica vinculada a una obra que, sin ser exhaustiva, cubre un amplio abanico. El grueso y los cometidos de tal documentación debe ser conocida y, una buena parte de la misma, tramitada e intervenida por el propio jefe de obra. Cada uno de los documentos enunciados cumple una o varias funciones: informativa, utilitaria, ejecutiva, referencial, técnica, legal...

5.4.3 Licencias y permisos

Las licencias son documentos que autorizan la ejecución de una obra completa. Para la concesión de una licencia de obras es precisa la presentación de un proyecto técnico adecuado a la normativa, así como otros documentos complementarios en función del tipo de obra. Una vez concedida la licencia debe efectuarse el pago de las tasas correspondientes para que ésta sea plenamente efectiva. La obtención de la licencia de obras es a cargo y por gestión del promotor, salvo pacto en contrario.

Las licencias tienen fecha de caducidad. Si la obra ha de tener una duración superior a un año, es posible que sea necesario renovar la licencia. A pesar de que las licencias no son responsabilidad directa del jefe de obra, es una buena práctica prever en el *planning* su fecha de caducidad para evitar que el aviso de renovación venga por medio de un requerimiento municipal y obligue a efectuar acciones no programadas.

Algunos permisos hacen referencia, previo pago de la tasa correspondiente, a la posibilidad de llevar a cabo actividades necesarias para realizar la obra que afecten, total o parcialmente, a la vía pública. Tal es el caso de la reserva de vados y de espacios para carga y descarga, de la ocupación de la vía pública por vallas y andamios, o el corte temporal de la vía pública para montar y desmontar grúas.

Este tipo de permisos pueden tramitarlos, indistintamente, el jefe de obra o los industriales que los precisen.

Es importante que el contrato-tipo de la empresa haga referencia a la obligación de los industriales de tramitar, y abonar, los permisos que sean necesarios para desarrollar su actividad.

Licencias y permisos deben ser fácilmente accesibles y han de estar protegidos dentro de la oficina de la obra para mostrarlos a requerimiento de la autoridad municipal.

5.4.4 Contrato

El contrato es el marco de referencia para la ejecución del proyecto. En él, además de aspectos relativos a las obligaciones entre las partes, se pueden fijar fechas para el cumplimiento de determinadas fases de la obra, penalizaciones por incumplimiento o premios por día de adelanto en la entrega. También pueden indicarse condiciones de pago, revisión de precios, tramitación de precios contradictorios... Por todo ello es conveniente que el jefe de obra no sólo haya estudiado el contrato, sino que lo tenga permanentemente a mano para cualquier consulta.

5.4.5 Ejemplar completo del proyecto

El jefe de obra debe disponer, en su oficina, de un ejemplar completo del proyecto. Debe poder consultar, siempre que sea preciso, aspectos contenidos en los planos que no se utilicen específicamente en aquel momento para la ejecución de la obra. Este ejemplar de proyecto habría de contener, también, toda la documentación escrita para poder resolver, de manera autónoma, cualquier tipo de cuestiones relacionadas con el mismo. El jefe de obra debe velar por su integridad. Es fácil caer en la tentación de entregar planos o documentos de este ejemplar. Ante tal tipo de acciones deben tenerse presente los resultados negativos que tales acciones pueden comportar.

Es muy importante mantener la documentación del proyecto al día. Para ello es preciso que el jefe de obra pacte con el redactor del proyecto el proceso de entrega de los planos.

Lo más correcto es que el jefe de obra se encargue de distribuir la documentación actualizada entre los diferentes industriales. Para ello es preciso:
- Registrar la documentación recibida.
- Anular y retirar de circulación los planos modificados.
- Disponer de copias, en suporte informático, de los planos y documentos actualizados del proyecto para repartir entre los industriales.

5.4.6 Juegos de planos para la ejecución

Uno de los trabajos del jefe de obra es facilitar a cada uno de los industriales la documentación gráfica y escrita para que, en primer lugar, puedan presentar los presupuestos de su trabajo y, si así se decide por quien corresponda, lo ejecuten.

Dentro de esta actividad el jefe de obra ha de estar atento para no quedarse sin documentación propia para ejecutar la obra. Actualmente el correo electrónico facilita el envío de la documentación.

Aunque, en menor medida, también los faxes resuelven una parte de este problema. Es preciso que los planos estén bien ordenados y clasificados por familias y por juegos, replanteos, cimientos, estructuras, divisorias, etc.

El encargado debe ser debidamente tutelado por el jefe de obra en la manipulación y el cuidado de los planos. Planos rotos, maltratados y de difícil lectura son génesis de muchos errores de replanteo.

Disponer de planos sobre tableros y protegidos para facilitar su conservación, lectura y movilidad ha de ser responsabilidad del encargado por medio de material e instrucciones facilitadas por el jefe de obra.

5.4.7 Estado de mediciones y el presupuesto

El estado de mediciones y el presupuesto son, sin duda, los documentos más consultados por el jefe de obra a lo largo de toda su intervención profesional, desde la fase de estudio hasta la realización de la última certificación. De hecho, un estado de mediciones bien realizado incluye gran cantidad de información sobre como se ha de ejecutar la obra y sirve de complemento a la contenida en los planos y demás documentos del proyecto.

El estado de mediciones y los presupuestos realizados para las obras de la administración son completos, es decir, se parte de un cuadro de precios de materiales y de mano de obra a partir de los cuales, en función de los rendimientos, se confeccionan los precios unitarios. Realizar esta tarea de manera racional precisa la utilización de una base de datos de precios estructurada, con códigos alfanuméricos, y utilizar un programa informático para su gestión, tipo Presto, Arquímedes, TCQ...

El estado de mediciones y los presupuestos de los promotores privados son, habitualmente, solo esquemáticos. Suelen obviarse los cuadros de precios y, en según que ocasiones, se fusionan estado de mediciones y presupuesto.

Sean cuales sean las circunstancias de promoción y de gestión de la obra, el jefe de obra debe disponer para su trabajo de una copia informática del documento y del programa para su gestión. Así podrá preparar las certificaciones, los precios contradictorios que sean necesarios.

Dispondrá también, con esta documentación, de los datos básicos para el seguimiento y control económico de la obra.

En general, todos los documentos técnicos habrían de estar redactados de manera que su interpretación y seguimiento fuera una tarea accesible a un profesional del mismo nivel que el redactor. No siempre se cumplen estos principios; en demasiadas ocasiones los redactados de las partidas son confusos, o no hay correspondencia entre lo indicado en la memoria, planos y mediciones. Uno de los aspectos a considerar en las revisiones de proyecto, por parte del jefe de obra, es la "tranversalidad", es decir, la coherencia interna entre los documentos de proyecto.

Es importante conocer los criterios de medición bajo los cuales se ha confeccionado el estado de mediciones. Estos criterios suelen estar contemplados en el Pliego de Condiciones. La lectura de las líneas de mediciones, permite también deducir los criterios de confección de las mediciones sobre la base de las cantidades descontadas.

Un estado de mediciones debe contener, para facilitar su verificación, las líneas de medición con referencias a los elementos medidos. Ello facilitará la labor del jefe de obra, o de cualquier otro técnico, cuando revise las mediciones.

Son muchos los autores de un estado de mediciones y presupuesto que pretenden cubrir todas las posibilidades y todas las eventualidades y, al propio tiempo, trabajar poco. Fruto de tal forma de proceder aparecen redactados como "incluida la parte proporcional de apuntalamientos y medios auxiliares" o "incluida parte proporcional de formación de aristas y regleado de zócalo".

Si se dispone en el estado de mediciones de cuadro de precios unitarios, el jefe de obra puede verificar si el coste de estos conceptos, expresados en forma de "parte proporcional", están incluidos.

Si no es así y no tienen contrapartida económica, en su momento podrá plantear el correspondiente precio contradictorio y someterlo a la aprobación de la dirección facultativa. La verificación descrita no es posible si no se dispone de los correspondientes precios unitarios.

Tal justificación de precios no suele figurar, como se ha indicado, en la mayoría de proyectos de promotores privados. El margen de maniobra del jefe de obra para formular precios contradictorios en esta situación contractual se reduce considerablemente puesto que el precio y su redactado están aceptados por contrato.

5.4.8 Libro

a) *De órdenes*
Es el cuaderno en el que se consignan las instrucciones de la dirección facultativa emitidas a lo largo de la obra. En él figuran, además de los datos de la dirección facultativa, el nombre del constructor, el emplazamiento, las características del edificio a construir y la fecha del inicio. Al finalizar la obra habrá de anotarse en él la fecha de finalización.

Es uno de los documentos necesarios para realizar el Certificado Final de Obra. En él sólo caben anotaciones fechadas de la dirección facultativa y la firma (como enterado) del constructor o de su representante. Habitualmente queda depositado en la oficina de la obra a disposición de la dirección facultativa.

Las hojas están numeradas y realizadas con papel de copia, original y dos copias, una para el constructor y otra para el aparejador o arquitecto técnico encargado de la dirección de la ejecución de obra.

El arquitecto se queda con el original al final de la obra y lo incorpora a su archivo. Es una buena práctica, por parte de la dirección facultativa, arrancar las hojas completas y conservarlas convenientemente archivadas, pues es testimonio de la gestión y de las instrucciones emitidas durante el curso de la obra.

Además de las instrucciones escritas, en el libro de órdenes se pueden consignar croquis.

El jefe de obra puede incidir poco sobre el uso que la dirección facultativa quiera dar al libro de órdenes, desde consignar de manera detallada las instrucciones de cada visita hasta utilizarlos únicamente en casos puntuales.

En la decisión del uso del libro de órdenes por parte de la dirección facultativa, pueden influir muchos factores, entre ellos: la confianza generada por el jefe de obra y su empresa, o la presencia de documentación alternativa de seguimiento continuado de la obra, en forma de actas. En función de las circunstancias, el libro de órdenes puede convertirse de simple pieza protocolaria, a documento significativo de un proceso judicial.

b) *De seguridad y salud*
El libro de seguridad y salud, es el documento en el que el coordinador de seguridad y salud anota sus observaciones e instrucciones relativas a la seguridad en la obra, ordena les tareas que se deben llevar a cabo y establece las directrices para corregir déficits o carencias.

Si bien el contenido del libro de seguridad y salud es diferente al del libro de órdenes, sus características formales, en cuanto a datos y encabezamiento, son muy similares, e igual que aquel, puede convertirse de protocolario a formar parte de los documentos de un juicio. En cada una de las anotaciones, el jefe de obra, como representante del constructor, firma el correspondiente "enterado".

El jefe de obra ha de ser consciente de las responsabilidades, hasta incluso penales, que pueden derivarse del incumplimiento de las órdenes consignadas en el libro de seguridad y salud. Es función del jefe de obra de dotar la obra de los correspondientes medios técnicos y humanos para garantizar la seguridad en todo momento.

En una obra media es imprescindible destinar una persona y un equipo flexible que la auxilie en las tareas necesarias para garantizar la seguridad. La dotación de personal de seguridad asignado a una obra deberá incrementarse en función de su volumen. La colocación de guardacuerpos, la protección de huecos en los forjados, la señalización y la conservación y actualización de las medidas de seguridad garantizarán su ocupación permanente, especialmente hasta que los cerramientos de fachada hayan concluido.

Su mayor rentabilidad se obtendrá si, al final de la obra, no ha habido que lamentar ningún accidente digno de mención.

c) *De incidencias*
El libro de incidencias tiene un aire sancionador. No debería de utilizarse nunca, ya que sería un indicador de que las medidas de seguridad y salud se desarrollan de forma correcta en la obra.

Si el coordinador de seguridad y salud ha de hacer uso de él, ello no deja de suponer una "mala nota" para el jefe de obra y para la empresa constructora. Es reflejo de que las medidas de prevención de accidentes laborales no se está, llevando a cabo correctamente, de manera reiterada y grave. Las causas de tales incidencias pueden ser diversas, entre las más frecuentes:
- Falta de material de protección individual y/o colectiva
- Material de prevención, en malas condiciones o no homologado
- Carencia de personal para ejecutar tareas de prevención
- Personal no preparado para efectuar tareas de riesgo
- Falta de disciplina del personal en relación con las medidas de seguridad. Con la seguridad no se puede jugar

El jefe de obra no puede admitir presiones por parte de nadie que presupongan desatención de la seguridad; él es el responsable directo.

Paralelamente, el jefe de obra ha de prever la presencia en obra y, con suficiente antelación, de los materiales necesarios para garantizar la seguridad individual y colectiva. Si, a pesar de las previsiones, no se dispone del material para desarrollar una tarea de manera segura, ésta no se ha de llevar a cabo. El jefe de obra ante dicha situación ha de programar, alternativamente, otras tareas que puedan hacerse sin riesgo en espera de la llegada de tal material. Al propio tiempo se ocupará de conocer la previsión de entrega de dicho material y preparará, con carácter cautelar, un informe para conocimiento de su inmediato superior.

Es obligación del coordinador de seguridad y salud entregar al Departament de Treball, copia de las anotaciones consignadas en el libro de incidencias. Ello comporta una inspección inmediata y, si es lo acorde, una sanción económica a la empresa constructora.

d) *Del edificio*

El libro del edificio tiene por objeto transferir un conjunto de documentación del promotor a los nuevos propietarios, con los derechos y deberes que ello comporta. Además de la documentación identificativa de la obra y de sus directores, contiene la póliza de seguro prevista por la L.O.E. y datos para permitir gestionar eventuales reclamaciones.

El libro del edificio consta también de una descripción general de la finca y de un programa para su mantenimiento. La lectura de los programas de mantenimiento puede parecer un conjunto de aspectos tan evidentes que no sería necesario dejar por escrito.

Sin embargo su misión y función es clara: concienciar a los futuros usuarios sobre la importancia de realizar labores de mantenimiento y las consecuencias de no efectuarlas. Las construcciones reguladas por la L.O.E. tienen fechas de caducidad.

El libro del edificio, oficialmente, debe elaborarlo el promotor. Pero, como el promotor es quien paga y no suele disponer de personal calificado para llevar a cabo su redacción, suele delegar este trabajo. En realidad es una tarea que se suelen repartir entre el director de la obra y el director ejecutivo de la misma. Precisan para ello solicitar unos cuantos datos al jefe de obra. Así pues, como casi siempre, aunque no sea una obligación directa suya, el jefe de obra tampoco es ajeno a la confección del libro del edificio.

Lo que pretende este documento es, por un lado, que los usuarios sean conscientes de la necesidad de hacer un buen mantenimiento y, por otro, liberar al promotor y al constructor de responsabilidades si los propietarios efectúan cambios en los acabados, instalaciones o distribución o no se lleva a cabo un correcto mantenimiento de los diferentes elementos del edificio.

En este sentido es determinante en el libro del edificio, la presencia de planos de instalaciones, con la situación real de los distintos elementos en el momento de su entrega para la venta. Ello permite identificar posibles modificaciones en las instalaciones originales. Estas modificaciones son una causa de pérdida de garantía y, por tanto, se clarifican las responsabilidades ante determinadas averías.

Aunque tan sólo sea por los dos motivos expuestos, al jefe de obra le conviene facilitar la redacción del libro del edificio.

Entre la documentación que conforma dicho libro, y que puede facilitar el jefe de obra, se hallan:
- El directorio de los industriales con los C.I.F. correspondientes. El jefe de obra dispone, además de las direcciones, teléfonos y personas

de contacto de los distintos industriales, de los C.I.F., ya que éstos deben figurar obligatoriamente en las facturas.

Conociendo la necesidad de disponer de estos datos al final de la obra, el jefe de la misma haría bien en disponer de una hoja electrónica (a falta de la disposición de un programa de gestión específico) con los datos completos de los industriales, para facilitarlos en tiempo y forma, previo acuse y firma de recibo, como procedimiento habitual de la entrega de documentos.

- Planos de instalaciones. Un jefe de obra previsor, en el momento de firmar el contrato con el instalador correspondiente, incluirá en el contrato la entrega de los planos conforme se ha ejecutado la obra (as build). Fijará con antelación suficiente y por escrito la fecha de entrega de dichos planos (*planning*) y el número de ejemplares necesarios. Es otra variante del conocido como "cambio de posición".

Es muy distinto ser previsor y poder solicitar o traspasar responsabilidades a un tercero que ser requerido por incumplimiento de obligaciones.

- Copia del control de calidad. Los aspectos de intervención del jefe de obra en este documento ya han quedado suficientemente expuestos en los párrafos precedentes.

5.4.9 Entrega de llaves

Las llaves suponen propiedad, poder, posesión. Quien tiene las llaves de un edificio tiene su dominio y también su responsabilidad. La entrega de llaves tendría que coincidir con el acta de recepción de la obra, pero por diversos motivos no siempre es así. De ahí la necesidad de redactar, a veces, una acta de entrega de llaves. Antes de firmarla es preciso que el jefe de obra haya sabido gestionar adecuadamente el efecto de la presencia de las llaves en la obra. Esta, de "abierta", pasa a ser una serie de compartimentos cerrados. Tal situación es decisiva en la realización y la organización de las fases finales de los trabajos.

Es bien sabido por los agentes que participan en la realización de una obra que no conviene instalar muebles de cocina, ni electrodomésticos, ni sanitarios (porque desaparecen con gran facilidad) hasta haber instalado las puertas de las viviendas. Ello supone haber de entrar y salir, en muchas ocasiones, de viviendas prácticamente acabadas. Por este motivo, la gestión de las llaves ha de ser muy cuidadosa. De nada sirve disponer de puertas cuando éstas quedan mucho tiempo abiertas y no se dispone de personal para su control.

El encargado ha de solicitar la confección de paneles donde depositar las llaves de manera ordenada y etiquetada por escaleras, plantas y viviendas. Del conjunto de llaves ha de separarse un juego para utilizarlo en las fases finales de la obra. Dicho juego ha de ser controlado por el encargado o persona delegada.

Para evitar problemas y reclamaciones en el último momento (cuando se firma el acta de recepción), el jefe de obra debe traspasar las llaves en juegos completos contenidos en sobres etiquetados con indicación de escalera, planta y vivienda.

Es preciso que la obra se entregue con los repasos hechos y aceptados por los receptores de las llaves. En este proceso debe cuidarse la gestión, ya que intervienen muchos industriales en momentos en los que todo el mundo quiere cobrar y desparecer de la obra.

El jefe de obra debe dejar claro el compromiso de "todos" los industriales con la obra, y el hecho de que nadie cobrará hasta que "todos" los repasos de "todos" hayan terminado. También debe quedar claro desde el inicio de la obra y recordado antes del principio del fin el reparto mediante "cuenta prorrata" de aquellos cargos de reparación y repaso a los que no pueda atribuirse un responsable directo. Es una forma de fomentar, por parte del jefe de obra, la corresponsabilidad entre los industriales participantes. La gestión de repasos es comentada en el apartado "algunas preguntas y sus respuestas".

En la redacción del acta de recepción ha de quedar bien especificado que el receptor de las llaves es también el responsable de la conservación de la obra. Si un cristal se rompe, una puerta se raya o una pared se ensucia estas las reparaciones se llevarán a cabo con el correspondiente cargo, puesto que la obra se ha entregado "en condiciones". Distinto es el caso de las reparaciones propias de la garantía de la obra en cuanto a estanqueidad, acabados, cimientos y estructura.

5.4.10 Informes-dictámenes

El presente apartado se refiere exclusivamente a los informes y dictámenes emitidos por el jefe de obra como documentos internos de su obra. No es preciso, por tanto, que tengan el carácter formal de aquellos de tipo judicial. A pesar de ello, su redacción y estructura deben ser igualmente rigurosas. Es posible, aunque no deseable, que algunos de estos documentos puedan llegar a convertirse en pruebas de un juicio.

Un informe es la exposición por escrito, sobre cualquier tipo de soporte físico o informático, de unos hechos o de unas circunstancias correctamente ordenadas, para su fácil comprensión y análisis por parte de terceros. Un dictamen supone emitir, además, una opinión, un pronunciamiento, sobre los datos previamente estructurados en el informe.

Un jefe de obra puede elaborar informes por iniciativa propia para notificar, de manera fehaciente, a su responsable directo o a un proveedor determinadas circunstancias de la obra relativas a aspectos técnicos, de calidad, de personal, o cualquier otro punto de interés o de conflicto. En ocasiones puede dirigirse específicamente a una persona o entidad, con copias a otros interesados, para su conocimiento.

Los informes, convenientemente administrados (dicen los sabios que un exceso de insistencia se transforma en estupidez), son argumento y mecanismo para cubrir determinadas responsabilidades, especialmente si se pueden acompañar de la firma del receptor como enterado del contenido. El jefe de obra puede preparar informes y dictámenes, a petición de gerencia, sobre determinados aspectos o situaciones de la obra.

En todo caso, la redacción de un informe o un dictamen actúa como un espejo donde se refleja la personalidad, la actitud y los conocimientos del redactor. Las características relevantes y los aspectos formales de todo informe son los siguientes:

a) *Objetividad*
Informe equivale a información. El redactor de un informe debe huir, tanto como pueda, de la proximidad o del hecho de ser parte interesada en el tema, para situarse en el plano de observador.

En el caso de un jefe de obra éste esfuerzo es importante y requiere un alto grado de profesionalidad.

Quizá no se plasmará "toda la verdad", pero de ninguna manera las reglas del juego permiten enunciar conceptos tendenciosos o no ciertos. A ser objetivo ayudan las fechas y los datos recopilados en la tarea cotidiana. De nuevo, el concepto "trazabilidad" planea sobre la actividad del jefe de obra.

b) *Claridad de exposición*
Bajo este concepto se sitúa la armonía entre fondo y forma, es decir, la utilización de un lenguaje conciso, preciso y claro, basado en un esquema igual o parecido al que se expone a continuación:
- Título
- Persona o entidad que encarga el informe
- Objeto del informe
- Fuentes físicas y documentales utilizadas
- Exposición cronológica de los hechos
    - Daños o defectos observados
    - Incidencia de los mismos a corto y largo término
    - Medidas de corrección a adoptar
    - Tiempo y equipos necesarios para realizarlas
    - Valoración de las mismas
- Anexos (documentos, fotos, planos...)
- Fecha
- Nombre y firma

Si se pretende redactar un dictamen, al esquema precedente debe incluirse un apartado de conclusiones particulares al final de cada punto y un apartado de conclusiones generales como colofón del dictamen.

c) *Utilización de lenguaje técnico*
El mundo de la construcción dispone de un léxico rico y extenso que permite definir, con precisión, cualquier elemento o parte de la obra. Su conocimiento y correcto uso es una obligación moral de todos los profesionales. Sin caer en la pedantería ni en un lenguaje innecesariamente críptico, disponer de un léxico o de un diccionario de construcción resulta conveniente.

Es también una buena ayuda para redactar informes y dictámenes, y para desarrollar la actividad cotidiana con mayor calidad.

5.4.11 Direcciones, teléfonos y N.I.F. de industriales y proveedores

Una de las premisas para desarrollar una obra es la comunicación ágil entre los distintos agentes.

Sin comunicación no hay posibilidad de intercambio ni de gestión. Todo aquello que contribuya a hacer más fluidas las comunicaciones entre los distintos agentes implicados en la obra es de sumo interés para el jefe de la misma. Es conveniente disponer, desde el principio de la obra, de un archivo informático (base de datos o un programa específico) donde almacenar las direcciones, los teléfonos y los N.I.F. de los industriales y proveedores. Este archivo puede completarse con columnas de orden interno que incorporen, por ejemplo, el nombre de la persona responsable, su teléfono móvil o la posibilidad de añadir al listado los representantes de la propiedad, la dirección facultativa o los datos de los colaboradores más directos.

Copias de este archivo pueden repartirse entre los industriales para agilizar su relación. El listado de industriales y proveedores con su dirección e identificación fiscal acabará formando parte de la documentación propia del libro de edificio.

5.4.12 Correspondencia, fax, e-mail

La correspondencia, incluyendo bajo este concepto los faxes y los correos electrónicos, es un elemento instrumental de relación. Se formula una pregunta y se recibe una respuesta; se realiza un pedido y éste llega o debe llegar en tiempo y forma. Hasta aquí todo correcto; si el principio acción-reacción no se rompe, los documentos han cumplido con su función y dejan de ser necesarios.

Una obra genera gran cantidad de este tipo de documentación. Por prudencia, dicha documentación de orden menor debe archivarse un tiempo prudencial, el cual puede medirse sobre la base de las liquidaciones de los capítulos de la obra.

Si la estructura está totalmente acabada y pagada, por ejemplo, de poco servirá un fax solicitando armaduras.

En el momento en que aparecen incumplimientos, problemas de calidad o cualquier otra perturbación del funcionamiento normal de la obra, la correspondencia se transforma en un elemento clave de argumentación, de razón o de culpa.

En estas situaciones, la función del documento trasciende la utilidad instrumental. Es preciso pues conservarlo y esgrimirlo, si es el caso, en una mesa de negociación. Entonces su período de archivo puede y debe prolongarse.

La forma de archivar la documentación dependerá del tipo de obra y de los medios disponibles. Una carpeta por proveedor y subcarpetas temáticas, convenientemente etiquetadas, son suficientes en la mayor parte de las obras.

Con el ordenador puede seguirse el mismo criterio escaneando documentos e incorporando, a cada nuevo fichero, la fecha.

La manera más precisa de gestionar la información de un proyecto es hacerlo de manera integral sobre la base del registro de todos y cada uno de los documentos.

Para ello es necesario disponer de personal administrativo de obra, equipado con un programa informático organizador y la posibilidad de trabajar en red, para compartir las informaciones. Las grandes empresas disponen de programas específicos integradores de la gestión administrativa, técnica y económica.

5.4.13 Registro de recepción de llamadas

El registro de recepción de llamadas es otro de los documentos de control que puede utilizarse en obras de cierta envergadura que permiten, por su volumen, la presencia de personal administrativo en la oficina de obra. Quien recibe la llamada anota la hora, quién ha llamado y por qué. Cuando comunica al interesado la llamada, éste firma el conforme la ha recibido concretando en él la fecha y la hora. Otro procedimiento es la notificación al interesado por medio del correo electrónico.

La utilidad del registro de recepción de llamadas se centra, además de la comunicación a la persona interesada, en la posibilidad de seguimiento de determinados procesos. En este caso es también de aplicación lo expuesto en el apartado precedente respecto la gestión integral de la documentación de los proyectos.

5.4.14 Certificados

a) *De materiales*
Las obras de edificación de viviendas disponen de un Plan de Control de Calidad redactado por el arquitecto autor del proyecto.

Es misión del director de ejecución de la obra, verificar su cumplimiento lo que comprende, de manera resumida: especificaciones, recepción y colocación en obra. En dichos planes se establece el control in situ de un número muy reducido de materiales, básicamente el hormigón.

En el caso del acero para armaduras y perfiles, los techos prefabricados, los aislantes térmicos, los ladrillos, los materiales de impermeabilización y un largo etcétera, se pueden sustituir los ensayos previos, por la presentación de certificados realizados por laboratorios independientes, que avalen la idoneidad y la homologación de los productos respecto las prestaciones exigidas por el proyecto.

La calidad juega cada vez un papel más determinante. Las empresas se preocupan en disponer de sellos de calidad y documentos de idoneidad técnica (D.I.T. del Instituto Eduardo Torroja) o documentos de adecuación al uso (D.A.U. del ITEC). Estos aspectos facilitan la tarea de construir.

En la práctica ello supone, por parte del jefe de obra, solicitar a los proveedores los certificados pertinentes, someterlos a la consideración y aprobación por parte de la dirección facultativa y facilitarlos al director de ejecución de la obra para que pasen a formar parte del programa de control de resultados.

Es muy importante cubrir los aspectos de seguridad contra el fuego, hecho al cual, en ocasiones, no se le da la debida importancia. Para ello es conveniente que el jefe de obra disponga de un ejemplar de la NBE-CPI-96.

No sería la primera vez que es preciso cambiar moquetas o proteger estructuras, a última hora, para obtener unas prestaciones contra el fuego no tenidas en cuenta en las prescripciones del proyecto ejecutivo.

b) *Para clasificación empresarial*
La primera obligación de una empresa es su supervivencia, su continuidad. Para conseguir este objetivo debe "estar en el mercado".

El mercado está formado por la iniciativa privada y la iniciativa pública. Para contratar obras de cierta envergadura de promoción pública es preciso, para las empresas constructoras, cumplir una serie de requisitos que garanticen la capacidad, los conocimientos técnicos y la solvencia económica necesaria para afrontar la ejecución de la obra correspondiente.

Estas razones imponen que una empresa constructora con un mínimo de aspiraciones deba disponer de dicha "clasificación de empresa". Este es también un documento de referencia para la contratación de obras de tipo privado. Actualmente la mayoría de empresas de cierta entidad disponen de una página web donde, entre otros datos de tipo técnico, económico y empresarial, figura la clasificación de empresa. Cada vez es más frecuente que las empresas repartan, en lugar del dossier clásico, un CD.

La información detallada respecto la clasificación empresarial se halla recogida en el Capítulo II "De la clasificación y registro de empresas" del Reglamento General de la Ley de Contratos de las Administraciones Públicas" (R.D. 1098/2001 de 12 de octubre).

Uno de los procedimientos para mantener e incrementar la clasificación de empresa, es disponer de certificados de los diferentes tipos de obras realizadas, firmados por la dirección facultativa y con el visto bueno del promotor u órgano contratante. En determinadas empresas la redacción de los certificados, según modelo oficial, así como la obtención de las firmas pertinentes, es una tarea más que se asigna al jefe de obra aprovechando el valor añadido de su contacto directo con los D.O.

Aunque sólo sea por conocer un poco mejor el funcionamiento administrativo de las obras y los criterios adoptados por la Administración, para valorar de manera objetiva las empresas, es conveniente que el jefe de obra conozca conceptos como:
- Grupos y subgrupos
- Categorías de clasificación de los contratos (en función de la facturación anual)
- Índice de empresa
- Tecnicidad
- Índice de mecanización
- Índice financiero
- Término de experiencia constructora general

El Reglamento General de la Ley de Contratos de las Administraciones Públicas contiene también, en sus anexos, modelos de documentos de utilidad para un jefe de obras, entre ellos:
- Revisión de precios
- Certificación ordinaria, anticipada o final
- Instrucciones para cumplimentar el impreso de certificación ordinaria, anticipada o de liquidación

5.4.15 Registro de resultados

Dos de las características más relevantes de un jefe de obra son su presencia física en la misma y el seguimiento de su planificación. Eso le convierte en un elemento focal en la relación de los diferentes agentes que intervienen en su construcción.

Es un hecho, ampliamente tratado en este estudio, que confluyen en el jefe de obra tanto los agentes que jerárquicamente están por encima de él como los que están por debajo del mismo.

Al comentar los aspectos relativos a los certificados de materiales se ha hecho mención del papel del jefe de obra como solicitante y receptor de dichos documentos garantes de la procedencia y la calidad de los materiales utilizados en la construcción de la obra. También llegan a él los resultados de las probetas del hormigón.

El conjunto de estos documentos es la base para que el director de ejecución de la obra (D.E.O.) confeccione el programa y registro de resultados correspondiente al Programa de Control de Calidad del proyecto ejecutivo.

Para garantizar una buena gestión del tiempo, el jefe de obra librará la documentación correspondiente al registro de resultados del control de calidad, bien por fases, bien de manera conjunta.

En todo caso dispondrá de una copia registrada de la documentación librada y de la correspondiente o correspondientes actas de entrega, fechadas y firmadas por el director de ejecución de la obra (D.E.O.).

5.4.16 Proyectos y legalizaciones

Los proyectos de construcción resultan cada vez más complejos; las instalaciones tienen un protagonismo relevante. Aire acondicionado, ventilación y seguridad activa contra el fuego en los aparcamientos, instalación eléctrica a partir de una determinada potencia o la infraestructura común de telecomunicaciones son ejemplos de ello.

Este hecho comporta realizar una serie de proyectos satélite sobre el soporte informático del proyecto ejecutivo. En ocasiones éste no contiene, por falta de coordinación en la fase de proyecto, las necesarias previsiones para satisfacer los requerimientos de espacio de las instalaciones. El jefe de obra, aunque no le compita de manera directa, llevará a cabo un buen trabajo en relación a la gestión del tiempo, la calidad y el coste, comprobando la correspondencia entre los planos de instalaciones y los planos de estructura en cuanto a pasos para ventilación, salida de humos, cableados, tubos, etc.

Dentro de la gestión de tiempo y coste, el jefe de obra velará para que los documentos de los proyectos estén en poder de los instaladores a tiempo para ser presupuestados, comparados, adjudicados y ejecutados.

Es preciso, pues, programar en la planificación general de la obra las actividades relacionadas con los proyectos, su ejecución y la disposición en tiempo y forma de los documentos de legalización de las instalaciones, para garantizar plenamente los plazos de entrega de la obra.

5.4.17 Boletines

Los boletines son documentos emitidos y sellados por los instaladores. En los mismos se hacen responsables de la corrección de la instalación y de su adecuación a la normativa vigente. En el caso del gas es preciso además, la inspección efectuada por una E.C.A. (Entidad Colaboradora de la Administración). Ésta verifica, además de la estanqueidad, que se cumplan todas las normas de seguridad, ventilaciones, tiros de calderas, etc.

Los boletines, junto con la cédula de habitabilidad, son documentos imprescindibles para que el titular del inmueble pueda contratar con las compañías las altas de los suministros.

La función del jefe obra en la gestión de los boletines es de intermediario. Debe preverse en la programación de la obra el momento oportuno para solicitar a los instaladores la entrega de los boletines como una parte más de la gestión del tiempo y del coste.

5.4.18 R.A.E.

Las siglas R.A.E. corresponden a las iniciales de Registro de Aparatos Elevadores. El R.A.E. es un documento propio de cada aparato elevador que el instalador de los ascensores debe facilitar al promotor.

En el caso del R.A.E., el jefe de obra no es más que un transmisor en razón de su estratégica presencia en obra.

Es también conveniente que el jefe de obra tenga prevista la solicitud de este documento en la programación.

El R.A.E. supone que el aparato está instalado, que dispone de línea telefónica de emergencia y que funciona correctamente. Su importancia radica en que el ascensor presta accesibilidad al edificio.

Habitualmente el instalador suele ofrecer con el R.A.E. un contrato de mantenimiento un poco más elevado que los del mercado.

El promotor, para evitar problemas durante los primeros tiempos, y a la espera de transferir la responsabilidad a los propietarios, acostumbra a aceptarlo.

La pequeña picaresca, aparte del precio, es la duración del contrato. Los instaladores plantean uno de larga duración mientras que los promotores lo suelen reducir a un año.

5.4.19 Control de calidad

Los aspectos relativos al control de calidad han sido tratados con detalle en este estudio.

El presente apartado tiene como propósito poner de manifiesto la función del control de calidad entendido como conjunto de documentos administrativos de la obra.

Pretende también exponer la actuación del jefe de obra en relación a dichos documentos. Según a lo expuesto, la actuación del jefe de obra se centra en su conocimiento, establecimiento de la previsión temporal para su solicitud a los responsables de entregarlos y su recopilación para facilitar la redacción del Programa de Control de Calidad al D.E.O.

El jefe de obra velará para:
- Disponer de una copia (copia de seguridad) de la documentación relativa al control de calidad entregada al director de ejecución de la obra.
- Que la documentación necesaria para el control de calidad llegue en tiempo y forma al director ejecutivo de la obra.

- Hacer firmar un acta detallada de recepción de la documentación necesaria para el control de calidad al director ejecutivo de la obra.

El Registro de Control de Calidad es uno de los documentos de obra, junto con el Certificado Final de Obra, necesario para la obtención de la cédula de habitabilidad.

Es preciso pensar que normalmente una obra se lleva a cabo para ser vendida.

No está totalmente acabada hasta que dispone de todos los requisitos necesarios para hacer la transacción de compraventa.

Si por cuestiones de tipo documental se producen retrasos, es preciso que éstos no puedan ser atribuidos, bajo ningún concepto, a la gestión del jefe de obra.

5.4.20 Garantías de aparatos

En una obra, especialmente las de viviendas, suelen concurrir gran cantidad de aparatos electrodomésticos: cocinas, campanas extractoras, calderas, calentadores, aparatos de aire acondicionado, etc.

Cada uno de ellos va acompañado de su correspondiente garantía y, en ocasiones, de un servicio de puesta en marcha.

Quien debe hacer uso, si es preciso, de estas garantías es el futuro propietario de la vivienda. En el caso de las calderas, la garantía incluye la puesta en funcionamiento de la instalación.

Si el jefe de obra no da las indicaciones apropiadas al instalador, las garantías de los aparatos pueden convertirse en un nido de problemas.

Cuando las garantías se dejan en el interior de los aparatos instalados, desaparecen, y como la culpa "no es de nadie", el jefe de obra se halla ante un problema de difícil resolución.

Resultado: un error en la gestión de tiempo y coste.

Respecto a la gestión de las garantías de los aparatos, el jefe de obra debe "cambiar la posición" y traspasar el problema al instalador o instaladores correspondientes.

Enviará un fax o un e-mail, o librará en mano, el recibo correspondiente, y unas indicaciones claras y precisas para la entrega de las garantías de los aparatos.

En esencia, el documento constará de los apartados siguientes:
- Cómo entregar de manera formal los documentos (por ejemplo, un sobre por vivienda, con indicación del piso y planta, conteniendo las garantías que correspondan)
- Cuándo (indicando una fecha límite), dónde y a quién entregar la documentación
- Consecuencias de no entregar la documentación solicitada en tiempo y forma (penalizaciones, incidencia en la gestión de facturación...)

Una vez disponga de la documentación de referencia, el jefe de obra estará en condiciones de entregarla, previa firma del correspondiente documento de recepción, al promotor o bien a su representante.

5.4.21 Archivos

Tanto la experiencia, como la lectura de lo anteriormente expuesto, informan de que una obra genera un volumen de documentación realmente importante. Una gran parte de estos papeles la genera la construcción de la obra. La mayoría de los documentos, una vez han cumplido su función, devienen inútiles. Teóricamente se los podría destruir y hacer desaparecer. La prudencia, sin embargo, recomienda su conservación hasta, por lo menos, la conclusión de la obra. Los documentos con repercusión legal y/o fiscal, como las facturas, los contratos del personal y las nóminas, es preciso mantenerlos archivados durante un período de cinco años.

En función del tipo de organización de la empresa, se acostumbra a establecer una división sobre qué documentos se archivan como obra, y sobre cuáles se archivan dentro del archivo general de la empresa.

Una de las primeras preocupaciones del jefe de obra recientemente ingresado en una empresa constructora debe centrarse en conocer el funcionamiento administrativo para integrar su gestión dentro del mismo y evitar el cometer errores de procedimiento.

En las pequeñas y medianas empresas, la transmisión oral entre compañeros suple la falta de un manual de procedimiento o de unas sesiones explicativas sobre la mecánica administrativa. Para archivar cualquier tipo de documento se precisan:

a) *Recursos humanos*
Habitualmente un administrativo de obra es suficiente. En obras de poca entidad, es el mismo jefe de obra quien se encarga de llevar al día el archivo de la documentación generada por la obra.

b) *Recursos técnicos*
Registro informatizado, programas informáticos de gestión, carpetas, subcarpetas, archivadores...

c) *Espacio*
Es preciso habilitar en la oficina de obra un lugar pertinente para los archivos.

d) *Establecer criterios de archivo*
Los criterios de archivo, habitualmente, vendrán definidos por la propia empresa. Si no es así el jefe de obra puede optar por el procedimiento que estime más cómodo en función del tipo de obra. Por ejemplo, puede llevarse una carpeta para cada proveedor o industrial y ordenarlos alfabéticamente. Cada carpeta dispondrá de subcarpetas para acoger los diferentes tipos de documentos: albaranes, facturas, correspondencia recibida, correspondencia emitida... Otro procedimiento consiste en archivar documentos genéricos: correspondencia recibida y emitida, albaranes, facturas... Sea cual sea el procedimiento adoptado, el documento archivado llevará un sello de registro cumplimentado que lo haga identificable desde el registro general de documentos. Será preciso que los documentos se archiven por riguroso orden cronológico y horario (caso de los faxes y los e-mail).

manual de procedimiento

sobre el día a día

6.1 La actuación del jefe de obra en la gestión de residuos

La actuación del jefe de obra en la gestión de residuos es fundamental para reducir y controlar el problema que sobre el medio ambiente generan los residuos de la construcción.

En estos momentos España es, junto con Grecia, Portugal e Irlanda, uno de los países de la CEE con menor porcentaje de reutilización de residuos. Los jefes de obra tienen en sus manos la oportunidad de mejorar sustantivamente dicha situación.

El marco legislativo en la CEE, por lo que se refiere a gestión de residuos, se remonta al año 1986 (Single European Act.). En dicho documento se establecían unos principios que siguen vigentes:
- Las medidas preventivas son preferibles a las medidas correctivas
- El impacto ambiental debe corregirse en origen.
- Quien contamina debe pagar las medidas encaminadas a la protección del medio ambiente. Es el principio de que quien contamina paga.
- La política medioambiental ha de formar parte del resto de políticas de la CEE.

El marco legal operativo en Cataluña es la Ley 6/1993, reguladora de residuos. A ella se ha sumado el Decret 201/1994 regulador de los derribos y otros residuos de la construcción, fue modificado por el Decret 161/2001 Programas de Residuos de la Construcción en Cataluña.

La aplicación del Decret 201/1994 establece tres figuras:
- Productor de residuos; el promotor
- Poseedor de residuos; el constructor o el derribista
- Gestor de residuos; el vertedero o la planta de reciclaje

Los residuos de construcción, de acuerdo con la clasificación establecida en el marco legislativo, pertenecen a uno de los siguientes tipos:
- Residuos inertes; hormigón, cerámica, metales, tierra extraídas de la obra, salvo casos especiales.
- Residuos no especiales (no peligrosos); madera, asfalto, láminas asfálticas, plásticos.
- Residuos especiales (peligrosos); amianto, conservantes de la madera, aparatos con CFC, PCBs, pinturas, tubos fluorescentes.

Los proyectos ejecutivos han de contener la correspondiente evaluación de residuos así como la previsión de su tratamiento y coste del mismo. Con todo, el jefe de obra es el responsable ejecutivo y tendrá que adaptar las previsiones sobre los residuos a la situación real de la obra, por ello es conveniente que conozca tanto los aspectos teóricos como los prácticos relativos a la gestión de residuos.

En primer lugar es preciso efectuar una evaluación de residuos. Estos varían según se trate de obras de nueva construcción o de derribos. En ambos casos es preciso utilizar las tablas de la Guia del Decret 201/1994. Según los últimos datos del ITEC para obras de nueva construcción puede preverse un volumen de residuos del orden de 0,12 m^3/m^2 construido. Se recomienda utilizar el programa de ayuda para la realización del plan de gestión de residuos (www.itec.es).

El jefe de obra se convierte, por su posición natural dentro del organigrama de obra, en el primer gestor de residuos, de ahí la trascendencia de su formación en este ámbito.

La construcción genera del orden de una Tm de residuos por habitante y año, el doble que los residuos domésticos.

Por lo que se refiere a las tierras, en la actualidad no presentan problema, puesto que se trata de un residuo inerte.

La gestión de las tierras funciona como un mercado de aportaciones e intercambios entre los diversos industriales.

Los derribos precisan seguir el protocolo siguiente:
- Vaciado previo de elementos banales
- Recogida selectiva previa al derribo masivo
- Derribo de la porción pétrea

La obra nueva deberá ajustarse al esquema que se detalla:
- Establecer en fase de proyecto actuaciones para minimizar los residuos.
- Organizar en la obra la recogida selectiva de los residuos, separando pétreos de otros productos. Establecer cuatro lugares de vertido, uno para pétreos, otro para cartón-madera, otro para plásticos y el cuarto para rechazo.
- Gestión propia de los residuos por parte de los distintos industriales.

Para la gestión de residuos es preciso obtener la correspondiente licencia y justificar la gestión efectuada. Los documentos necesarios para la obtención de la licencia son:
- Plan de gestión de residuos
- Fianza
- Contrato de gestión y aceptación

La justificación de la gestión se realiza mediante el correspondiente certificado de recepción de los productos y gestión de los mismos en planta de tratamiento o vertedero.

Ello da lugar a la devolución de la fianza. Lo expuesto es tan solo un esquema de referencia. Los principios de la gestión medioambiental son bien conocidos, sin embargo el camino por recorrer hasta su aplicación plena es largo.

La formación, la dedicación y el ejemplo de los jefes de obra en la aplicación de criterios y actuaciones medioambientales ha de contribuir a crear la necesaria conciencia de base entre todo el personal dedicado a la construcción. Se convertirán así en rutina una serie de buenas prácticas ambientales que en la actualidad o son desconocidas o, simplemente, no son aplicadas.

sobre el día a día

6.2 Algunas preguntas y sus respuestas

A continuación se tratará de dar respuesta a un conjunto de cuestiones a las que un jefe de obra es muy posible que deba afrontar a lo largo de su vida profesional. Se pretende transmitir experiencia allanando el terreno a los recién llegados a la profesión.

Evidentemente el listado de cuestiones no tiene un aire exhaustivo, pero adicionadas al conjunto de temas tratados en el presente escrito, permiten hacerse una composición general de las tareas del jefe de obra. Su propósito es facilitar una base conceptual sobre la cual profundizar e incorporar experiencias propias sobre la base del desarrollo del ejercicio profesional.

El conjunto de las doce cuestiones planteadas, son las siguientes.

6.2.1 ¿Cómo continuar una obra en la que ha fracasado un compañero?

Lo más complicado es resolver la fase de transición; el proceso que podría denominarse "hacerse cargo de la obra", el cual no debería de durar más allá de diez o quince días. Para ello es preciso:
- Analizar las causas del fracaso del anterior jefe de obra: errores de organización, de gestión, errores técnicos, peso de cada una de ellos, en el resultado final.
- Decidir si se acepta o no el encargo.
  Es preciso pedir un tiempo para evaluar globalmente la situación, dos o tres días deben ser suficientes.
- Poner condiciones para garantizar la posibilidad de cambios.
- Aprovechar el equipo inicial, extrayendo el máximo de información. Es preciso disponer de elementos de análisis.
- Mantener o incrementar, en la medida de lo posible, el ritmo de la obra.
- Recopilar y ordenar la documentación, disponiendo de un expediente por industrial y proveedor.
- Conocer la situación técnica y económica.
- Citar, de manera ordenada, a industriales y proveedores informándoles de la nueva situación y de los cambios que comporta.
- Tranquilizar a la propiedad y a la dirección facultativa. Establecer fecha para nuevos contactos con la oferta de nuevos objetivos proporcionados a la situación real de la obra.
- Depurar responsabilidades. Hacer los cambios necesarios en el equipo.
- Establecer nuevas formas y maneras. El cambio no garantiza el éxito, pero la continuidad está abocada al fracaso.
- Preparar un nuevo *planning* de ejecución y su correspondiente flujo de caja y llevarlo adelante.

6.2.2 ¿Cómo resolver de manera eficaz la elección de materiales de acabado?

Si previsión y planificación son palabras clave para el buen éxito de una obra, también lo es la palabra elección.

el oficio del jefe de obra

Previsión y planificación son conceptos casi exclusivos del jefe de obra. La elección, por lo que respecta a asignar materiales, modelos, colores, texturas, formatos, es una decisión propia del director de la obra. En una sociedad que tiene tendencia a la toma de decisiones colegiada y al consenso, puede llegarse a producir una acumulación de personas con capacidad de opinión en la elección de materiales de acabado.

Todo el mundo se cree capacitado para elegir cerámicas, mecanismos eléctricos o las manecillas de las puertas.

Si en la elección deben ponerse de acuerdo más de tres personas, la decisión puede prolongarse mucho más de lo que sería deseable.

El jefe de obra, frente a situaciones similares a éstas, debe realizar una tarea de preparación. Aplicará, de manera discreta, el hecho de gestionar a la vez el tiempo y el coste. El proceso es el siguiente:

a) Avisar con suficiente antelación a aquellos que han de decidir, el día y la hora en que se escogerán globalmente "todos" los acabados de la obra, desde los sanitarios, grifos, muebles de cocina... hasta mecanismos y luces, pavimentos interiores, carpintería, albañilería, colores de la fachada y pintura interior... para no alargar en demasía la lista.

b) "Vender" a los que han de decidir las grandes ventajas de hacer una elección global de materiales de acabado, por la reducción de tiempo que supone y la posibilidad de "visualizar" de manera conjunta la obra.

c) Contactar previamente, de manera discreta, con quien ha de decidir de manera principal (aquel que más peso tenga en el tándem promotor-dirección facultativa) sobre las líneas generales en el conjunto de la obra: colores dominantes, formatos, etc.; es decir, en aquellos aspectos que no estén bastante definidos en los documentos de obra. Puede ser muy útil disponer de una carta de colores RAL, para llevar a cabo la primera elección.

d) Coordinar con los industriales, la aportación de muestras y catálogos con antelación suficiente, para que el día programado se pueda hacer una elección completa. Es muy importante que los industriales reconozcan la conveniencia y el servicio que les brinda el jefe de obra, para agilizar la elección de las muestras. En justa correspondencia, los industriales deben colaborar aportando exclusivamente modelos ajustados a la obra, en calidad y precio. Los industriales de carpintería, si se les pide, pueden hacer llegar puertas y ventanas piloto, montadas con los guarnecidos y accesorios de cerrajería para facilitar la elección.

e) Limitar el número de muestras elegibles, a dos o tres por modelo, ya que aportar un número exagerado de muestras sólo crea confusión.

f) Presentación atractiva. El jefe de obra dispondrá del conjunto de muestras y catálogos, de manera ordenada por capítulos de obra.

g) Elegir *in situ*. Las muestras de acabado de fachada y de pintura, se harán *in situ*, no sobre carta de colores, para evitar sorpresas.

h) Selección de las muestras. Las muestras elegidas se marcarán, de manera fehaciente, y se conservarán en la obra.

i) Resolver la totalidad. Si queda algún material por elegir, porque ninguno de los ofertados han acabado de convencer, el jefe de obra, de acuerdo con los requerimientos fijados por quienes han de llevar a cabo la elección, aportará, con la mayor brevedad posible, nuevas muestras para concluir definitivamente el proceso de elección.

6.2.3 ¿Quién y por qué puede detener la ejecución de una obra?

Una obra puede detenerse por causas muy diversas que serán analizadas posteriormente. Asimismo pueden ser muy variados los agentes que pueden imponer la interrupción de los trabajos.

Es preciso diferenciar el concepto de paro del de resolución. El paro supone la interrupción temporal de los trabajos por cuestiones administrativas, jurídicas, económicas o técnicas, con la voluntad de continuarlos cuando las causas que la han originado se resuelvan con acuerdo.

La resolución del contrato supone, por el contrario, la liquidación de las partidas ejecutadas de la obra y el fin de las relaciones contractuales entre promotor y contratista.

El promotor, ante esta situación, podrá optar entre desistir de la obra (cosa poco probable) o cambiar de contratista.

Las causas que pueden motivar la resolución de contrato suelen estar especificadas en el propio contrato. Con referencia a la resolución de los contratos públicos, el Capítulo III del Texto refundido de la Ley de Contratos de las Administraciones Públicas (R.D.L. 2/2000 de 16 de junio) expone en el artículo 111 las causas de resolución de contratos. Las más significativas son las siguientes y son aplicables tanto a contratos de la Administración como a privados:

- Muerte o incapacidad del contratista, o extinción de la personalidad jurídica de la sociedad contratista. (Lo mismo respecto el promotor; este hecho no está contemplado, lógicamente, en los contratos de tipo público).
- Declaración de quiebra, suspensión de pagos o cualquier otra declaración de insolvencia del contratista.
- Mutuo acuerdo entre las partes.
- La no-formalización del contrato en los términos previstos.
- Incumplimiento de los plazos de entrega de la obra por parte del contratista.
- Falta de pago por parte del promotor.
- Incumplimiento de otras obligaciones contractuales esenciales.
- Aquellas previstas expresamente en el contrato.

El listado precedente señala también una gran cantidad de situaciones de conflicto entre las partes contratantes.

Estas pueden ser causa y razón para interrumpir temporalmente la realización de una obra. Ante las mismas la posición del jefe de obra debe centrarse en principios de:

- Fidelidad a la empresa
- Actuaciones conducentes a la seguridad de la obra
- Respeto a los principios de buena construcción
- Dignidad e independencia profesional, como planteamiento general frente cualquier situación de conflicto. Es preferible renunciar a un trabajo que transigir frente a determinadas presiones.

Además de las partes contratantes, en una obra intervienen una serie de agentes con posibilidad de adoptar la suspensión temporal de los trabajos, ello debido al impacto social que comporta la ejecución de determinadas obras. A continuación se detallan los agentes que pueden detener la ejecución de una obra para pasar, posteriormente, a analizar sus motivaciones:

a) *Promotor*

El promotor, sea privado o público, no desea de ninguna manera forzar la interrupción de las obras por los costos financieros y de tiempo que suponen. El promotor que deba recorrer a interrumpir la ejecución de una obra sabe que equivale a reconocer que ha cometido graves errores en su gestión en cuanto a:
- La elección de los facultativos redactores y/o directores del proyecto. (Discrepancia entre proyecto y realidad, proyecto poco definido, o incorrecta toma de decisiones en obra.)
- La gestión de tiempo y costos. (No dispone de liquidez para afrontar la obra cuando esta es necesaria.)
- La estimación de mercado. (No hay demanda prevista para el producto una vez terminado.)
- Cualquier combinación de los apartados precedentes.

Para un promotor, detener la ejecución de una obra supone una medida extrema, previa a la resolución del contrato. Su objetivo es tratar de clarificar situaciones confusas que pueden conducir al fracaso de la promoción y definir, si es posible, un nuevo panorama para continuar, con garantías de éxito, la obra.

En las obras públicas, si se decide una suspensión temporal, ésta podrá ser temporal total o temporal parcial. Es preciso que la suspensión temporal sea consignada en un acta firmada por el director de la obra y el contratista. En ella se hará constar el acuerdo de la Administración que origina la suspensión. (Ver sección segunda "Suspensión de las Obras" del pliego de cláusulas administrativas generales para la contratación de obras del Estado. Decreto 3854/1970 de 31 de diciembre.)

Los promotores adoptan medidas de tipo contractual para cubrirse desde el punto de vista financiero, de calidad y de solvencia económica respecto el contratista adjudicatario de las obras. Dichas medidas tienen ligeras variantes según se trate de promotores privados o públicos.

A continuación se muestra una comparación entre el sistema público y el privado:
- Clasificación empresarial (el privado pide antecedentes e informes bancarios y visitar obras similares ejecutadas por las empresas aspirantes a la adjudicación.)
- Publicidad del contrato, que garantiza la libre concurrencia (el privado pide precios a varias empresas).
- Constitución de garantías (el privado realiza retenciones, o bien dispone de un seguro).
- No se puede contratar si no se dispone de una reserva de crédito para tal fin (el privado cuenta con recursos propios y ajenos, sobre la base de garantías patrimoniales, propias o de avalistas,

las entidades bancarias siempre aseguran su inversión y para ello solicitan garantías.)

La mayor parte de los problemas de las obras se derivan de cuestiones económicas. ¿Quién no ha escuchado en una negociación: "Es que los números no salen?

Como el promotor es el que paga, en las relaciones promotor-contratista se aplica el principio de que "quien paga, manda". De aquí se deriva el principio de que el promotor pague, exclusivamente, por la obra ejecutada. Ello comporta, en ocasiones, situaciones de abuso y prepotencia frente al constructor, en las cuales el promotor trata de alargar los plazos de pago. El resultado es una actitud a la defensiva por parte del constructor que no beneficia la buena marcha de la obra. Lo mismo puede decirse de las relaciones contratista-subcontratista.

La conclusión general que se puede extraer de las situaciones de conflicto es que éstas no benefician a nadie. La promoción de edificios ha sido, tradicionalmente un refugio de especuladores.

Este hecho genera toda una secuela de "tics" preventivos y una picaresca muy negativa para el buen nombre de la actividad.

Los conflictos en las obras, por desgracia, ya aparecen solos (circunstancias de obra, imprevistos...), no es necesario forzarlos adoptando situaciones de "gente lista". En la medida que el sector sepa imponer unos principios de seriedad, profesionalidad, rigor y juego limpio, podrá dedicar más esfuerzos a construir, y menos a negociar.

b) *Contratista*
Para un contratista, entendido en este caso como contratista principal, detener temporalmente o reducir el ritmo de una obra es una medida de fuerza para poner al día pagos atrasados o negociar nuevos precios para determinadas partidas. Es preciso pensar que el atraso en los plazos de entrega perjudica, habitualmente, más al promotor que al constructor.

Por otra parte el contratista, mientras duren los trabajos de construcción, es el propietario de la obra y, como tal, tiene la obligación de conservarla en buen estado. En contrapartida, no puede ser desahuciado de la misma hasta que, por vía amistosa o judicial, se haya procedido a la liquidación de los trabajos ejecutados.

Cuando un contratista decide aplicar estas medidas es porque, por parte del promotor, se han dejado de cumplir algunos de sus compromisos, o bien porque el desarrollo del proyecto presenta modificaciones sustantivas respecto a las previsiones iniciales.

Difícilmente un contratista detendrá unilateralmente una obra sin argumentos que le permitan defenderse frente a una eventual demanda judicial. Como siempre, un mal acuerdo entre las partes es mejor que un buen juicio. El jefe de obra, dentro de sus funciones, puede preparar documentos que contribuyan a potenciar los argumentos de su empresa frente al promotor.

c) *Dirección facultativa*
La dirección facultativa podrá ordenar el paro cautelar de la obra cuando ésta se desarrolle sin cumplir las siguientes prescripciones:

- Normas de buena construcción
- Normas de seguridad
- Prescripciones de proyecto, en cuanto a cualidad de materiales o requerimientos de construcción

En esas situaciones, después de haber dado opción, sin éxito, para la corrección inmediata de las irregularidades, la dirección facultativa levantará acta de las causas que motiven la parada total o parcial de la obra. En la misma se expondrán también las medidas de corrección y las condiciones necesarias para continuarla.

Dicha acta puede consignarse directamente en el libro de órdenes, con la firma de "enterado" por parte del representante del contratista. Copia del documento se entregará al promotor, para su conocimiento.

La situación descrita compromete de modo directo la actuación del jefe de obra.

Este debe valorar las razones y las causas de tal actuación de la dirección facultativa, de su empresa y la suya propia. La renuncia, en determinadas ocasiones, acaba siendo la única alternativa viable.

Si por parte del contratista se mantuviese una actitud de incumplimiento de las instrucciones de la dirección facultativa, ésta puede paralizar, por vía administrativa, la ejecución los trabajos, presentando frente los colegios profesionales correspondientes su renuncia a la dirección de las obras.

d) *Coordinador de seguridad y salud*

La función del coordinador de seguridad y de salud es hacer cumplir las normas de seguridad y, en especial, las establecidas en el Plan de Seguridad y de Salud de la Obra.

Su trabajo es una tarea cautelar y de colaboración para la buena ejecución de la obra. Actualmente las empresas son plenamente conscientes de la conveniencia de desarrollar los trabajos tomando las pertinentes medidas de seguridad.

Es muy improbable que, por negligencia de las empresas, el coordinador de seguridad se vea obligado a detener las obras.

En esta situación, caso de producirse, el jefe de obra se encontraria en una situación similar a la descrita en el párrafo precedente.

Para detener las obras es preciso que el coordinador de seguridad consigne las causas que motivan el paro en el libro de Incidencias, y aportar una copia del escrito al Departamento de Trabajo.

Este procedimiento es muy potente, razón por el cual tiene un gran efecto corrector. Equivale a una denuncia y genera una inspección inmediata de la obra por parte del Departamento del Trabajo, con una amplia posibilidad de sanción para el contratista.

Es más probable que el coordinador de seguridad ordene el paro cautelar de determinados trabajos que puedan comportar riesgo hasta que no se establezcan las medidas de seguridad apropiadas.

En este caso las instrucciones se consignarán en el libro de seguridad y salud, y contarán con la firma del representante del contratista.

El jefe de obra deberá colaborar plenamente con el coordinador de seguridad y salud para garantizar el cumplimiento de sus instrucciones.

e) *Inspección de Trabajo*

La inspección de trabajo, como todas las Administraciones, puede actuar de oficio o por instancia de parte.

El ramo de la construcción arrastra un alto índice de siniestros laborales con el consiguiente coste social.

Por estos motivos la inspección de trabajo realiza visitas a las obras sin previo aviso y, si observa irregularidades en el cumplimiento de las medidas de seguridad y salud, levanta acta y propone las correspondientes sanciones. Si las faltas son reiteradas o muy graves, la inspección de trabajo puede ordenar la parada cautelar de las obras.

Habitualmente las empresas suelen presentar recursos a dichas actas, al menos para reducir el importe de la sanción y demostrar su buena disposición hacia el cumplimiento de las medidas de seguridad y salud.

En otras ocasiones, las visitas se realizan como consecuencia de anotaciones en el libro de incidencias. Sus efectos son similares a los referidos en el apartado anterior.

El jefe de obra, en su calidad de representante de su empresa, ha de velar para que los preceptos de seguridad y salud sean respetados siempre en su obra.

Si un jefe de obra no está convencido de la eficacia de las medidas de seguridad y salud, y no es capaz de liderar en la obra la aplicación de sus principios, es mejor que se dedique a cualquier otra actividad.

Tratar de ganar tiempo sobre la base de reducir medidas de seguridad es una excusa de mal pagador que un jefe de obra debe rechazar por principio.

No hacer las cosas bien, en el mejor de los casos, acaba pasando factura económica. En el peor las personas sufren un accidente.

f) *Ayuntamiento*

Los ayuntamientos tienen, entre sus funciones, la concesión de licencias de edificación.

La concesión de las licencias comporta el cumplimiento de una serie de preceptos por parte del beneficiario de la misma, de acuerdo a lo establecido en las ordenanzas municipales de edificación y normas urbanísticas del municipio, dentro del marco legislativo estatal.

Los ayuntamientos, en su calidad de emisores de licencias de edificación, tienen la obligación de velar por el cumplimiento de los preceptos contenidos en ellas, tanto de oficio como por instancia de parte.

Los ayuntamientos pueden ordenar por vía administrativa, de manera cautelar, la interrupción de obras con licencia concedida por la corporación por las causas siguientes:
- No ajustarse las obras a las condiciones de la licencia.
- Situación de peligro en las fincas colindantes o en la vía pública.
- Molestias desproporcionadas a los vecinos.
- Otras causas justificadas. Ejemplo de ello puede ser el descubrimiento de restos arqueológicos.

El procedimiento que siguen los ayuntamientos, excepto en casos de extrema urgencia, consiste en notificar al titular de la licencia, por medio de un oficio, la suspensión de la obra.

En el mismo se comunican las razones del paro y se fija un plazo para la corrección de las causas que lo han motivado. Suele ir acompañado, si es el caso, de una sanción o amenaza de sanción. El jefe de obra debe velar para detener o corregir, con antelación, las situaciones que puedan comportar una interrupción de las obras.

Si se producen presiones por parte de determinados agentes de la obra para ir más allá de lo que es legalmente permitido según a las condiciones de la liciencia, el jefe de obra tratará de documentar la situación e informará a su inmediato superior. Siempre, en el peor (o en el mejor) de los casos, cabe la renuncia al cargo.

g) *Juez*

El juez suele intervenir en las obras para ordenar su interrupción cautelar, por dos causas fundamentales:
- Accidente grave (daños personales y/o económicos importantes)
- Afectación del derecho de propiedad (interdicto)

La característica más importante de las interrupciones de tipo oficial es el desconocimiento de su duración, ya que los trámites, con intervención de abogados y procuradores, suelen ser largos (meses). Ello comporta una pérdida de tiempo y dinero, tanto para el contratista como para el promotor.

En caso de accidente grave, el juzgado actúa de oficio. Si hay acuerdo formalizado entre las partes, no es necesaria la actuación judicial. La intervención del jefe de obra es, frente a los accidentes graves, preventiva. Debe tratar de llevar a cabo las obras de manera que no sea nunca necesaria la intervención judicial.

Para un jefe de obra tratar de pasar desapercibido, en este sentido, y conseguirlo es un éxito. Es muy posible que en casos de actuaciones judiciales, por causa de accidente grave, el jefe de obra tenga que declarar en calidad de testigo.

Es muy importante que, en estas circunstancias, lo pueda hacer con precisión y de forma bien documentada, sobre la base del conocimiento de la planificación de la obra y su seguimiento.

Para que se produzca el reconocimiento judicial de la afectación del derecho de propiedad para la ejecución de las obras, es necesario que el afectado presente al juzgado el dictamen de un técnico competente, corroborando la circunstancia. Por ejemplo, la aparición de grietas en una vivienda como consecuencia de obras de rehabilitación de la finca, problemas de deslindes, o construcciones o vuelos situados a distancias incorrectas. Si el perito de parte actúa de buena fe, cosa que no siempre sucede, pedirá información a la dirección facultativa y, si es preciso, al jefe de obra. Al propio tiempo el jefe de obra solicitará, si es el caso, conocer el alcance de la reclamación de los posibles daños (o cualquier otra afectación del derecho de propiedad, a causa de las obras).

En estas ocasiones es preciso mantener una actitud discreta que no suponga reconocimiento de culpa, ni deshibición del problema. Es positivo saber de ganar tiempo y ampliar la información relativa al conflicto. Es una forma de ayudar a resolver a los responsables directos, por vía amistosa si es posible, el conflicto.

6.2.4 ¿Cuándo es preciso detener una obra?

Un jefe de obra por sí mismo no tiene, en principio, atribuciones para detener la ejecución de una obra, excepto en casos graves o de fuerza mayor, como actitud preventiva para evitar daños mayores. Su función en las demás circunstancias es advertir con tiempo a sus superiores jerárquicos de las desviaciones respecto a las previsiones, exponiendo, a la vez, las razones de las mismas.

En todo caso hay una razón contundente para detener una obra: cuando el coste de pararla es más bajo que continuarla.

Detener una obra no supone abandonarla. Es un acto estratégico para dialogar con las partes implicadas y establecer unas nuevas reglas de juego adecuadas a las circunstancias. La obra es propiedad del contratista mientras duren los trabajos. En consecuencia, el contratista tiene la obligación de conservarla en buen estado. Esta situación da una gran fuerza de negociación al constructor, cuando han fracasado otros argumentos.

Es importante para el promotor acabar la obra, ya que una vez acabada tiene un importante valor añadido del cual no se dispone durante la fase de construcción.

El cambio "mágico" se produce (en el caso de las viviendas) cuando por medio de un documento llamado cédula de habitabilidad un montón de materiales de construcción se transforma en una vivienda hipotecable. Siempre es posible llegar, más fácilmente, a acuerdos en los desencuentros económicos entre promotor y empresa constructora sobre la base de la adjudicación en propiedad de partes de la misma. En ocasiones no es preciso llegar a detener la obra por parte de la empresa constructora, puede ser suficiente ralentizar la ejecución durante un tiempo, para llegar a forzar el diálogo.

Los expuestos son recursos arriesgados e indeseables puesto que responden a situaciones de conflicto. Es preciso, con todo, conocerlos y saberlos utilizar con mucho cuidado. Afortunadamente tales acciones y estrategias no se corresponden con las atribuciones habituales de un jefe de obra.

6.2.5 ¿Cómo es una empresa constructora?

En primer lugar, es una empresa. Aunque el enunciado de la frase anterior parezca una incongruencia, se quiere significar que una empresa constructora se basa, como cualquier tipo de iniciativa empresarial, en tres departamentos fundamentales: producción, administración y ventas, bajo el control de un director general o gerente.

Cuando las empresas están vinculadas a grupos empresariales, tienen al frente a un director general del que dependen los directores de los diferentes departamentos, y de ellos, estructurados de forma escalonada, los subdepartamentos y los empleados.

Bajo estas premisas, sea cual sea su volumen de facturación, todas las empresas responden a un organigrama de estructura vertical, con órdenes jerárquicos, funciones y atribuciones, claramente establecidos. Si bien la decisión final de los grandes temas depende del director general, éste dispone de la posibilidad de consultar al consejo de empresa.

Dicho consejo está formado, habitualmente, por el director general y los directores de departamento.

En el caso de una empresa constructora, su producto son los edificios que construye, de acuerdo con los requerimientos planteados por un promotor, privado o público, especificados en el correspondiente proyecto ejecutivo y formalizado por medio de un contrato.

En función del volumen de la empresa, del director de producción pueden depender, directamente, los jefes de obra, o hallarse interpuestos jefes de grupo. El jefe de grupo se hace responsable de la gestión y resolución de los temas que superan el ámbito de los jefes de obra.

a) *Departamento de producción*
Este departamento suele tener a su frente un director técnico, cuyo perfil responde a un profesional de gran experiencia capaz de conjugar conocimientos técnicos, dotes de mando, estructura administrativa y capacidad negociadora. En relación directa con el mismo se encuentran los jefes de grupo. Estos a su vez despachan con los jefes de obra. Encargados, capataces, oficiales y peones acaban configurando el organigrama.

En función del tamaño de la empresa, pueden aparecer, asociados al departamento de producción, los departamentos de control de calidad de seguridad y salud. Ambos departamentos deben disponer de independencia de actuación como principio básico de su eficiencia.

El departamento de producción también se ocupa, si es el caso, de la adquisición, mantenimiento y control del parque de maquinaria y equipos de empresa, directamente o por medio de un departamento específico. También es función del departamento de producción atender el servicio postventa. Su importancia cada vez es mayor. El servicio postventa debe estar correctamente constituido, disponer de equipos y manuales de procedimiento para garantizar una correcta gestión. El servicio postventa debe saber transmitir sus experiencias al departamento de producción como un elemento más del ciclo de mejora de sus procesos.

b) *Departamento de administración*
El departamento de administración se encarga de hacer funcionar y controlar los departamentos de producción y ventas. Se ocupa de la documentación legal, fiscal y laboral, así como de las finanzas de la empresa. Aparecen dentro de la actividad de administración tres departamentos, con funciones específicas: recursos humanos, departamento jurídico y departamento financiero. El departamento de administración es el que actúa como nexo de unión entre los departamentos de producción y ventas, razón por la cual asume un papel tutelar sobre la base de las directrices emitidas por la dirección central.

c) *Departamento de ventas*
El departamento de ventas es el que se encarga de nutrir al departamento de producción de material para producir edificios. Lo hace en forma de contratos formalizados.

Para conseguir estos contratos y mantener una cartera de pedidos bien dimensionada, es necesario disponer de una organización que se dedique a captar clientes sobre la base de la presentación de ofertas competitivas en el ámbito de mercado y, al propio tiempo, rentables para la empresa.

La denominación de este departamento varía según empresas: departamento comercial, de estudios, de concursos, de presupuestos. Estos pueden ser algunos de los nombres establecidos para el mismo dentro de los organigramas. En función de la dimensión de la empresa se produce la aparición de departamentos especializados dentro de ésta área, obra civil, obra pública...

Algunas empresas pueden disponer también de un departamento para el desarrollo de proyectos con aportaciones de ingeniería de valor y de asesoramiento técnico a la ejecución. Por esta razón, suelen denominarse en los organigramas como departamento técnico.

6.2.6 ¿Qué tipo de empresa constructora me conviene más?

Cuando un jefe de obra busca trabajo, éste puede ser su primer planteamiento: ¿qué me conviene más, una empresa grande, una mediana o una pequeña? Cada persona es distinta, por ello no se puede dar una respuesta concreta. De manera genérica podría responderse: "Aquella que mejor se adapte, en un momento dado, a los conocimientos, preparación y capacidades del aspirante". (Encontrarse en el lugar apropiado en el momento oportuno es un mérito que solo algunos tienen.)

Los objetivos personales varian en función de la edad, de las preferencias personales y de las circunstancias. En determinadas ocasiones el hecho de que el trabajo resulte interesante prima respecto la comodidad de los desplazamientos o la retribución. En otros la posibilidad de promoción puede ser un acicate. La estabilidad en el empleo es otro de los aspectos valorados por los aspirantes.

Para elegir de forma acertada el aspirante a un puesto de jefe de obra debe tener presentes, tanto las características y capacidades personales, como las generales de cada tipo de empresa. Entre estos factores debe saber encontrar puntos de acuerdo y encaje.

a) *Empresa grande*
Una gran empresa dispone de un ámbito de cobertura estatal y hasta paraestatal. Para atender sobre el terreno las diversas obras, dispone de delegaciones territoriales, con un director general al frente de cada una de ellas, y unas oficinas centrales. Tienen cubierto un amplio abanico de la clasificación establecida por el Reglamento General de la Ley de Contratos de las Administraciones Públicas. Disponen de sistemas de calidad certificados por AENOR. Actúan amparadas por un buen soporte jurídico y una excelente infraestructura informática.

El nivel técnico y de recursos es alto que suelen disponer de sistemas, métodos o productos exclusivos.

El organigrama y las funciones de los distintos departamentos están muy marcadas para evitar interferencias entre sí y mantener elevado el nivel de competitividad.

Encajar como jefe de obra en una gran empresa precisa, habitualmente, haber adquirido experiencia previa en la propia empresa en puestos de trabajo de menor responsabilidad. Se trata a veces de un meritoriaje duro y no siempre bien recompensado.

el oficio del jefe de obra

En una gran empresa las funciones del jefe de obra suelen estar más delimitadas que en las empresas pequeñas y medianas. En estas últimas el trabajo suele ser más versátil y menos monótono.

El volumen y complejidad de los trabajos condicionan en una gran empresa la actividad del jefe de obra. Este suele dedicar su tiempo, de modo exclusivo, a una sola obra. Como mucho, estará realizando las fases de acabado en una obra e iniciando el estudio de otra.

Forman parte de corporaciones empresariales y financieras, de modo que una parte de su facturación la tienen asegurada dentro del grupo.

Tan complejo es para una empresa pequeña tratar de llevar a cabo una obra de envergadura como para una gran empresa ser competitiva en una obra de volumen modesto. En el primer caso, la financiación puede ser un problema; en el segundo, los costos indirectos pueden absorber el beneficio. Por esta razón las empresas de tamaño medio tienen también su mercado.

El volumen mínimo para las obras de su interés se sitúa alrededor de 2 millones de euros. Esta cantidad se puede modificar a la baja o al alza, en función de la situación del mercado. Tienen la categoría "f", lo que supone que pueden efectuar obras con facturaciones superiores a 2,4 millones de euros por año.

Las grandes empresas disponen de acuerdos marco para las compras de determinados artículos o productos. Es también frecuente que, en general, las compras dispongan de departamento propio como mecanismo para obtener una gestión más especializada y rigurosa de los recursos.

En estos casos, el jefe de obra se encuentra más mediatizado en sus decisiones que en las empresas de menor tamaño. En ellas su capacidad de tomar la iniciativa es vital y uno de los alicientes de su trabajo.

En las grandes e incluso en alguna de las medianas empresas el equipo a pie de obra funciona, en numerosas ocasiones, casi autónomamente. Las más de las veces está dotado de buenos equipos informáticos conectados en red con la central. Ello contibuye a hacer más eficaz la gestión técnica y administrativa.

Cuando las obras se conciben casi como empresas independientes dentro de un grupo, la figura del jefe de obra adquiere un carácter gerencial. Como tal, solo tiene sentido si dispone de un equipo correctamente dimensionado y estructurado.

Los equipos de obra dotados de amplia autonomía cuentan con la supervisión de un jefe de grupo. Este actúa, en relación al jefe de obra, como elemento de enlace, con la gerencia y los recursos generales de la empresa. La relación y la sintonía entre ambos es determinante en la buena marcha de la obra. De ahí que se produzcan "fichajes" y cambios de trabajo encadenados cuando un jefe de grupo abandona una empresa atraído por las condiciones que le ofrece otra. De ello puede concluirse que obras y sus dificultades contribuyen a forjar un marco de lealtades entre los auténticos profesionales.

Las tareas administrativas y el control del personal suelen estar destinadas, en estructuras empresariales similares a las descritas, personal especializado.

El jefe de obra debe dedicar una parte importante de su tiempo a cumplimentar formularios justificativos e informes sobre el estado de la obra y sus incidentes. Ha de preparar también las certificaciones, fiscalizar y filtrar las facturas. Debe mantener también el contacto habitual con la dirección facultativa, con los industriales y con los proveedores directos.

En una pequeña empresa, en cambio, el jefe de obra dispone de más iniciativa. Es frecuente que controle más de una obra a la vez. Ello en función de su menor volumen y complejidad. El contacto directo con la gerencia hace innecesarios muchos de los trámites documentales que atenazan la labor productiva de los jefes de obra de las grandes empresas.

b) *Empresa mediana*
Las empresas medianas suelen cubrir el ámbito de una comunidad autónoma. Pueden contar con alguna delegación territorial, disponen de buena infraestructura informática y sus déficits en el ámbito técnico y recursos, los cubren con la agilidad de su gestión. Basan su eficacia en equipos de obra consolidados dirigidos por titulados de grado medio.

Sus sistemas de control de calidad no acostumbran a estar desarrollados y, si lo están, lo es de modo primario. A veces se trata de "segundas marcas" de las grandes empresas, para abarcar un mercado más amplio con eficacia. El volumen mínimo para sus obras se sitúa alrededor de un millón de euros. Su categoría, al nivel de volumen por obra, se sitúa en la "d" (entre 360.000 y 840.000 euros por anualidad) y "e" (entre 360.000 y 840.000 euros por anualidad.)

En las empresas medianas, el organigrama es más flexible, el departamento técnico puede preparar estudios o vincularse a la producción en función de las necesidades y situación del mercado.

c) *Empresa pequeña*
Las pequeñas empresas tienen su ámbito de actuación habitualmente limitado a una provincia o a una comarca. Se trata de entidades muy familiares. La gran mayoría de las mismas no dispone de clasificación empresarial que las capacite para licitar en obras de la administración.

La base de su trabajo es la experiencia. Es habitual que dispongan entre su personal de profesionales recién titulados en fase de formación. Sus medios técnicos suelen centrarse en la disponibilidad de alguna maquinaria o instrumental. Una gran parte de gestión administrativa de la empresa, suele ser desviada a gestorías. Su gestión comercial funciona de forma prácticamente exclusiva por medio del boca oreja.

En una empresa pequeña las obras se llevan "día a día". Las operaciones técnico-administrativas se realizan en las oficinas centrales, puesto que en obra no se dispone de infraestructura administrativa. El material y el soporte técnico en la caseta de la obra se reduce al mínimo indispensable. Los ordenadores portátiles han abierto a las pequeñas empresas la posibilidad de contar con medios potentes a pie de obra para llevar la gestión técnica y administrativa de las obras sin grandes dispendios estructurales. Las pequeñas empresas cuentan, en la medida de sus posibilidades, con una base de datos de industriales similar al de empresas de mayor volumen. Sin embargo una de las características que las distinguen es la contratación sobre el terreno de industriales y personal próximos a la obra en función del "boca-oreja".

En una pequeña empresa el jefe de obra realiza funciones muy diversificadas; es a la vez el jefe de personal de sus obras (encargado, gruista, capataces, oficiales, peones de limpieza y seguridad, acudirán a él con las proposiciones y solicitudes mas diversas); contacta con los industriales; lleva el control de las horas del personal y de sus dietas; acuerda primas; fiscaliza y filtra, en primera instancia, las facturas; realiza certificaciones y se encarga de su gestión frente a las direcciones facultativas. Al propio tiempo, facturas y certificaciones le permiten realizar el control de costos. ¿Se pueden pedir más responsabilidades a una sola persona?

6.2.7 ¿Obra nueva o rehabilitación?

Un jefe de obra no debe tener prevención a la hora de afrontar cualquier tipo de construcción o actividad relacionada con la misma que realmente le pueda interesar personal y profesionalmente.

Es cuestión de voluntad, conocimientos y mentalización. Los conocimientos deben adquirirse. Respecto a la voluntad y a la mentalización, se ha comentado en este trabajo tanto su componente innato como, también, el adquirido. Aparece de nuevo la necesidad de equilibrar, para el correcto ejercicio del oficio de jefe de obra, experiencia y conocimientos.

Es preciso recordar, una vez más, la conveniencia de saber marcar etapas para afrontar los retos de manera progresiva. Si a título hipotético se hubiese planteado la pregunta del encabezamiento en términos tales como "¿estación para el AVE o bien un aeropuerto?" o, en su defecto, la disyuntiva "¿hoteles u hospitales?", después de la reacción de sorpresa inicial, una somera reflexión pondría en evidencia la necesidad de unos conocimientos específicos para abordar, eficazmente, tales opciones.

Resultaria también evidente que muchos procesos constructivos y operaciones son comunes, no tan solo a los dos tipos de edificios planteados en las cuestiones previas, sino en la mayor parte de las tipologias edificatorias que se construyen en la actualidad.

El análisis de los déficits y carencias profesionales, ante tales retos, acabaria incidiendo más en aspectos de detalle que de fondo y en la resolución de las dudas propias de un primer contacto.

Siguiendo esta línea de razonamiento puede concluirse que la formación de base del arquitecto técnico es un soporte excelente sobre el que establecer conocimientos específicos y experiencia. Sería extraordinario que ambos objetivos se alcanzaran como resultado de desarrollar la actividad profesional ejerciendo el oficio de jefe de obra. Las leyes de mercado son las que se imponen.

Regulan e impiden el acceso a la función de jefe de obra a personas sin aptitudes contrastadas. El cargo de jefe de obra es tan trascendente para las empresas que someten a los aspirantes a una cuidadosa selección para garantizar que el mismo será ejercido por personas con el perfil y conocimientos apropiados.

6.2.8 ¿Cómo hacer la gestión de repasos?

El jefe de obra debe tener claro que los repasos son las últimas acciones que han de hacer todos y cada uno de los industriales. Deben resolverse de una sola vez de forma coordinada, como si de una fase más de la obra se tratara. La gestión de repasos no consiste en ir arreglando "tonterías" y desperfectos a medida que se van produciendo. Es la forma de no terminar nunca.

Es preciso reducir la necesidad de repasos al mínimo según una correcta programación de la obra y un control estricto de calidad durante las fases de ejecución. El concepto que el jefe de obra deber saber transmitir a todos los participantes es el de corresponsabilidad. Lograr un equipo corresposable responde, en gran medida, a la capacidad de liderazgo que el jefe de obra debe tener incorporado en su perfil humano, técnico y profesional.

Hacer repasos antes de hora es sinónimo de repetirlos. No es preciso tener prisa por realizar los repasos, siempre y cuando se tenga programado el momento oportuno para llevarlos a cabo y establecida la coordinación entre industriales. El último ha de ser el de pintura.

Habitualmente se producen dos tipos de repasos: los de obra y los de usuario. Los repasos de obra son aquellos que se hacen previa la firma del acta de recepción de obra. Los repasos de usuario son los que se llevan a cabo cuando el propietario de la vivienda toma posesión de la misma.

Entre unos y otros repasos puede haber meses de diferencia. Durante este período de tiempo, a pesar de los controles, entran visitas. Resultado: desaparecen quemadores de las cocinas, se pican "inexplicablemente" bañeras y cerámica de los pavimentos, se ensucian y se rayan paredes, las calderas pierden presión; en definitiva, un largo capítulo de quejas imposible de enumerar.

El coste de estos repasos puede llegar a ser muy alto. Si bien las reparaciones son de pequeña entidad, los rendimientos resultan muy bajos puesto que se trata de acciones puntuales repartidas por toda la obra. Es preciso que sean realizados por personal de confianza de los industriales y llevar un control estricto de llaves para saber quienes han sido los operarios que han trabajado en las distintas entidades llevando a cabo repasos. Igualmente debe quedar establecido que, además de efectuar el repaso correspondiente, debe realizarse la limpieza de los residuos que éste pueda haber causado.

En la gestión de los repasos entra en acción un mecanismo de presiones en cadena. De entrada, por poco hábil o por poco que esté al corriente de la situación, el representante de la propiedad firmará el acta de recepción con una cláusula del tipo "pendiente de la lista de repasos", y si sabe un poco más del tema, no incluirá ninguna lista porque así "entra todo" y, además, es una buena excusa para sentirse ofendido y poder posponer el pago de la última certificación o de algunas de las retenciones.

Ante la situación descrita, el jefe de obra debe de haber reaccionado previamente sobre la base de la exigencia a los industriales para que los repasos sean mínimos y para que estén presentes el día de la recepción (las presiones compartidas se soportan mejor y también dan argumentos si es preciso para retener pagos).

El jefe de obra debe velar para que se haga una lista "cerrada" de repasos, si no en el momento de la firma del acta, en otro momento, de común acuerdo y, firmada por un representante calificado de la propiedad. Debe procurarse inmediatez en la elaboración conjunta de dicha lista, tomando el tiempo necesario para repasar, entidad por entidad, la totalidad de la obra, desde la cubierta hasta en sótano, pasando por los servicios comunes, la urbanización y la jardinería, si es el caso.

El siguiente paso consiste en exigir a los industriales que lleven a cabo los repasos y poder, de este modo, obtener la firma definitiva de conformidad de la propiedad.

Tan vital como llevar a cabo los repasos es traspasar la responsabilidad de la obra terminada. Se trata, con ello, de no asumir la reparación de daños posteriores a la entrega. Es preciso forzar (y en ello el jefe de obra tiene mucho que decir) que se fije un responsable "receptor" que inspeccione y dé como aceptada la obra, o la parte de la misma que corresponda.

El éxito de las últimas fases de obra depende, en buena medida, del control de accesos y de llaves. Este control debe ser todavía más acentuado durante los repasos. Se pierde, en estas situaciones, el efecto de control mutuo al disminuir, de forma sustantiva, el personal presente en la obra. Los repasos son, por tanto, una situación propicia para padecer robos y sabotajes.

El jefe de obra debe recordar a todos los industriales durante las reuniones de coordinación conjunta que, en caso de robo o sabotaje cuya autoria no pueda ser determinada, cada uno de ellos se hará responsable de su parte mediante la llamada "cuenta prorrata". Obsérvese que se ha indicado "recordar". Con ello se quiere indicar que es preciso que dispongan de conocimiento previo de las "reglas del juego" de la obra en la cual participan. Al jefe de obra, en estas circunstancias, le toca hacer el papel de árbitro.

La "cuenta prorrata" es una medida desagradable para todo industrial y para el jefe de obra. Es, con todo, necesaria. Su conocimiento contribuye a crear una tensión positiva. Esta desaparecería en caso de perderse el principio de corresponsabilidad.

En determinadas obras puede resultar aconsejable disponer de guarda jurado. Es preciso tener prevista la duración del servicio y su coste en los gastos indirectos de la obra.

6.2.9 ¿Qué hacer en caso de accidente?

El jefe de obra debe estar preparado tanto para prevenir como para evitar accidentes. También ha de estar dispuesto a hacerles frente con eficacia y competencia si, desgraciadamente, acaban produciéndose. Para ello, dentro de la formación pluridisciplinar que configura y caracteriza un jefe de obra, no estaría de más haber hecho un cursillo de primeros auxilios.

Los accidentes, además de afectar a personas, pueden involucrar bienes propios y de terceros. En una obra se producen accidentes que, afortunadamente, solo producen daños materiales (roturas y desperfectos por caídas de materiales, impactos de cargas suspendidas, afectación de suministros, deslizamientos...).

En las obras, las grúas y las máquinas de movimiento de tierras se llevan una gran parte de la siniestralidad. La prevención empieza en el correcto funcionamiento de las máquinas, la preparación y la experiencia del personal. En caso de que se produzcan daños materiales, el jefe de obra velará para minimizar sus efectos, organizando medidas de seguridad y corrección.

- Medidas de seguridad
  - Señalización y protección de las zonas afectadas
  - Apuntalamientos preventivos
  - Uso de elementos de protección individual y colectiva
- Medidas de corrección
  - Recogida de escombros y cascotes
  - Construcción de contenciones y refuerzos
  - Modificaciones en los sistemas constructivos y medios auxiliares
  - Cambios en la plantilla

Una vez atendidas las personas, si es el caso, y tomadas las correspondientes medidas de seguridad y corrección, el jefe de obra elaborará un informe-dictamen del suceso. En el mismo valorará el coste económico de los elementos dañados, así como el de las operaciones y el tiempo necesario para su corrección. Un reportaje fotográfico es de gran ayuda en estas situaciones. El conjunto de información se remitirá a la dirección de la empresa, y en su caso, a la compañía de seguros para solicitar la correspondiente indemnización.

a) *Accidente leve*
Bajo el concepto de accidente leve se entienden aquellos en que la persona está consciente y el daño sufrido no pone en peligro su integridad física (cortes o golpes de poca entidad). En caso de accidente leve, la primera cura puede llevarse a cabo en la propia obra o, en su defecto, el accidentado puede ser trasladado al centro de asistencia más próximo.

En primer lugar es preciso atender al herido, tratando de valorar la gravedad de las heridas para tomar las decisiones que sean oportunas y realizar, en consecuencia, las acciones de cura pertinentes.

Limpiar la herida con agua y jabón, desinfectarla y cubrirla con un apósito aséptico es una buena práctica que puede resolver, en primera instancia, parte de los problemas. Tal acción se halla al alcance de todos, previa limpieza de manos con agua y jabón para no provocar infecciones.

De acuerdo con el Plan de Seguridad y Salud, en todas las obras debe haber un botiquín correctamente preparado para resolver estas eventualidades. Si se presentan síntomas de mareo, pérdida de coloración, pulso acelerado, sudor excesivo... es preciso trasladar al herido a un centro de atención primaria.

De conformidad con el Plan de Seguridad y Salud, en un lugar visible de la oficina de obra deben figurar las direcciones y los teléfonos de los centros de asistencia más cercanos, así como un plano con la ubicación de los mismos. Si la herida impide o dificulta la normal actividad del trabajador, éste deberá trasladarse, o ser trasladado, a un centro de asistencia para cursar la correspondiente baja laboral durante el período de recuperación.

Posteriormente, el jefe de obra o personas por él delegadas realizarán una investigación sobre las causas del accidente, establecerán las responsabilidades y las medidas de prevención necesarias para que no se vuelva a producir.

Los trabajadores han de disponer de las medidas de protección individuales y colectivas adecuadas a la tarea que estén realizando, deben conocer su correcta utilización y los riesgos que comportan y a los que se exponen en caso de no utilizarlos.

Los trabajadores tienen también la obligación de cuidar de su salud; alcohol y drogas son incompatibles con situaciones de riesgo potencial. Ir sin ropa en el torso, potencia las insolaciones y el cáncer de piel. Priva además de un cierto grado de protección frente a golpes y arañazos.

La información, la motivación en el trabajo y la cultura, en un sentido amplio, son mecanismos de lucha contra la siniestralidad laboral.

b) *Qué hacer en caso de accidente grave*
En caso de accidente grave, la primera preocupación de los que auxilian al herido debe ser el no aumentar sus dolencias. Si no se tienen conocimientos médicos, es mejor no mover el cuerpo.
Es preciso garantizar la entrada de aire en los pulmones eliminando, si es preciso, residuos que puedan obturar las vías respiratorias. Para evitar que la lengua ahogue al herido, puede colocarse un lápiz entre los dientes. Es conveniente cubrir al accidentado con una manta para evitar el impacto térmico. Paralelamente se deberá avisar a los servicios de urgencia. Aunque el herido no pueda responder a preguntas, es preciso tranquilizarlo y confortarlo. Es preciso que se sienta acompañado.

Un accidente grave puede comportar secuelas físicas y psíquicas, reclamaciones económicas, pago de indemnizaciones, investigaciones por parte de la inspección de trabajo y de otros peritos sean de parte o judiciales, juicios, etc.

En caso de muerte, el problema se acentúa y se pueden llegar a solicitar, si se demuestra negligencia, responsabilidades penales para los implicados en la gestión de la seguridad, entre ellos, al jefe de obra.

Todos los aspectos enunciados inciden para que el jefe de obra vele de manera permanente para que su obra sea segura. El riesgo de accidente grave está siempre presente en las obras. Un adecuado empleo de medidas de seguridad reduce pero no anula la posibilidad de que éste se acabe produciendo. La seguridad absoluta no existe.

La palabra negligencia debería eliminarse del vocabulario y las acciones del jefe de obra.

6.2.10 Daños a terceros

a) *Cómo prevenirse*
La mejor prevención respecto a daños a terceros es realizar la tarea de manera bien hecha, adoptando las medidas de seguridad y prevención apropiadas.
Tres ejemplos:
- Si se dispone de una buena marquesina, la caída accidental de una herramienta o un cascote, no tendrá consecuencias.
- Cuando sea preciso trabajar al lado de una pared medianera o recalzarla, es preferible hacer un batache de más que uno de menos.

- Mantener la acera limpia y los andamios bien protegidos y señalizados, reducirá la posibilidad de que un peatón sufra un accidente.

Hay situaciones en las que la prevención pasa por realizar un acta notarial con fotografías antes de empezar a actuar (por ejemplo, en el caso de paredes medianeras en mal estado).
El procedimiento es el siguiente:
- Preparar previamente el reportaje fotográfico, con un número de copias suficiente (cuatro o cinco).
- Concertar día y hora de visita con el notario (habitualmente las empresas de cierta entidad suelen mantener contacto con uno o varios notarios).
- El notario se desplaza a la obra, en día y hora concertada, y da fe del día de la fecha y de la coincidencia de las fotografías con la realidad física.
- Es conveniente que el vecino afectado conozca que se ha llevado a cabo esta actuación.

Si previamente no se ha tomado esta precaución, es posible que el colindante quiera aprovechar la ocasión de las obras para ver qué puede sacar en su provecho de la situación.

Un jefe de obra con experiencia visitará, antes de iniciar las obras, a los propietarios o inquilinos de los edificios vecinos, a los cuales explicará los trabajos que se van a llevar a cabo y las medidas de seguridad que se tomarán. Asimismo les dejara un teléfono de contacto por si hubiere algún problema.

b) *Qué hacer*
Los daños a terceros pueden afectar bienes muebles, bienes inmuebles o a personas, a causa de errores o accidentes producidos durante el proceso de la obra.

Las causas, los resultados y los costos de la reparación de los daños pueden ser muy diversos; desde la aparición de grietas en edificio vecino, con un coste de reparación elevado, hasta el destrozo de un tejado por caída de materiales, pasando por la herida de un peatón por un hierro sobresaliendo de la valla de obras...

Las empresas constructoras disponen, por ley, de un seguro a todo riesgo de construcción para cubrir estas eventualidades. A pesar de todo, si los daños son de poco alcance, en la mayoría de ocasiones se reparan con personal de obra para evitar las pérdidas de tiempo ocasionadas por los trámites administrativos.

Es conveniente, en caso de daños a terceros, que el jefe de obra haga un reportaje fotográfico y un informe con una valoración detallada de:
- Causas
- Daños producidos (materiales, personales...)
- Responsable o responsable directos estimados
- Tiempo, medios y valoración del importe necesario para su corrección

Se facilita así la toma de decisiones y, si es preciso, la tarea de los peritos de la compañía aseguradora. Actuando de este modo, el jefe de obra deja documentado el caso por si son necesarias actuaciones posteriores.

Estadísticamente es poco probable que los daños a terceros los haya causado, directamente, el personal de la empresa constructora propiamente dicha. Es más habitual que sea un subcontratista quien haya ocasionado los daños. En todo caso es la empresa constructora al responsable directo frente a terceros. Todo ello sin detrimento que reclame, o, descuente, las cantidades pertinentes al subcontratista por vía amistosa o por vía judicial.

En caso a daños a terceros suelen producirse situaciones en los que la serena actuación del jefe de obra puede ser determinante para evitar problemas posteriores. Unas palabras amables, limpiar la zona afectada y ofrecer y realizar una inmediata reparación de los daños pueden obviar o atenuar reclamaciones de los afectados.

El jefe de obra puede dialogar y realizar la reparación del problema ocasionado; no obstante, no se debe ceder a presiones fuera de tono de quienes pretendan obtener ventajas de los problemas ajenos.

6.2.11 ¿Qué hacer en caso de daños por fuerza mayor?

Las causas de fuerza mayor están contempladas en el artículo 144 del Texto refundido de la Ley de Contratos de las Administración Públicas. Real Decreto Legislativo 2/2000. En él se especifican como causas de fuerza mayor las siguientes:
- Incendios causados por electricidad atmosférica
- Fenómenos naturales de efectos catastróficos como: terremotos, erupciones volcánicas, deslizamientos de terrenos, temporales marítimos y otros hechos semejantes
- Destrozos ocasionados violentamente en tiempo de guerra, robos tumultuosos o alteraciones graves del orden público

En casos de fuerza mayor, si se producen daños en una obra en construcción realizada por la Administración, se tiene derecho a indemnización siempre que no haya habido actuación imprudente por parte del contratista.

El efecto sobre una obra de una causa de fuerza mayor puede ser muy amplio: desde el retraso de unas horas a la destrucción parcial o total de la obra en curso de ejecución.

Un jefe de obra debe estar pendiente de la meteorología, en especial cuando se están llevando a cabo movimientos de tierras, recalces o trabajos en altura.

También es fundamental, para evitar problemas de inundaciones, respetar el principio de buena construcción "aguas fuera".

En el momento en que el edificio haya acabado la estructura, es preciso construir los petos de la azotea y realizar las pendientes y una red de bajantes provisionales para evitar que el agua de lluvia afecte, por filtraciones sucesivas, a todas las plantas. Otras acciones preventivas a adoptar por el jefe de obras serían:
- Proteger las zanjas de una eventual avenida de aguas.
- Disponer de un sistema de drenaje en la excavación.

- Apuntalar paredes de fábrica en fase de ejecución y minimizar así el efecto del viento.
- Asegurarse de que las grúas se puedan orientar libremente a viento. Efecto veleta.
- No dejar materiales en lugares donde su caída, por efecto de fuertes vientos, pueda provocar riesgos.
- Disponer unas lonas, o mejor, una cubierta provisional, si se están realizando tareas de reparación en un edificio en servicio.

En determinados casos puede ser prudente no iniciar según qué tipos de trabajo si las circunstancias metereológicas han de resultar adversas. Como siempre, "si no pasa nada", nadie sabrá que el jefe de obra decidió modificar o ralentizar el ritmo de la obra unos días, a la espera de mejores condiciones metereológicas.

La primera medida a adoptar por parte de un jefe de obra, frente a daños por fuerza mayor, es la prevención y la protección de las personas. La segunda medida es tener la obra preparada para minimizar los daños previsibles, en función de la época del año y la zona geográfica.

Si los daños se han producido, es preciso llevar a cabo un proceso de valoración de los mismos y un programa de trabajo para reconducir la obra a su estado inicial.

Los servicios de metereología pueden proporcionar información sobre las condiciones climatológicas de determinados días. Se pueden justificar así retrasos y evitar caer en penalizaciones.

También puede facilitar el cobro de una indemnización por daños por parte de las compañías de seguros.

6.2.12 Acabo de detectar un error grave en la obra. ¿Qué hago?

Bajo el concepto de error grave se pueden agrupar aquellos que comporten pérdidas significativas de tiempo y dinero. Se encuentran dentro de este tipo de errores:
- Los de replanteo tanto planiétricos como de niveles. Pueden afectar a todas las fases de la obra, desde el movimiento de tierras hasta las divisorias
- Deficientes aplicaciones de materiales
- Utilización de materiales inadecuados
- Omisión o deficiente ejecución de drenajes. Pueden comportar inundaciones o filtraciones subterráneas durante el curso de las obras.

La lista podría ser tan extensa como se desee; se entiende suficiente a título indicativo.

Se supone que el error es detectado, bien por el jefe de obra o por cualquier otro agente, durante la ejecución de la obra.

Los errores de concepto muestran sus efectos meses, hasta años, después de acabada la obra.

Además, en ocasiones, resulta difícil a los peritos asignar responsabilidades directas, con lo que entra en función el principio de corresponsabilidad para hacer frente a la reparación de los daños.

el oficio del jefe de obra

Ejemplos de ellos son:
- Los asentamientos diferenciales
- Incompatibilidad química y/o higrotèrmica entre materiales
- Flechas diferidas
- Deformaciones no compatibles entre elementos portantes y portados

Una de las funciones del jefe de obra es evitar que se produzcan errores durante la ejecución de la misma, sobre la base de una correcta planificación, conocimiento del proyecto y oficio como profesional de la edificación. Si a pesar de todas las prevenciones, el error se produce, el jefe de obra acabará siendo uno de los primeros en tener conocimiento de ello.

El proceso sobre lo que hacer responde a una necesidad de análisis y reflexión, bajo el siguiente esquema:
- ¿Por qué y cómo ha pasado? Para evitar volverlo a repetir.
- ¿Qué posibles soluciones hay? Siempre hay más de una. No es preciso precipitarse.
- ¿Cuánto cuesta? Es la pregunta clave y la que, habitualmente, da respuesta a la magnitud del problema. Es preciso estudiar el porcentaje sobre la facturación que supone corregir el error o errores detectados sobre el total de la obra. Resulta una ayuda inestimable en la ponderación del problema.
- ¿Cuánto tiempo será necesario para reconducir la situación? Es la segunda pregunta clave. De ella se deriva la trascendencia que el error puede tener sobre el prestigio de la empresa y sobre los plazos de entrega de la obra.
- ¿Qué modificaciones debo introducir en el equipo de trabajo? Para corregir el error y para dar un toque de atención si es preciso.
- ¿A quién atribuir la responsabilidad de los errores? Es preciso aplicar el principio de corresponsabilidad. Los grandes errores se producen por la acumulación de errores de diversos agentes.
- ¿Qué parte de responsabilidad debo asumir? La que me corresponda después de haber estudiado el problema y de repartirla, si es el caso, entre los otros implicados.
- ¿Cómo distribuir los costos entre los implicados? De forma razonada y razonable, en función de su responsabilidad, si ello es posible.
- ¿A quién es preciso informar? El principio de confianza indica que no se pueden tener secretos con el inmediato superior. Los directamente implicados ya conocen el problema. Los restantes agentes ya tendrán conocimiento del hecho, o no, según como convenga.
- ¿A quiénes es preciso convocar para resolver, de una manera ejecutiva, el problema? A los directamente implicados, siempre y cuando se disponga de instrucciones precisas que comunicar. Solo así es posible corregir el problema y repartir responsabilidades técnicas y económicas. Convocar, en estas situaciones, una reunión para comunicar dudas solo conduce a empeorar la situación.
- ¿Qué experiencias se han adquirido? Sobre las crisis es preciso reflexionar. Para ello es necesario dejar pasar un tiempo prudencial. El problema debe estar en la órbita de los recuerdos sea cual sea el grado de satisfacción obtenido respecto al resultado final de su resolución.

6.3 Bibliografía básica de un jefe de obra

La bibliografía que se detalla a continuación es, voluntariamente, muy corta, ya que se reduce a aquellos libros indispensables de consulta inmediata. Estos libros y documentos están pensados para tenerlos a mano en la obra para resolver con rapidez y eficacia las pequeñas dudas que, durante el curso de la misma, se puedan producir.

- NBE-EHE-98 y EFHE
- Contratos de las Administraciones Públicas. Recopilación legislativa
- Fichas de características mecánicas de los redondos de armadura
- Prontuario de perfiles de aceros estructurales
- Prontuario de perfiles conformados
- Prontuario de tubos
- Prontuarios de morteros y productos especiales
- NBE-CPI-96. Prevención de incendios
- Llei de promoció de l'accessibilitat i supressió de barreres arquitectòniques. Decret 100/84. Generalitat de Catalunya
- Números gordos en el proyecto de estructuras
- Legislación laboral. Recopilación legislativa
- Carta RAL de colores

La disposición de un ordenador y una línea ADSL proporciona al jefe de obra la posibilidad de acceder, desde su lugar de trabajo, a un cúmulo de información extraordinario.

7

la formación permanente

A lo largo del presente trabajo se ha asimilado el perfil del jefe de obra a un titulado universitario, preferentemente arquitecto técnico.

Los estudios de arquitectura técnica están actualmente estructurados según la directriz general propia de la Arquitectura Técnica, regulada por el R.D. 972/1992. Ello supone un ciclo único de cuatro años y la imposibilidad de impartir cursos de doctorado y de postgrado.

El marco jurídico descrito coarta las posibilidades de formación continuada que reclama una sociedad en cambio constante. Limita las aspiraciones de muchos profesionales en ciernes que precisan cambiar de carrera si desean continuar sus estudios a nivel superior. Siendo ello grave, aún lo es más por el hecho de que los planteamientos de fondo existentes en las carreras afines, arquitectura e ingeniería, parten lógicamente de enfoques, tradiciones y filosofías propias.

La situación expuesta supone, además, que los formadores responsables de transmitir los conocimientos relativos a la actividad profesional específica de los futuros arquitectos técnicos pueden llegar a ocupar el puesto docente sin haberse formado, previamente, en una escuela de arquitectura técnica.

La declaración de Bolonia de 1998 supuso el punto de partida de una reforma que ha de culminar con la equiparación de las titulaciones universitarias europeas, y en consecuencia, la libre circulación de profesionales. Las consecuencias de todo ello son, hasta cierto punto previsibles: una mayor movilidad y un mercado de trabajo más amplio y global.

Esta reforma supone que los títulos universitarios han de asegurar una preparación de base común y, al propio tiempo, garantizar una formación continua, especializada y de calidad.

Ello está suponiendo un significativo proceso de cambio en organización y criterios de selección de los recursos humanos y profesionales del sector de la construcción. En este sentido puede desaparecer la titulación de Arquitecto Técnico, sustituida por la de Ingeniero en Organización Industrial Orientación a la Edificación.

Pionera de este ambiente de cambio ha sido la escuela de Barcelona. Por Orden de 29 de octubre de 2003, publicada en el D.O.G. 4004 de 06-11-03 la Escuela Universitaria Politécnica de Barcelona (EUPB), pasó a denominarse Escuela Politécnica Superior de la Edificación de Barcelona (EPSEB). Ello ha permitido que, desde el curso 2003-2004, se imparta docencia de segundo ciclo (2 años) bajo la denominación "Ingeniero en Organización Industrial Orientación a la Edificación". Ello ha de permitir disponer en el futuro, en todas las escuelas del ámbito estatal, de programas de formación e investigación propios del tercer ciclo.

Sea cual sea la denominación de los estudios y el nombre de la titulación que se obtenga, después de cursarlos, éstos deben responder, plenamente, a las necesidades profesionales y sociales. La formación específica del jefe de obra podría realizarse mediante un postgrado

orientado a la producción y a la figura del jefe de obra. A favor de ello y de su necesidad se cuenta con una serie de potentes argumentos:
- La complejidad tecnológica de las obras de edificación.
- Hacer frente a los planteamientos de la sostenibilidad entre ellos y, de modo especial, a la gestión de residuos.
- Disponer de profesionales preparados para trabajar e intervenir en foros europeos. Ello supone el conocimiento, a nivel técnico, de un segundo idioma, preferentemente el inglés.
- Posibilidad y conveniencia de poner al día, con solvencia, técnicas y procedimientos perfectamente válidos y de uso común en otros países.
- La necesidad de aplicar criterios realmente profesionales a la gestión de las obras para optimizar los parámetros de calidad tiempo y precio.
- Reducir de modo drástico las faltas de conformidad y las patologías, actuando en estrecha colaboración con los proyectistas.
- Satisfacer las demandas empresariales y evitar la excesiva movilidad de los profesionales.
- Responder, en definitiva, a una necesidad social.

7.1 Líneas de desarrollo para un postgrado orientado a la producción y a la figura del jefe de obra

En el presente apartado se plantean, simplemente, las líneas maestras de los contenidos sobre los que establecer un postgrado orientado a la producción y, en especial, al jefe de obra.

Supone también una orientación para los futuros profesionales sobre la diversidad de conocimientos precisos para disponer de "las bases del correcto ejercicio". En términos generales, las líneas de desarrollo de un postgrado orientado a la producción y a la figura del jefe de obra deberían contar con los siguientes aspectos:
- Formación de carácter teórico práctico
- Colaboración con el mundo empresarial. Tanto por la aportación de algún conferenciante como por la posibilidad de establecer convenios en prácticas
- Necesidad de perfeccionamiento de un segundo idioma a nivel técnico, preferentemente inglés. A tal fin podrían establecerse programas de intercambio con otras escuelas
- Potenciación del perfil humano y técnico
- Incidencia teórico-practica sobre los aspectos de análisis, relación, negociación y liderazgo. Resolución de casos prácticos
- Lectura, análisis y paquetización de proyectos
- Asimilación y aplicación de los mecanismos y métodos para mejorar la calidad y conseguir la excelencia en la construcción
- Incorporación de conocimientos legales a efectos laborales, de contratación, y marco legislativo de la construcción
- Adquisición y desarrollo de habilidades de programas informáticos para diseño, gestión, programación y seguimiento de obras
- Aplicación práctica de los procesos administrativos y de gestión documental

la formación permanente

- Puesta en práctica de los principios de sostenibilidad y gestión de residuos
- Capacidad para prevenir y afrontar situaciones de riesgo. Prevención de riesgos laborales y primeros auxilios
- Profundizar en el conocimiento y aplicación práctica de las técnicas constructivas de vanguardia

7.2 Aspectos específicos sobre conocimientos de construcción arquitectónica sobre los que incidir y profundizar en la formación permanente del jefe de obra

Las necesidades actuales de las obras, con mayor tecnificación y complejidad precisan reconsiderar y ampliar el conocimiento de construcción arquitectónica de los jefes de obra.

Éstos deben poder abordar, con el adecuado nivel técnico, los problemas reales que la obra plantea.

A través de la formación permanente, el jefe de obra debe conocer y experimentar los aspectos más relevantes de la técnica constructiva, con el mayor detenimiento.

Una vez cubiertos los objetivos básicos de instrucción y de información que proporciona un título académico, se sugiere a continuación un temario de construcción para dar respuesta a las necesidades de formación continuada que precisa un jefe de obra. Por su concisión, constituye tan sólo una simple guía para analizar carencias y elegir de modo razonado y eficiente.

- Estudio del suelo y sus parámetros geotécnicos
- Replanteos. Manejo de aparatos topográficos
- Gestión de residuos y principios de sostenibilidad
- Diseño de elementos de contención y cimentación, según los condicionantes de suelo y de proyecto. Incidencia de la red de saneamiento
- Fábricas. Análisis especialmente orientado a la corrección en origen de patologías y a la elaboración de apeos
- Forjados. Tipologías. Patologías. Forma de evitarlas en origen. Diagnosis y reparación
- Técnicas de encofrado y hormigonado. Aspectos de puesta en obra del hormigón. Revisión de conceptos de cálculo. Prevención de fisuras
- Impermeabilizaciones. Evacuación y obturación
- Cerramientos. Paneles, composites, elementos prefabricados
- Estructuras ligeras para grandes luces: planas, espaciales. Realizadas con perfiles de acero abiertos, tubos... Madera laminada encolada. Estructuras tensadas
- Instalaciones y energías alternativas
- Técnicas específicas de restauración y rehabilitación

7.3 Reflexiones finales

El presente trabajo se ha desarrollado con el doble propósito de ofrecer una guía para orientar los primeros pasos del jefe de obra novel y, al propio

tiempo, constituir una herramienta de reflexión y mejora para el jefe de obra experimentado. En su elaboración, haciendo un paralelismo culinario, convergen ingredientes tan diversos como:
- Estudios técnicos de construcción (caso de la gestión de residuos)
- Experiencia relativa a procesos y procedimientos constructivos (aspectos de planificación y calidad)
- Bases de funcionamiento de la industria de la construcción (gestión del tiempo y del costo, estudio de proyectos)
- Programas informáticos (tanto técnicos como de gestión)
- Legislación aplicada a la construcción
- Seguridad y salud y primeros auxilios
- Aspectos psicológicos relativos a la negociación
- Referencias sociales a nivel autonómico, estatal y europeo
- Recopilaciones documentales y estadísticas relativas al ámbito de la construcción

Todos ellos son aspectos en consonancia con las necesidades presentes y futuras del jefe de obra. El oficio de jefe de obra, aun no siendo reconocido por la LOE ni por ningún plan de estudios oficial vigente, tiene una gran trascendencia social.

La construcción en España mueve un volumen de negocio de 60.375 milones de euros, lo que supone alrededor del 8,7 % del P.I.B (INE-2002); durante el año 2003 se superó la cifra de 600.000 viviendas en construcción (INE). Un amplio porcentaje del mismo es supervisado, aceptado o rechazado, en el ejercicio de sus funciones, por los jefes de obra.

Si se consiguiese mejorar la eficiencia de su gestión en un 5 %, supondría, además de ahorro, un efecto multiplicador importantísimo en el camino de la construcción hacia la industria, a través de la calidad. Este valor añadido no se puede ni se debe perder, en modo alguno, por falta de formación de los profesionales encargados de su gestión.

La situación actual muestra un reconocimiento fáctico de la figura del jefe de obra. Ningún agente de la construcción discute ni su importancia ni su necesidad en el desarrollo de obras de edificación.

Resulta evidente que para llevar a cabo tal función se precisa, cada vez más, un perfil y unos conocimientos específicos. La búsqueda de la calidad y la complejidad de las obras actuales se ha traducido, en los últimos años, en la necesidad de la presencia constante y a pie de obra de profesionales, de nivel universitario, con capacidad ejecutiva.

La realidad demuestra que dicho oficio, por lo que se refiere a las obras de edificación, está desarrollado de forma muy mayoritaria por arquitectos técnicos. Ello es debido a que el jefe de obra precisa un conocimiento profundo de los procesos constructivos.

Este perfil de base lo ofrece, hasta el momento como ninguna otra, la carrera de arquitectura técnica.

El nivel de formación del título universitario para hacer frente a las exigencias actuales de la profesión es condición necesaria, pero no suficiente. La transmisión de conocimientos, habilidades y recursos propios del perfil de un jefe de obra se ha venido realizando de forma oral. Se transfieren así, de profesional a profesional, "estilos" y formas propios de cada empresa.

la formación permanente

De esta forma no se puede transmitir un corpus ordenado y racional. Evidentemente, esto no es deseable para un correcto desarrollo de la función de jefe de obra. Es necesario disponer de un campo de formación general y específico para esta profesión. La formación del jefe de obra debe ofrecer una visión amplia de los aspectos de liderazgo, de gestión y de negociación de los procesos de obra.

El jefe de obra, para dar adecuada respuesta a los requisitos de su profesión, necesita conocimientos y experiencia. Se entiende como imprescindible para el aspirante a jefe de obra el paso de un período de tiempo ejerciendo funciones de ayudante de un jefe de obra de amplia experiencia. El periodo de tiempo apropiado debería establecerse en un mímino de un año y, preferiblemente, el necesario para la resolución de una obra completa.

modelos de documentos

La intención de los modelos que se indican es la de poner en contacto al futuro jefe de obra con los documentos más habituales de su actividad. Se ha incidido, por esta razón, en aquellos que se encuentran directamente relacionados con la gestión del tiempo y el coste.

La lista podría ser más extensa y abarcar otros ámbitos de la actividad del jefe de obra como; la emisión de informes, la confección de certificaciones, o la gestión de falta de conformidad, sólo por poner unos ejemplos.

Los aspectos reseñados tienen, como característica común, su especificidad. Ello complica su elaboración genérica mediante modelos. El esquematismo o la casuística son las posibilidades para su tratamiento. Ninguna de las dos se adapta bien al propósito de este apartado, razón por la cual ambas líneas han sido obviadas.

Todos los documentos de la selección de modelos adjunta giran alrededor del contrato. No en vano el contrato es el documento base que formaliza los derechos y deberes de los distintos agentes que intervienen en la ejecución de una obra. Además, en caso de conflicto entre las partes, la redacción del contrato ayuda a discernir a los profesionales de la justicia a quien otorgar la razón o, en su defecto, como repartirla.

Por poco estructurada que esté una empresa constructora, debería disponer de un abanico de modelos de documentos más amplio que el expuesto.

En caso contrario, uno de los trabajos que debe abordar el jefe de obra es crearlos. Se generan así rutinas positivas reduciéndose notablemente los esfuerzos destinados a trabajos rutinarios.

Las obras se mueven dentro de parámetros muy amplios por lo que se refiere a su volúmen, características y exigencia documental; por ello los mecanismos de gestión deben ser flexibles (sin dejar de ser rigurosos) para adaptarse a sus necesidades. Proceder de otro modo, por exceso o por defecto, puede conducir al jefe de obra a un callejón sin salida llamado fracaso en la gestión.

La adjudicación de trabajos de escasa entidad puede resolverse mediante la solicitud de ofertas a distintos industriales y un simple cuadro comparativo. En cambio, actividades clave para el buen desarrolo de una obra de envergadura como, por ejemplo, el movimiento de tierras, la cimentación y la estructura, requieren un protocolo de actuación muy preciso, de cuyos documentos clave se aportan modelos.

Dicho protocolo supone:
- Una selección previa de empresas
- La elaboración de unas bases de concurso
- Preparar cuidadosamente la documentación que se facilite a los concursantes para garantizar la homogeneidad de las ofertas
- Efectuar comparativos partida por partida
- Mantener contactos aclaratorios con los distintos participantes

- Adjudicar a la oferta más ventajosa en función de parámetros de calidad, precio, disponibilidad y confianza
- Agradecer la participación de los concursantes que no han resultado adjudicatarios
- Formalizar el contrato con el adjudicatario

Respecto al contrato tipo, cabe decir algo similar. El que se adjunta está orientado a obras de tipo medio-alto. Se ha hecho con el propósito de que pueda ser fácilmente adaptado a una obra específica efectuando, sobre el mismo, los recortes pertinentes y si es preciso, alguna adición específica de las características de la obra.

Por último, el modelo de pedido adjunto responde a la filosofia de un contrato de adhesión. Es propio de empresas constructoras de tipo medio o grande, dotadas de un potente departamento de compras con capacidad para imponer decisiones a los proveedores. En otras ocasiones será el jefe de obra, como representante de la empresa constructora, quien deba aceptar las imposiciones de determinadas multinacionales, que dominan el mercado, si desea ser atendido en tiempo y forma.

modelo 1

Carta de solicitud de oferta

LOGO DE LA EMPRESA

Att. Sr. Nombre de la persona de contacto

Proyecto: Título del proyecto
Nº Proyecto: Referencia interna de LA EMPRESA

Asunto: Solicitud de oferta

Población,   de   de 20XX

Apreciado Sr.

De acuerdo con nuestra conversación telefónica, agradeceriamos se sirvieran pasarnos su mejor oferta sobre los trabajos, cuya descripción y mediciones se acompañan a la presente.

Sería preciso que la misma estuviera en nuestro poder antes del día....
(especificarlo)

El inicio previsto de los trabajos objeto de la oferta en nuestra programación es .... (indicar fecha). Los mismos tienen programada una duración de ... (número de días, semanas o meses), por lo que deberán estar completamente finalizados antes de .... (indicar fecha).

La forma de pago prevista de los mismos es mediante pagaré a 90 días una vez aprobada la factura.

Quedo a su disposición para atender cualquier aclaración que pueda precisar. Sin otro particular, reciba un cordial saludo.

Fdo. El jefe de obra

LA EMPRESA. Dirección, piso, puerta, población, distrito postal. Teléfono, fax, e-mail

modelo 2

Invitación a participar en concurso

LOGO DE LA EMPRESA

Att. Sr. Nombre de la persona de contacto

Proyecto: Título del proyecto
Nº Proyecto: Referencia interna de LA EMPRESA

Asunto: Participación en concurso

                                                  Población,   de   de 20XX

Apreciado Sr.

Pongo en su conocimiento, por si es de su interés, que estamos realizando un concurso para la adjudicación de los trabajos (descripción de los trabajos), correspondientes al lote nº... del proyecto de referencia.

Las bases del concurso y la documentación pueden pasar a recogerla por nuestras oficinas (indicar dias y horario). La oferta debe estar en nuestro poder antes de las 12 horas (por ejemplo) del día...

Quedo a su disposición para atender cualquier aclaración que pueda precisar. Sin otro particular, reciba un cordial saludo.

Fdo. El jefe de obra

LA EMPRESA. Dirección, piso, puerta, población, distrito postal. Teléfono, fax, e-mail

modelo 3

▍Adjudicación de concurso o aceptación de oferta

LOGO DE LA EMPRESA

Att. Sr. Nombre de la persona de contacto

Proyecto: Título del proyecto
Nº Proyecto: Referencia interna de LA EMPRESA

Asunto: Adjudicación de concurso o aceptación de oferta

Población,   de   de 20XX

Apreciado Sr.

Por la presente me es grato notificarle que, después de ser estudiada su (documentación, en caso de concurso, y oferta si se trata de la atención de una solicitud préviamente formulada), por parte de LA EMPRESA, se ha decidido adjudicarle la ejecución de los trabajos consignados.

Rogamos se pongan en contacto con nuestro departamento (técnico o jurídico, según proceda indicando nombre, dirección y teléfono de la persona de contacto), para formalizar el correspondiente contrato.

Sin otro particular, reciba un cordial saludo.

Fdo. El jefe de obra

LA EMPRESA. Dirección, piso, puerta, población, distrito postal. Teléfono, fax, e-mail

modelo 4

Notificación de resultado

LOGO DE LA EMPRESA

Att. Sr. Nombre de la persona de contacto

Proyecto: Título del proyecto
Nº Proyecto: Referencia interna de LA EMPRESA

Asunto: Notificación de resultado de (concurso de adjudicación o adjudicación de oferta).

Población,   de   de 20XX

Apreciado Sr.

Ponemos en su conocimiento que, después de ser estudiadas las distintas opciones presentadas en relación a los trabajos de (breve descripción) por parte de LA EMPRESA, se ha decidido adjudicarlos a (indicar la firma comercial).

Lamentamos, en esta ocasión, no poder contar con su colaboración. Agradecemos sinceramente su interés y deseamos poder seguir contando con su confianza en el futuro.

Sin otro particular, reciba un cordial saludo.

Fdo. El jefe de obra

LA EMPRESA. Dirección, piso, puerta, población, distrito postal. Teléfono, fax, e-mail

modelo 5

Bases de concurso

Proyecto: (Título del proyecto)
Dirección de obra: (Calle, número y población)
Referencia: (Código interno de la Empresa)

Lote de licitación: (Número y descripción del lote)

BASES DE CONCURSO DE CONTRATACIÓN DEL LOTE N°....
Descripción del Lote, DE LA OBRA DE (Título del proyecto y dirección de la obra y población).

1.- Trabajos a ofertar:

Ejecución de todos los trabajos que incluyan las partidas de proyecto referentes a los capítulos de (número y descripción de los capítulos y, o partidas) que se adjuntan en la documentación.

2.- Documentación que se adjunta para la solicitud de las ofertas:

Bases del Concurso
Mediciones de Proyecto
Resto de documentación del Proyecto
Contrato tipo

3.- Reglamento del concurso

    3.0.- Recogida de información:
        Del día... al día
        En las oficinas de LA EMPRESA.
        Calle, número, piso, puerta, distrito postal y población en horario (por ejemplo) de 9:00 a 14:00 y de 16:00 a 19:00 h.

    3.1.- Límite para la presentación de ofertas:
        Día, mes y año antes de las 12:00 horas (por ejemplo).

    3.2.- Forma: En sobre cerrado indicando en el exterior el título de la oferta.

    3.3.- Lugar:
        Oficina de LA EMPRESA.
        Calle, número, piso, puerta.
        Distrito postal y población.

modelo 5

3.4.- Consultas:
En LA EMPRESA
A/A : Sr. (El jefe de obra)
Telf.: xx.xxx.xx.xx
Fax: xx.xxx.xx.xx
E mail: xxxxx@xxxx.xx

3.5.- Documentación a incluir en la oferta:

a) Oferta Económica del Lote Nº.... por partidas y precios unitarios y resumen económico por capítulos y sub-capítulos

Deberán ser repercutidos en los importes los conceptos siguientes:

– Transporte y elevación de materiales, vigilancia propia e implantación
– Costes Indirectos, Beneficio Industrial y Gastos Generales
– Todos los necesarios para desarrollar el Proyecto en todas sus dimensiones
– Los costes de control de calidad y de cumplimiento de las normas de seguridad propias de la obra
– Vigilancia y seguridad de sus materiales en la obra
– Otras especificaciones incluidas en el Contrato y el Proyecto

b) Documentación técnica. Relativa a los materiales a suministrar e instalar, muestras, y cualquier otra información técnica que se considere conveniente para facilitar la evaluación de la oferta.

c) Mejoras. Se valorarán especialmente propuestas valoradas de mejoras o alternativas a determinados aspectos del proyecto.

d) Programa de Obra. Se valorará especialmente el estudio de la Programación de obra y las mejoras estudiadas. A tal efecto se adjuntará relación de medios humanos y maquinaria prevista para acometer la obra, especificando cantidad y rendimientos previstos que garanticen el cumplimiento del programa de obras propuesto.

e) Equipo de Obra - Organigrama

f) Solvencia de la empresa:
Áreas principales de actuación
Realizaciones similares más importantes
Relación de maquinaria e inmovilizado (medios técnicos)

modelo 5

        Relación de personal en plantilla, técnicos y especialistas
        (medios humanos)
        Seguro de responsabilidad civil (importe)

4.- Condiciones económicas

    4.1.- Forma de pago:

    Por certificación mensual abonada mediante pagaré con vencimiento a 90 días de la fecha de la factura.

    4.2.- Oferta económica:

    En la oferta se indicarán todos los precios unitarios y las mediciones correspondientes que se reflejan en el documento del Estado de Mediciones que se entrega. Antes de la firma del contrato el contratista deberá revisar dichas mediciones para establecer un precio cerrado total del presupuesto resultante.

5.- Plazos

El inicio previsto para el comienzo de las obras del Proyecto es el día...de (mes) de (año) y los plazos de ejecución se prevén en .... meses.

                                                            Barcelona, ... de ... de 20...

modelo 6

Contrato tipo

CONTRATO PARA LA EJECUCIÓN DE LOS TRABAJOS DE ......DE LA OBRA SITA EN..... N°..... DE........

En ....., a .... de ......

REUNIDOS

DE UNA PARTE, D .....con D.N.I. n°. ...... , con domicilio profesional en....., calle ..... en nombre y representación de la Empresa Constructora..... , domiciliada en.... , calle... , NIF.....
Actúa en virtud de su cargo de Apoderado, según consta en Escritura autorizada por el Notario de.... , D..., el día ... de....de....., bajo el n°.....de su protocolo. En adelante se denominará el ADJUDICATARIO.

Y DE OTRA, D .....con D.N.I. n°. ...... , con domicilio profesional en....., calle ..... en nombre y representación de la sociedad....., domiciliada en...., calle..., NIF.....

Actúa en virtud de su cargo de Apoderado, según consta en Escritura autorizada por el Notario de.... , D..., el día ... de....de....., bajo el n°.....de su protocolo. En adelante se denominará el CONTRATISTA.

Ambas partes se declaran con la capacidad legal necesaria para otorgar el presente Contrato de Ejecución y lo llevan a efecto sobre la base siguiente.

EXPONEN:

Que el ADJUDICATARIO se encuentra desarrollando la obra sita en...., calle... n°.... consistente en..... Dentro de la misma es preciso ejecutar una serie de trabajos (breve descripción de los mismos) los cuales se corresponden con la actividad del CONTRATISTA y este está dispuesto a realizar.

El CONTRATISTA se obliga al suministro de materiales, mano de obra, equipos y herramientas necesarias para la ejecución de los trabajos descritos en las partidas del proyecto que le han sido contratadas, de rigurosa conformidad con los documentos que forman parte integrante del Contrato, declarando su conocimiento sobre la situación existente y previsible respecto a materiales, equipos, mano de obra, situación del solar y sus alrededores.

El CONTRATISTA declara conocer la existencia de otros trabajos en el Proyecto que no son objeto del alcance de este contrato, que serán llevados a cabo por terceros.

El CONTRATISTA declara conocer toda la normativa aplicable, incluida la de carácter municipal, que puede tener relación con el desarrollo de las obras y, por lo tanto, se compromete a cumplirla y acepta la total responsabilidad de su ejecución.

modelo 6

A estos efectos, ambas partes convienen en celebrar el presente contrato de adjudicación de los trabajos con arreglo a las siguientes:

ESTIPULACIONES:

PRIMERA. OBJETO DEL CONTRATO

El presente contrato tiene por objeto la ejecución de los trabajos (descripción de los trabajos y emplazamiento de los mismos).

A tal fin, el ADJUDICATARIO encarga al CONTRATISTA, que acepta, la ejecución de la obra indicada, con sujeción a los plazos, precio y demás condiciones y características que se establecen en las cláusulas siguientes.

La obra contratada deberá ejecutarse por el CONTRATISTA de acuerdo con las especificaciones de este contrato y sus anexos, y en todo caso, dando cumplimiento a la Normativa, Ordenanzas y demás Reglamentación y disposiciones legales vigentes en materia de ejecución de obras, materiales, seguridad, y disposiciones en materia de suministros, que por su naturaleza o contenido sean de aplicación a este contrato.

El CONTRATISTA aportará a su cargo todos los materiales, suministros, equipos, mano de obra y demás elementos necesarios para la construcción. La contrata se asume por el CONTRATISTA a riesgo y ventura, salvo los casos que se reseñan en el presente contrato.

SEGUNDA. DOCUMENTOS DEL CONTRATO

El presente contrato de ejecución de obra consta de los siguientes documentos que, como Anexos, se adjuntan, formando parte integrante del mismo:

Nº 1: Contrato.
Nº 2: Pliego de Condiciones Generales
DOCUMENTO Nº 1: Planos
DOCUMENTO Nº 2: Pliego de Prescripciones Técnicas Particulares
DOCUMENTO Nº 3: Presupuesto.
DOCUMENTO Nº 4: Estudio de Seguridad y Salud
Nº 3: Oferta del Contratista
Nº 4: Pólizas de seguro

En el plazo de quince días desde la fecha de la firma de este contrato el CONTRATISTA presentará los siguientes documentos:

Plan de Seguridad y Salud elaborado, basándose en el Estudio de Seguridad y Salud, o adhesión al Plan de Seguridad y Salud del ADJUDICATARIO.
Cuadro de Precios Descompuestos
Programa detallado y proyecto de organización de sus trabajos encudrados en la planificación general facilitada por el ADJUDICATARIO.

modelo 6

Estos documentos, tras su aprobación por el ADJUDICATARIO, pasarán a formar parte de éste Contrato.

TERCERA. CONDICIONES DEL EMPLAZAMIENTO

1.- Previamente a la formalización del Contrato, el CONTRATISTA declara haber visitado y examinado el emplazamiento de las obras y sus alrededores, y se ha asegurado que las características del lugar, su climatología, medios de acceso, vías de comunicación, instalaciones existentes, etc no afectarán al cumplimiento de sus obligaciones contractuales, aceptando la responsabilidad de la ejecución y buen funcionamiento de las obras.

2.- En caso de exigirse, debido a las circunstancias particulares de la obra, si las condiciones en que deban realizarse los trabajos así lo determinan (debido a la circulación por las vías vecinas, las operaciones de carga y descarga, el acopio de materiales, si los trabajos deben llevarse a cabo fuera de la jornada normal, en horario nocturno o festivo), el CONTRATISTA atenderá dichos requerimientos sin que supongan reclamación alguna, por haberse tenido en cuenta al valorar los precios en la oferta previa. En todos los trabajos a ejecutar, se evitará causar daños, molestias o interferencias no razonables a los propietarios, vecinos o a posibles terceras personas u otros afectados.

3.- El CONTRATISTA instalará todos los servicios que sean precisos para el personal que intervenga en las obras, de conformidad con los Reglamentos Vigentes del Trabajo, con el Estudio de Seguridad y Salud del Proyecto y con el Plan de Seguridad y Salud presentado por el CONTRATISTA y aprobado por la Dirección de Obra.

4.- El CONTRATISTA es responsable del orden, la limpieza de los tajos y zonas adyacentes y el mantenimiento de las condiciones sanitarias de los trabajos. Durante la ejecución de la obra y una vez terminadas las obras, previamente a la Recepción Provisional de las mismas, el CONTRATISTA, realizará una limpieza total del emplazamiento, retirando escombros, basuras y todas las instalaciones provisionales utilizadas durante las obras, dejando el emplazamiento en condiciones satisfactorias. Igualmente repondrá las aceras o elementos de las urbanizaciones adyacentes que hubieran sido dañados por la realización de las obras.

CUARTA. REPLANTEO, ALINEACIONES Y DIMENSIONES

El CONTRATISTA se responsabilizará de la ejecución o comprobación del replanteo general de sus trabajos; asimismo será responsable de que todos los replanteos (niveles, alineaciones, dimensiones, etc.) necesarios para la ejecución de la obra sean correctos de acuerdo al proyecto y de proporcionar los instrumentos y mano de obra necesarias para conseguir este fin.

Si durante la realización de las obras se apreciase un error en los replanteos, alineaciones, dimensiones de una parte cualquiera de las obras, imputable

modelo 6

al CONTRATISTA, las rectificaciones que sean necesarias se harán a su costa. La verificación de replanteos, alineaciones o dimensiones por la Dirección de Obra, no eximirá al CONTRATISTA de sus responsabilidades en cuanto a su exactitud.

El CONTRATISTA deberá cuidadosamente proteger todos los mojones, estacas y señales que contribuyan al replanteo de las obras.

QUINTA. DIRECCIÓN DE OBRA

La realización de las obras, de acuerdo con el Proyecto, por parte del CONTRATISTA, se llevará a cabo según las instrucciones de la Dirección Facultativa de la Obra quién podrá inspeccionar las obras y dar instrucciones dirigidas a su correcta ejecución.

El CONTRATISTA se compromete a cumplir cuantas órdenes e instrucciones puedan dictar, en el ámbito de sus respectivas competencias profesionales, los facultativos a quienes incumbe la dirección de la obra, en cuanto concierne a la ejecución de conformidad con las prescripciones contractuales y normas de la buena construcción.
Todo ello, sin perjuicio de cuantas obligaciones y cometidos específicos, en el ámbito de su propia competencia técnica y profesional, incumban al CONTRATISTA, que deberá proporcionar los planos de taller correspondientes para el examen y aprobación de la Dirección Facultativa.

Las aprobaciones de la Dirección Facultativa de la Obra no eximirán al CONTRATISTA de sus responsabilidades ante vicios ocultos no observados en el momento de la aprobación, que sean consecuencia de defectuosa ejecución.

SEXTA. REPRESENTANTES DEL ADJUDICATARIO Y DEL CONTRATISTA

El CONTRATISTA se obliga a mantener desde la fecha de inicio hasta la recepción provisional de las obras, todo el personal incluido en la organización fija de la obra del CONTRATISTA a pié de obra.

El CONTRATISTA dispondrá con carácter exclusivo para la obra de un responsable, quien será la persona designada expresamente y aceptada por ADJUDICATARIO, con capacidad suficiente para realizar las funciones establecidas en el Pliego de Condiciones. Estará obligado a asistir a las reuniones periódicas que se lleven a cabo durante la obra y a cuantas otras convoque el ADJUDICATARIO o su representante (habitualmente el jefe de obra).

El ADJUDICATARIO y/o Dirección Facultativa se reserva el derecho a recusar al responsable o a cualquier otro empleado u obrero del CONTRATISTA por causa de ineficacia, faltas de respeto, mal comportamiento en el trabajo, imprudencia temeraria capaz de producir accidentes o comportamiento perjudicial para la buena marcha de las obras.
El CONTRATISTA deberá despedir de la obra al empleado recusado con carácter

inmediato y, en el caso del equipo técnico, se obliga a sustituirlo en un periodo inferior a veinticuatro horas por otro de titulación académica similar y Currículum profesional aprobado por el ADJUDICATARIO.

SÉPTIMA. SUBCONTRATACIÓN

Excepto que el ADJUDICATARIO determinase lo contrario, el CONTRATISTA queda facultado para subcontratar con terceras personas físicas o jurídicas tanto el suministro de materiales como la ejecución de determinadas unidades de obra, siendo el CONTRATISTA el único responsable e interlocutor ante el ADJUDICATARIO de los actos, daños, perjuicios, defectos, vicios de ejecución o accidentes causados por los subcontratistas serán directamente imputados al CONTRATISTA.

En el supuesto de que el CONTRATISTA subcontrate cualquier parte de la obra convenida en este documento con terceras personas, deberán reunir las condiciones administrativas idóneas para la ejecución que corresponda y el contrato entre el CONTRATISTA y el subcontratista deberá contener una cláusula expresa por la que éste renuncie a la acción directa contra el ADJUDICATARIO, según el artículo 1.597 del Código Civil.

El ADJUDICATARIO, y la Dirección Facultativa deberán conocer, para su aprobación o recusación, la identidad de las empresas subcontratadas.

OCTAVA. RESPONSABILIDADES DEL CONTRATISTA

8.1. El CONTRATISTA empleará en la obra únicamente el personal adecuado con las calificaciones necesarias para la realización del trabajo.

8.2. El CONTRATISTA facilitará a sus expensas el transporte, alojamiento o alimentación para el personal, caso de que sean necesarios.

8.3. El CONTRATISTA deberá adoptar las medidas razonables para prevenir cualquier acción que pueda alterar el orden de la obra o perjudicar a las personas o bienes situados en las proximidades.

8.4. El CONTRATISTA asume directamente cuantas responsabilidades de todo orden deriven de las obligaciones que le impone este Contrato y, en general, las que guarden relación con la ejecución de la obra y con la obra misma, respondiendo de los daños, perjuicios y menoscabos de toda índole, incluidos los que se deriven de la actuación del personal del CONTRATISTA en los bienes e instalaciones de el ADJUDICATARIO afectadas por los trabajos y en la persona o bienes de terceros, sin perjuicio del posterior ejercicio por el CONTRATISTA de las acciones de resarcimiento que pudiera corresponderle contra los responsables del daño.
Será por cuenta del CONTRATISTA el pago de liquidaciones, sanciones, multas y penalizaciones que le sean impuestas por contravenir las disposiciones legales y reglamentarias aplicables, especialmente las de índole fiscal, administrativa y laboral.

modelo 6

8.5. En consecuencia y a título meramente enunciativo, asumirá el CONTRATISTA todas las responsabilidades siguientes:

a) Por daños a personas, animales, instalaciones y propiedades en general, propias o ajenas, por defecto directo o indirecto de las obras, de la actuación de su personal, de los vehículos, herramientas y materiales que utilice. A tal efecto, el CONTRATISTA deberá escoger los medios de entibación, señalización, seguridad, iluminación, regulación del tráfico, las técnicas de trabajo, etc, que considere necesarias dentro de las normas y reglamentos vigentes.

b) Por incumplimiento de sus obligaciones laborales, accidentes de trabajo, incumplimiento de las Leyes Sociales, muy especialmente del Reglamento de Seguridad y Salud en el Trabajo, en cuanto se refiere al personal por él o por los subcontratistas utilizado o indirectamente empleado para el cumplimiento de este Contrato.

c) De la calidad y transporte de los materiales que aporte, y de la correcta aplicación de los métodos de trabajo y, en consecuencia, también de las repercusiones que el incumplimiento de sus obligaciones a este respecto puedan tener en la obra realizada. Todos los materiales que la Dirección de Obra, aprecie que sean defectuosos serán retirados inmediatamente y sustituidos por otros.

d) Por daños o perjuicios directos o indirectos que ocasionen las instalaciones defectuosamente construidas, la técnica empleada durante su construcción, siempre y cuando no sea lo indicado en Proyecto o aprobada por la Dirección de Obra o por dolo o negligencia de sus trabajadores.

e) Ante los respectivos Órganos del Estado y demás Administraciones Públicas, por el incumplimiento de las disposiciones emanadas de los mismos.

8.6. Dada la responsabilidad subsidiaria en que pudiera incurrir el ADJUDICATARIO por los daños ocasionados a terceros por parte del CONTRATISTA, éste deberá facilitar a aquélla copia de los documentos justificativos de los pagos de las multas impuestas o recursos interpuestos, de las denuncias formuladas contra el CONTRATISTA, de los daños ocasionados, de su reparación o indemnización, en su caso, y demás que fueran pertinentes con objeto de responder a posibles ulteriores reclamaciones de los damnificados.

Sin perjuicio de la responsabilidad exclusiva del CONTRATISTA, tal como ha quedado configurada, el ADJUDICATARIO, a través de sus representantes autorizados y destacados en la obra (jefe de obra), podrá inspeccionar la actuación del CONTRATISTA en relación con los extremos aludidos y exigir al mismo la adopción de las medidas correctoras o preventivas que estime necesarias para evitar incidencias, retrasos, paralizaciones, sanciones o molestias de todo tipo; pudiendo incluso tomar posesión inmediata de las obras construidas., sin perjuicio de lo dispuesto en la estipulación 17, punto 17.2.

8.7. El CONTRATISTA se obliga al estricto cumplimiento en todo momento de las obligaciones que respecto de sus obreros y empleados y para la Seguridad Social

modelo 6

establezcan las disposiciones legales vigentes, respondiendo directamente ante el ADJUDICATARIO de cualquier perjuicio que a ésta pudiera irrogársele por aplicación de lo dispuesto en el Estatuto de los Trabajadores, Ley de Infracciones y Sanciones en el Orden Social y disposiciones complementarias y concordantes que estén vigentes o que se promulguen durante la vigencia del Contrato.

El CONTRATISTA estará en condiciones de poder presentar al ADJUDICATARIO, inmediatamente a su requerimiento, los siguientes documentos:

PREVIAMENTE AL COMIENZO DE LOS TRABAJOS:

Alta en el Impuesto sobre Actividades Económicas.
Alta de la Empresa en la Seguridad Social (Modelo A-6).
Documento Certificación Empresarial.
Parte de Alta en la Seguridad Social de los trabajadores que van a prestar servicios en la obra (Modelo A-2/2).
Boletín de Cotización a la Seguridad Social y Relación Nominal de trabajadores (última cotización, Modelos TC-1 y TC-2).

DURANTE LA EJECUCIÓN:

Partes de Alta de los nuevos trabajadores que se incorporen, y Baja de los que vayan cesando.
Presentación mensual de los Boletines de Cotización y Relación Nominal (TC-1 y TC-2).

8.8. En cuanto al Plan de Seguridad y Salud en el Trabajo, redactado por el CONTRATISTA antes del inicio de las obras, cumplirá lo establecido en la legislación vigente en materia de Seguridad y Salud en el Trabajo de Construcción, Prevención de riesgos laborales, Reglamento de los Servicios de Prevención (entre otros: Reales Decretos 555/1986 del 21 de Febrero, 84/1990 de 19 de Enero y 1627/1997 de 24 de Octubre).

El CONTRATISTA será el responsable absoluto y único ante los Tribunales de los accidentes que sobreviniesen en la obra objeto de este Contrato, salvo que se deban a culpa directamente imputable al ADJUDICATARIO o se originen a causa de fuerza mayor. Asimismo será el responsable absoluto y único de las condiciones de Seguridad e Higiene de todos los trabajos de la obra objeto del contrato y estará obligado a adoptar y hacer cumplir las disposiciones vigentes sobre esta materia, las medidas y normas que dicten los organismos competentes, las exigencias contenidas en el Pliego de Condiciones Técnicas, los que figuren en el Estudio de Seguridad y Salud en el Trabajo del Proyecto, y las que fije el Comité de Seguridad de la Obra.

El CONTRATISTA deberá aportar su Plan Específico de Seguridad y se obligará a mantener en perfecto estado todos los medios generales de seguridad que utilice en la realización de sus trabajos.

modelo 6

El CONTRATISTA indemnizará al ADJUDICATARIO por todas las sanciones o penalidades económicas que le sean impuestas a ésta y que sean debidas al incumplimiento o inobservancia por el CONTRATISTA del Plan de Seguridad y Salud.

NOVENA. PRECIO

El precio del presente contrato es de ....euros (en letras), (en números €) más el I.V.A. correspondiente.

El precio del contrato es cerrado y sin posible modificación mas que por acuerdo escrito entre las partes. En consecuencia, el CONTRATISTA no podrá pretender ningún aumento de precio por razón de incrementos de los costos de mano de obra, materiales o suministros de cualquier naturaleza que fuesen necesarios para la ejecución de la obra contratada. Asimismo, el precio anteriormente establecido no sufrirá ninguna alteración (en más o en menos) por razón de las diferencias que pudieran resultar entre las mediciones reales de las distintas unidades de obra y las indicadas en la Oferta Contratada, entendiéndose asimismo, que la descripción de las unidades de obra que constituyen este presupuesto, incluye todas las actividades que resulte necesario realizar hasta la correcta y completa terminación de dichas unidades.
Ni en el precio total ni en los unitarios están incluidos los honorarios del Proyecto y Dirección Facultativa de las obras y en especial la Licencia de Obras y el Impuesto sobre Construcciones, Instalaciones y Obras, pero sí incluyen los visados, honorarios y gestiones para la legalización de las instalaciones incluidas en el Proyecto de Ejecución, en lo referente a la ejecución de este contrato, así como las acometidas provisionales.

El CONTRATISTA se hace responsable de que las mediciones ofertadas se corresponden con los planos y demás documentos del Proyecto y declara que no ejecutará reclamaciones posteriores por indefinición de algún elemento, sin que ello signifique que el CONTRATISTA asume responsabilidad alguna en cuanto al proyecto en sí y especialmente a la exactitud de los cálculos empleados.

Los precios fijados en la Oferta Contratada incluyen todos los gastos del CONTRATISTA para el suministro de materiales y su ejecución, según lo establecido en el Pliego de Condiciones. Todas las obligaciones del contratista contenidas en este contrato están incluidas de una manera explícita o implícita en el precio pactado.

DÉCIMA. FORMA DE PAGO

El abono de las obras se efectuará sobre la base de certificaciones mensuales a origen, consideradas a cuenta de la liquidación final y de acuerdo con el volumen de obra ejecutado, previa aprobación por parte del ADJUDICATARIO.

Los pagos realizados no constituirán en ningún caso aprobación o recepción provisional de las obras incluidas en los mismos y el abono de las certificaciones con

modelo 6

el carácter de, a cuenta, supone que pueden ser rectificadas por las sucesivas o en la liquidación final.

La conformidad del ADJUDICATARIO con las mediciones y valoraciones contenidas no supone renuncia alguna a efectuar las pruebas y comprobaciones que se estimen convenientes.

El proceso de tramitación de las certificaciones y sus correspondientes facturas y los pagos por el ADJUDICATARIO, estarán sujetos a lo establecido en el Pliego de Condiciones.

DÉCIMO PRIMERA. REVISIÓN DEL PRECIO

Los precios unitarios ofertados y adjudicados, se establecen con el carácter de fijos para toda la duración de la obra, por lo que no serán objeto de revisiones ni modificaciones por ningún concepto, ni siquiera de incrementos de precios o revisiones acordadas oficialmente por la Administración.

Por tanto se pacta expresamente la no revisión de precios de tipo alguno, pues las posibles incidencias han sido contempladas en el precio del presupuesto.

DÉCIMO SEGUNDA. MODIFICACIÓN DEL ALCANCE CONTRATADO

El ADJUDICATARIO tendrá capacidad de ordenar, en cualquier momento, modificaciones, incrementos o disminuciones, en más o en menos, del importe de obra contratada, sin que el CONTRATISTA tenga derecho a recibir indemnización alguna (sin perjuicio del derecho a cobrar, en su caso, el precio de la mayor obra ejecutada o la obligación de cobrar únicamente la menor obra ejecutada).

Los trabajos que modifiquen el alcance del contrato darán lugar a la formalización de Reajustes u Órdenes de Cambio, siendo valorados conforme a lo indicado en el Pliego de Condiciones.

DÉCIMO TERCERA. PLAZO DE EJECUCIÓN

El plazo de ejecución de todos los trabajos será conforme al cronograma general de obra realizado por el contratista y aceptado por el ADJUDICATARIO., con inicio previsto para el ... de octubre de .... y fin de obra el ......, con una duración total de ..... (dias, semanas, meses, según proceda).

El CONTRATISTA ejecutará la totalidad de la obra, de conformidad con el Pliego de Condiciones, según el programa detallado que forma parte integrante de este Contrato, manteniendo las fechas de los hitos de cumplimiento parciales de plazos fijados en el Programa General de las Obras.

Los equipos, medios auxiliares, materiales y jornadas laborables del personal del CONTRATISTA o de sus Subcontratistas a emplear en el cumplimiento de este Proyecto de Organización no supondrá en modo alguno un incremento en el precio.

modelo 6

El plazo establecido tiene el carácter de término esencial y su sólo vencimiento producirá la mora del CONTRATISTA, sin necesidad de requerimiento alguno. No obstante, dicho plazo tiene el carácter de término máximo, por lo que el CONTRATISTA podrá adelantar su cumplimiento, siempre y cuando lo permita el desarrollo de las actividades de otros contratistas, sin que ello le dé derecho a reclamar compensación alguna.

El plazo de ejecución de las obras no experimentará alteración alguna sino en los siguientes casos:

a) Por convenio expreso y escrito entre el ADJUDICATARIO y el CONTRATISTA.

b) Por riesgo catastrófico o causa de fuerza mayor. La huelga será considerada fuerza mayor cuando sea general o de la totalidad del sector de la construcción en la provincia, o siempre que afecte de forma justificada y comprobada a la ejecución de los trabajos o a los suministros de materiales necesarios para la realización de las obras.

Toda causa de fuerza mayor deberá ser comunicada dentro de los cinco días siguientes a su acaecimiento, por el CONTRATISTA a la Dirección de Obra.

En todos los casos de interrupción de las obras por causas imputables al CONTRATISTA, incluso por huelgas internas o casos similares, los gastos de vigilancia y entretenimiento necesarios serán de cargo y cuenta exclusivos del CONTRATISTA.

En el caso de incumplimiento de los plazos establecidos, el ADJUDICATARIO estará en el derecho de aplicar las sanciones y penalizaciones, conforme lo previsto en el Pliego de Condiciones.

DÉCIMO CUARTA. CONTROL DE UNIDADES DE OBRA. GARANTÍA Y CONTROL DE CALIDAD

El CONTRATISTA cuidará en la obra que la calidad de los materiales sea la misma que figura en el Pliego de Condiciones, ajustándose estrictamente a él y a las variaciones y modificaciones ordenadas por la Dirección de Obra y aprobadas expresamente por el ADJUDICATARIO.

Los materiales y la forma de su empleo estarán de acuerdo con los documentos del Contrato, las reglas usuales de buena práctica, las instrucciones de los fabricantes de los materiales, así como las instrucciones de la Dirección de Obra.

El ADJUDICATARIO podrá solicitar al CONTRATISTA que le presente, muestras de todos los materiales que piensa utilizar, con la anticipación suficiente a su utilización para permitir ensayos, aprobaciones, o el estudio de soluciones alternativas. Si fuera necesario repetir ensayos o pruebas por deficiente ejecución, éstos serán siempre por cuenta del CONTRATISTA.

modelo 6

El CONTRATISTA estará obligado a la demolición y reconstrucción a su costa, de cuantas unidades de obra estén mal ejecutadas o no cumplan el pliego de condiciones técnicas generales y particulares, sin que pueda servir de excusa el que dichas unidades hayan sido certificadas con anterioridad.

DÉCIMO QUINTA. RECEPCIÓN

A título de garantía, sobre todos los trabajos ejecutados, el CONTRATISTA efectuará una retención del 5% (cinco por ciento), reembolsándose el 50% del total retenido en la Recepción Provisional y canjeándose el otro 50% por aval bancario hasta la Recepción Definitiva.

El proceso a seguir para las Recepciones Provisional y Definitiva será de conformidad con lo establecido en el Pliego de Condiciones.

DÉCIMO SEXTA. PLAZO DE GARANTÍA

Se establece un plazo de garantía de DOCE MESES a partir de la Recepción Provisional.

Durante dicho plazo el CONTRATISTA garantiza solidariamente con el fabricante correspondiente el material del presente contrato y mano de obra.
Asimismo vendrá obligado a reparar, corregir o subsanar los defectos, desperfectos o anomalías que se produzcan a consecuencia de vicios o defectos de la construcción, mala calidad de los materiales empleados, empleo de materiales inadecuados o incumplimiento de cualquiera de las condiciones establecidas.

Dichas reparaciones, caso de ser necesarias, se llevarán a cabo en todo momento por personal propio o designado expresamente por el CONTRATISTA.

En el supuesto de aparición de cualquier defecto, el ADJUDICATARIO requerirá al CONTRATISTA para que efectúe dicha reparación o subsanación. EL CONTRATISTA deberá ponerse en contacto con el ADJUDICATARIO, en el plazo de 48 horas desde la recepción de la notificación y deberá comenzar las obras de reparación o subsanación en el plazo máximo de 7 días desde la recepción de la notificación de el ADJUDICATARIO; antes del comienzo de los trabajos deberá presentar a el ADJUDICATARIO un Programa de ejecución de los mismos con señalamiento de un plazo razonable para su correcta terminación, y si así no lo hiciere dentro del plazo señalado, el ADJUDICATARIO quedará facultada para hacerlo por sí misma y por cuenta y cargo del CONTRATISTA, descontando el importe de los trabajos de subsanación y reparación, así como la indemnización que, en su caso, proceda por daños y perjuicios, del depósito de garantía pendiente de devolución.

En el supuesto de que los defectos requirieran una urgente intervención del CONTRATISTA y este no se presentara inmediatamente una vez le sea notificada la existencia de tales defectos, podrá el ADJUDICATARIO tomar las medidas que fueran necesarias, por cuanta y cargo del CONTRATISTA, descontando el importe

modelo 6

de tales actuaciones, así como la indemnización que, en su caso, proceda por daños y perjuicios, del depósito de garantía pendiente de devolución.

Lo establecido respecto a plazo de garantía se entenderá sin perjuicio de las responsabilidades establecidas en el artículo 1.591 y conforme al Código Civil.

DÉCIMO SÉPTIMA. SEGUROS

1.- El CONTRATISTA responderá de todas las reclamaciones, incluso aquellas dirigidas contra el ADJUDICATARIO, por los daños personales o materiales que como consecuencia de la ejecución de las obras o de acciones y omisiones del CONTRATISTA y sus empleados, o de los subcontratistas y sus empleados, puedan causarse al personal de el ADJUDICATARIO o de cualquiera otras entidades participantes en la obra, o a terceros. Asimismo responderá en los mismos términos de los daños causados a la urbanización e instalaciones u otros bienes propiedad del ADJUDICATARIO o de terceros.

2.- El CONTRATISTA se obliga a mantener al corriente de pago y hasta la Recepción Provisional de las obras un seguro de Responsabilidad Civil por daños y perjuicios a terceros con una cobertura, como mínimo, por el importe del alcance contratado, debiendo el CONTRATISTA presentar tal póliza al ADJUDICATARIO cuando le sea requerida. Las suscripciones de seguros no exonerarán al CONTRATISTA de las responsabilidades asumidas en el contrato.

3.- El CONTRATISTA se obliga a cumplir todos los preceptos y leyes vigentes en materia de contratos de trabajo, accidentes de trabajo y Seguridad Social, en la fecha del Contrato, y todas aquellas normas que puedan promulgarse durante las obras sobre las materias citadas.

4.- Ocurrido un siniestro como consecuencia del desarrollo de los trabajos contratados, las indemnizaciones percibidas se destinarán en primer lugar a la reposición y reparación de las obras, y en su defecto, al pago de indemnizaciones por daños y perjuicios a terceros.

DÉCIMO OCTAVA. PROPIEDAD, POSESIÓN Y RIESGO

El ADJUDICATARIO de las obras, a medida que se vayan ejecutando e incorporando al suelo, se entenderá transferida con carácter real automáticamente a el ADJUDICATARIO. En consecuencia, el CONTRATISTA no podrá pretender en ningún caso derecho real alguno, ni pleno ni limitado sobre las obras ya realizadas.

No obstante lo prevenido en el párrafo anterior, cualesquiera pérdidas, daños o menoscabos que las obras puedan experimentar, hasta la recepción provisional de conformidad, correrán íntegramente a cargo del CONTRATISTA, como riesgo empresarial que el mismo asume, salvo deterioros o daños causados por terceros contratistas contratados por el ADJUDICATARIO como consecuencia de utilización de viales, plataformas o elementos terminados o en construcción; sin perjuicio de la responsabilidad hasta la recepción definitiva.

modelo 6

Sobre la totalidad del terreno y de la obra que sobre el mismo se vaya ejecutando, el ADJUDICATARIO conservará en todo momento la plenitud de los poderes posesorios, que el CONTRATISTA le reconoce desde ahora.

La permanencia de éste en la obra, tendrá siempre carácter instrumental y subordinado a la posesión del ADJUDICATARIO y a la subsistencia de este contrato.

La extinción normal o anormal de este contrato por cualquier causa, incluida la resolución, llevará aparejado el deber de desalojo por el CONTRATISTA en el plazo máximo de siete días.

DÉCIMO NOVENA. RESOLUCIÓN DEL CONTRATO

El ADJUDICATARIO podrá resolver el contrato por las siguientes causas:

1º Cualquiera de las causas previstas por las leyes.

2º Incumplimiento de todas o algunas de las estipulaciones contenidas en este contrato.

3º La suspensión o paralización total de las obras en todo caso; o la suspensión o paralización parcial de las mismas por un plazo de diez días por actos u omisiones imputables al CONTRATISTA.
Se entenderá que existe paralización total o parcial cuando a juicio del ADJUDICATARIO y la Dirección de Obra, no se disponga por el CONTRATISTA en la obra de los medios técnicos, materiales o humanos necesarios para el cumplimiento de los plazos parciales previstos en el Programa de Obra.

4º La extinción de la personalidad jurídica, quiebra, suspensión de pago o incumplimiento de sus obligaciones por parte del CONTRATISTA.

5º El retraso en el plazo de ejecución superior a treinta (30) días naturales en los plazos parciales acordados o según el Programa Detallado de la Obra, siempre que sean imputables al CONTRATISTA.

6º La falta de ejecución de obra por motivos imputables al CONTRATISTA en la forma prevista en la estipulación decimocuarta, cuando supere el 15% del volumen de obra programado, y con los efectos previstos en dicho apartado.

En el supuesto de que el ADJUDICATARIO hubiese adoptado el acuerdo de resolver el Contrato por cualquiera de las causas anteriormente señaladas, el acuerdo tendrá inmediato carácter ejecutivo, previa su comunicación fehaciente al CONTRATISTA, y permitirá a el ADJUDICATARIO hacerse cargo de la obra, sin que el CONTRATISTA pueda invocar eficazmente derecho alguno de retención.

A tal efecto, se levantará la correspondiente acta, que será suscrita por el ADJUDICATARIO, la DIRECCIÓN DE OBRA y el CONTRATISTA o, ante la inasistencia de

modelo 6

éste debidamente citado con carácter previo, con la intervención de un Notario, procediéndose seguidamente a la medición y liquidación de la obra ejecutada en la forma establecida para la recepción provisional.

Si la resolución fuese consecuencia del incumplimiento del CONTRATISTA de cualquiera de las obligaciones asumidas, el ADJUDICATARIO podrá exigir el abono de daños y perjuicios que tal resolución ocasionare. En caso contrario el saldo resultante de la liquidación, previas deducciones correspondientes del CONTRATISTA y de la retención con finalidad de garantía que procedan, será notificado y ofrecido al CONTRATISTA y si éste lo rehusare, podrá consignarse notarial o judicialmente.
El CONTRATISTA deberá quedar al corriente en el pago de las cuotas de Seguridad Social, así como de las correspondientes liquidaciones de los Contratos de Trabajo u otros de acuerdo con la Normativa Laboral específica vigente, quedando el ADJUDICATARIO exonerado de cualquier pago o responsabilidad que pudiera derivarse de la contratación de personal hecha por el CONTRATISTA.

En caso de que la resolución sea por causas imputables al ADJUDICATARIO, el CONTRATISTA tendrá derecho al cobro del importe de la totalidad de la obra ejecutada, independientemente de su posible reclamación por daños y perjuicios.

Facultarán al contratista para resolver este contrato:

1.- La extinción de la personalidad jurídica del ADJUDICATARIO.
2.- La falta de abono de cualesquiera certificaciones aprobadas.
3.- El incumplimiento de cualesquiera otras obligaciones asumidas en este Contrato.

VIGÉSIMA. CONFIDENCIALIDAD

El CONTRATISTA se obliga expresamente a mantener la confidencialidad de la información, así como de la estructura y tratamiento dados a la misma por el ADJUDICATARIO, obligándose a mantener secreta la información sin poder en modo alguno revelar o transferir en todo o en parte ningún dato al respecto, debiendo usar únicamente tales datos para los fines del presente contrato.

VIGÉSIMA PRIMERA. DEL FUERO

Todas las cuestiones o dudas suscitadas por el presente Contrato serán dirimidas en primera instancia por la Dirección Facultativa, quien decidirá sobre las dudas o interpretaciones relativas a la obra contratada y, en segunda instancia, al amparo de lo previsto en la Ley vigente.

Ambas partes, con renuncia expresa a cualquier otro fuero que pudiera corresponderles, se someten a la Jurisdicción de los Tribunales de...... para la resolución de cualquier cuestión litigiosa que pudiera derivarse de la interpretación, cumplimiento o ejecución de este contrato.

modelo 6

VIGÉSIMA SEGUNDA. DOMICILIO PARA NOTIFICACIONES

Todas las notificaciones y comunicaciones entre el CONTRATISTA y el ADJUDICATARIO derivadas del contrato, deberán ser dirigidas a las siguientes y respectivas direcciones:

DIRECCIÓN DE EL ADJUDICATARIO:

Nombre del ADJUDICATARIO
Calle
Código postal y municipio

DIRECCIÓN DEL CONTRATISTA:

Nombre del CONTRATISTA
Calle
Código postal y municipio

Y, por estar así justas y contratadas, firman las partes el presente instrumento que consta de .... folios, con tres copias del mismo tenor, para un único y solo efecto, en el lugar y fecha al principio expresados.

            Por el ADJUDICATARIO   Por el CONTRATISTA

modelo 7

Anverso

LOGO DE LA EMPRESA
Dirección completa y teléfono, fax, e-mail

Número del proveedor (asignado por LA EMPRESA)
Número de pedido (el correlativo que corresponda)

Sírvase entregar a:

Xxxxxxxxxxxxxxxxxxxxxxxxx, s.a.
C/ xxxxxxxxxxxxx, nº xx, xx
08xxx - xxxxxxxxxxxxxx

LA EMPRESA
N.I.F.
Sr. (Persona que recepcionará)
Fecha de entrega: (fecha que se desea recibir el pedido)
Dirección donde debe entregarse el pedido
Distrito postal y población

Forma de Pago: Fecha de entrada de su factura en LA EMPRESA
Vencimiento a 90 días.

Pos.	Denominación	Ud.	Cdad.	P.U.	Importe
Xxx	Xxxxxxxxxxxxxxxxxxxxxxx	X	X	Xxx,xx	X.xxx,xx €
Xxx	Xxxxxxxxxxxxxxxxxxxxxxx	X	X	Xxx,xx	X.xxx,xx €
Xxx	Xxxxxxxxxxxxxxxxxxxxxxx	X	X	Xxx,xx	X.xxx,xx €
	Valor neto total sin IVA				X.xxx,xx €

LA EMPRESA   EL SUMINISTRADOR

modelo 7

Reverso

CONDICIONES GENERALES DE COMPRA

1. ACEPTACIÓN

a) El Pedido se considerará no aceptado por el proveedor, si no ha sido devuelta a LA EMPRESA una copia del mismo sellada y firmada por ambas caras, es decir el pedido en sí y el reverso del mismo que contiene las condiciones generales de compra, en un plazo inferior a los diez días de ser enviado. En el supuesto de que el proveedor no manifieste nada de forma expresa en el plazo de diez días desde la fecha de este pedido se entenderá que no es aceptado en todo su contenido y consiguientemente no quedará perfeccionado el contrato, sin que haya derecho a exigir indemnización de daños y perjuicios por ninguna de las partes.

b) Una vez aceptado el pedido, éste será válido a todos los efectos, no pudiendo invocarse en ningún caso que dicho pedido no concuerda con la oferta inicial del proveedor.

c) El presente pedido podrá ser anulado total o parcialmente, mediante comunicación escrita de LA EMPRESA, con 15 días de antelación a su plazo de entrega.

2. PRECIOS

a) El precio será el total, incluyendo en él el propio de la mercancía, el del envase, el del embalaje, transporte, los gastos de recepción efectuados en casa del proveedor, la totalidad de impuestos, incluso aquellos que la ley pueda autorizar al proveedor a revertirlos sobre el comprador, excepto el IVA.

b) En los precios acordados en este pedido se incluyen los intereses derivados del aplazamiento del pago desde la fecha de la factura hasta su abono por parte de LA EMPRESA., calculados de conformidad con la Ley 3/2004 de 29 de Diciembre.

c) Los precios acordados en este pedido tienen carácter de firmes, no podrán alterarse, no serán objeto de revisión y se entienden que son a todo costo, es decir, estarán incluidas inclusive posibles variaciones oficiales del precio de los materiales durante todo el transcurso de la obra o del total del suministro pactado.

d) Ambas partes declaran y aceptan bajo su exclusiva responsabilidad, que el precio y las condiciones de pago que se reflejan en este contrato comprenden todos los requisitos establecidos en el artículo 116 de la Ley de Contratos de las Administraciones Públicas y Ley 3/2004 de 29 de Diciembre.

3. LUGAR Y FECHA DE ENTREGA

a) La mercancía deberá ser entregada en el lugar y en el plazo indicado en el pedido, entendido como límite, sin tolerancia en más alguna. Se considerará como

modelo 7

fecha de entrega real de la mercancía la fecha en la que esta haya sido puesta a disposición de LA EMPRESA, siempre y cuando resulte posteriormente recepcionado por nuestro Departamento de inspección.

b) Para considerarse cumplido un pedido dentro del plazo, se sobreentiende que dentro de ese plazo se ha servido la mercancía en calidad y cantidad solicitadas.

c) La responsabilidad del transporte será de cuenta y riesgo del vendedor, aún en el supuesto de que LA EMPRESA hubiese aceptado pagar los gastos correspondientes a aquél.

d) En caso de incumplimiento, LA EMPRESA podrá dar por cancelado el pedido y devolver la mercancía, siendo de cuenta del vendedor los gastos de todo tipo que ello origine.

4. RECEPCIÓN

a) La mercancía objeto de este pedido deberá venir acompañada de la documentación correspondiente a la expedición, en la que necesariamente deberán figurar: Número del pedido, cantidad servida, con expresión de los pesos netos y brutos, protocolo de ensayos, certificado de fabricación y planos constructivos o de funcionamiento si se pidieran en el pedido).

b) No se admitirán ningún caso excesos sobre la cantidad de mercancía solicitada en el pedido, no respondiéndose de las cantidades recibidas en más ni de la devolución de las mismas. Sólo será abonada la cantidad correspondiente a la mercancía solicitada.

c) En el caso de que la mercancía fuese rechazada por no ajustarse a los términos del pedido o por adolecer el envío de cualquiera de las presentes Condiciones, los gastos de devolución serán de cuenta exclusiva del vendedor, sin perjuicio del derecho que asiste a LA EMPRESA para reclamar los daños y perjuicios a que hubiese lugar.

5. FACTURACIÓN

a) Las facturas serán remitidas por duplicado a nuestro Departamento de Compras dentro de los diez primeros días al mes siguiente al de su emisión.

b) Las facturas harán referencia a un único pedido, siendo requisito inexcusable indicar el número del pedido con el que se corresponde.

c) La omisión de cualquiera de estos extremos facultará a LA EMPRESA para devolver la factura y comportará el consiguiente aplazamiento de pago.

d) El envío de alguna factura con fecha posterior a la del presente pedido equivale a la aceptación tácita de todas y cada una de las cláusulas del mismo.

modelo 7

6. PENALIZACIÓN

a) En aquellos casos en que se produzca un retraso en la fecha de entrega de la mercancía con respecto a la que figura en el pedido, el vendedor indemnizará a LA EMPRESA en una cantidad cuyo valor será de 60 euros por día de retraso.

7. OTRAS CONDICIONES

a) El vendedor no podrá utilizar en su favor o de terceros los planos, la información técnica facilitada o las muestras para cumplimentar este pedido.

b) El vendedor garantiza bajo su responsabilidad que la mercancía objeto de este pedido no ha sido producida contraviniendo patentes o licencias prohibitivas, así como la libertad de uso y comercio de los aludidos materiales, tanto en España como en el extranjero.

c) LA EMPRESA no queda obligada por ninguna de las cláusulas puestas por el vendedor en sus documentos que sea contraria, o no prevista, en las presentes Condiciones, por lo que únicamente se consideran válidas y con fuerza de obligar aquéllas cláusulas que hubiesen sido expresamente, y por escrito, aceptadas por LA EMPRESA.

8. FUEROS

a) El vendedor, con renuncia del fuero que pudiera corresponderle en razón de su vecindad presente o futura, se somete expresamente al de los Juzgados y Tribunales de Sevilla para dirimir cuantas diferencias pudieran surgir en orden a la interpretación y cumplimiento de las obligaciones recogidas en el presente pedido, y sus incidencias y desarrollo posterior.

LA EMPRESA   EL SUMINISTRADOR

modelos de documentos

bibliografía

bibliografía

AENOR. *Fichas técnicas de productos certificado: marca AENOR.* Madrid: Asociación Española de Normalización y Certificación, 2002.

BELLET GARCIA, Ezequiel; CALAFELL, Josep Maria; PUIG SOLER, Ramon. *Guía básica para la coordinación de seguridad y salud en construcción.* Madrid: Consejo General de la Arquitectura Técnica de España, 2003.

CÁNOVAS SERNA, Emilio. *Manual de primeros auxilios.* Barcelona; Madrid: ICESE Prevención, 2003.

CUSA RAMOS, Juan de. *Derribos y demoliciones.* Barcelona: CEAC, 2002. *El camino europeo hacia la excelencia en la construcción. Estudio de casos sobre los sistemas de gestión de la calidad en las empresas europeas del sector de la construcción.* Madrid: CIE Dossat 2000, 2001.

ENTRENA RUIZ, Daniel. *Contratación de las administraciones públicas: introducción práctica.* Madrid: Liteam: SFIE, AC, 2001.

FERNÁNDEZ NOVES, Juan Manuel, et al. *Gestión de la coordinación de seguridad y salud durante la ejecución de la obra.* Sevilla: Consejo Andaluz de Colegios Oficiales de Aparejadores y Arquitectos Técnicos, 2004.

FISAC DE RON, María Paloma. *El cumplimiento del contrato de obra: la recepción.* Barcelona: Marcial Pons, 2001.

FUEYO, Luis (coord.) *Manual de demoliciones, reciclaje y manipulación de materiales.* Madrid: Fueyo, 2003.

HOYLE, David; THOMSON, John. *Del aseguramiento a la gestión de la calidad: el enfoque basado en procesos.* Madrid: Asociación Española de Normalización y Certificación, 2002.

ISO 9001 para la pequeña empresa. Recomendaciones del Comité ISO/TC 176. 2.ª ed. Madrid: AENOR, 2002.

LLANEZA ÁLVAREZ, F. Javier. *Ergonomía y psicosociología aplicada: manual para la formación del especialista.* 3.ª ed. Valladolid: Lex Nova, 2003.

Manual "a pie de obra": normas y principios para una construcción sistematizada. Madrid: Consejo General de Colegios Oficiales de Aparejadores y Arquitectos Técnicos, 1998.

Manual de gestió de residus industrials a Catalunya. Barcelona: Generalitat de Catalunya; Departament de Medi Ambient; Junta de Residus, 1999.

bibliografía

MARTÍNEZ MAS, Francisco. *Formularios de contratos para constructores y promotores.* Valencia: CISSPRAXIS, 2001.

¿Qué hacer en caso de accidente? Manual práctico de seguridad en la construcción. Barcelona: Cambra Oficial de Contractistes d'Obres de Catalunya, 2001.

ROLDÁN VILORIA, José. *Seguridad en las instalaciones eléctricas: equipos e instalaciones eléctricas.* 2.ª ed., adaptada al nuevo RBT. Madrid: Paraninfo Thomson Learning, 2003.

RUBIO GONZÁLEZ, Alfredo. *Manual de gestión de las obras de contratación pública.* Prólogo de Carmen Román Riechmann. 5.ª ed. ampliada y adaptada con la nueva Ley de contratos de las Administraciones Públicas y su Reglamento general. Madrid: Carmen Ortego Peñas, 2002.

SAN SEGUNDO MANUEL, Teresa. *La recepción en el contrato de obra.* Madrid: CISSPRAXIS, 2001.

VILLA SEGOVIA, Joaquín. *Índice del Pliego de condiciones técnicas y particulares del Estudio de seguridad y salud. Medición desglosada del Estudio de seguridad y salud. Medición totalizada del Estudio de seguridad y salud.*

www.ingramcontent.com/pod-product-compliance
Lightning Source LLC
Chambersburg PA
CBHW080550230426
43663CB00015B/2774